中山大学青年法律评论

2022年第2卷
（总第8卷）

中山大学法学院　主办
法学国家级实验教学示范中心（中山大学）　协办

法律出版社
LAW PRESS·CHINA
北京

图书在版编目(CIP)数据

中山大学青年法律评论. 2022年. 第2卷 : 总第8卷 / 《中山大学青年法律评论》编辑部组编 ; 巢志雄主编. -- 北京 : 法律出版社, 2023
ISBN 978-7-5197-8167-5

Ⅰ. ①中… Ⅱ. ①中… ②巢… Ⅲ. ①法律-文集 Ⅳ. ①D9-53

中国国家版本馆CIP数据核字(2023)第138561号

中山大学青年法律评论
2022年第2卷(总第8卷)
ZHONGSHAN DAXUE QINGNIAN FALÜ PINGLUN 2022 NIAN DI-2 JUAN (ZONG DI-8 JUAN)

《中山大学青年法律评论》编辑部 组编
巢志雄 主编
曾宪哲　喻海倚 执行主编

责任编辑 王　珊
装帧设计 臧晓飞

出版发行 法律出版社
编辑统筹 学术·对外出版分社
责任校对 王晓萍
责任印制 陶　松
经　　销 新华书店

开本 710毫米×1000毫米　1/16
印张 17.25　　**字数** 326千
版本 2023年8月第1版
印次 2023年8月第1次印刷
印刷 北京新生代彩印制版有限公司

地址:北京市丰台区莲花池西里7号(100073)
网址:www.lawpress.com.cn
投稿邮箱:info@lawpress.com.cn
举报盗版邮箱:jbwq@lawpress.com.cn

销售电话:010-83938349
客服电话:010-83938350
咨询电话:010-63939796

书号:ISBN 978-7-5197-8167-5
定价:78.00元

编者按

曾宪哲　喻海倚

语言作为人类的遗传密码,承载着一定的社会功能。语言既能构建秩序,也可以激发对立;既能促成善行,也可以粉饰邪恶。“法律不在别处,法律就是语言。”正义与真理往往以语言表达的多种形式呈现。

今年是中山大学法学学科复办的第四十二年,也是《中山大学青年法律评论》创设的第五年。自 2022 年第 2 卷(总第 8 卷)编辑部于 2022 年年初建立之始至截稿日,我们向国内外法学专业在校学生广泛征稿。与往卷相比,第 8 卷的稿件来源更加多元,来稿数量更多且质量更高,《中山大学青年法律评论》逐步进入青年法学人的视野。我们致力于为具有学术兴趣并积极参与学术活动的青年法学生搭建一个学术交流平台,推动学术观点的传递与互动。时代与社会的发展不会因为法律语言的缺位而停滞不前,德国法学家卡尔·拉伦茨所言的“法律漏洞”实际上反映了社会情势的变迁。在成文法国家,法学的一项重要任务即是配合情势演变,调整观点。来稿同仁们关注的学术命题与实务问题很好地反映了时代趋势,回应现实需要,通过法律语言来表达社会关切。

《中山大学青年法律评论》第 8 卷共分为四个栏目,包括栏目一“刑法理论及其新释”专题研讨、栏目二“法理精析”、栏目三“实务前沿”和栏目四“域外经验”,共十五篇文章。

栏目一“刑法理论及其新释”专题研讨共六篇文章,涉及刑法总论与分论两大层面、六大问题的探讨。《论场所主人作为义务的边界——以规范不作为犯理论为借鉴》一文指出了存在论视角下支配说的理论缺陷,并从场所主人的组织管辖义务和体制管辖义务两方面论证了规范论视角下作为义务论的合理之处,为场所主人作为义务边界在规范层面的确定提供了新的切入视角与理论供给。《结果提前实现中的主观归责研究》一文提倡在主观要件完成前行为是实行行为的结果提前实现案件的归责,在指出未遂结论说与既遂结论说不足之处的基础上,针对性地提出核心计划的危险实现理论“三步走”的归责逻辑。一直以来,过失犯罪都是刑法学研究中的热点问题,其研究价值在“风险刑法”概念不断扩张的今天尤为凸显。《过失犯结果预见义务体系归属与成立范围——新过失论观点的再审视》和《论过失共同犯罪中的“共同性”——基于归责视角的考察》两篇文章均对过失犯罪展开了研究,但二者的内容各有侧重:前者基于新过失论的观点探讨过失犯结果预见义务的体系定位与成立范围,后者从归责视角考察共同过失犯罪的成立条件。这恰是过失犯罪最具争议和亟待解决的两个问题。《事后抢劫罪的法益新释与教义学展开》一文将事后抢劫罪的保护法益界定为人身权利,并在此基础上对该罪的客观要件进行教义学展开。《论非法转移第三方支付平台资金的行为性质——以支付宝为例》一文结合理论与实践上的分歧对非法转移第三方平台资金行为的定罪问题进行了分类讨论,阐述以盗窃罪论处的合理性。上述六篇文章体现了作者较强的问题意识与理论功底。由古溯今,正是这种不断反思的精神推动着刑法理论的发展,因而本专题取名“刑法理论及其新释”,以肯定作者们躬于省思,力求创新的精神。

栏目二“法理精析”共三篇文章。《〈民法典〉中商事外观主义的解释论:规范与类型》一文对外观主义在民商事的区分适用提供充分论证,并借以《民法典》中的实证法依据,从解释论的角度分析商事外观主义类型化与责任构成动态化。《诉讼时效语境下同一债权的类型化分析》一文通过总结司法实践中的问题,对同一债权在实践中的多元化样态进行类型化分析,虽然回应的是现实问题,但同一性标准问题的判断上需要法理支撑。《集资诈骗罪“非法占有目的”二元认定标准之建构》一文以分析“非法占有目的”认定标准为逻辑主线,尝试建构“非法占有目的”的认定范式,以基础理论研究回应司法困境。这三篇文章在一定程度上回应了立法变迁与现实困境,同时体现出作者扎实的理论功底与创新观点。

栏目三“实务前沿”共四篇文章。《后疫情时代在线诉讼之挑战及因应——兼评〈人民法院在线诉讼规则〉》一文系统性地阐述了后疫情时代在线诉讼发展的理论挑战与发展远景,回应了我国法院审判体系和审判能力现代化改革这一热点问题。《〈行政诉讼法〉第38条第2款中损害事实证明责任研究》一文指出《行政诉讼法》第38条第2款规定在适用中存在的问题,并参照民事诉讼领域的证明责任理论对该条款中的损害事实证明责任分配予以论证。《利益衡量视域下借名买房执行异议之诉的裁判进路》一文从裁判者利益衡量视角出发,对“借名人能否排除强制执行”予以学理与裁判的双重分析,提供司法审查思路。《论证券虚假陈述中会计师事务所的过错认定》一文基于现有的虚假陈述制度,反思和探讨实践经验和相关理论,对证券虚假陈述语境下会计师事务所的过错认定提出相应建议。上述四篇文章,既有反映中国司法实践发展的宏观趋势者,也有聚焦前沿司法案例与实务热点者,体现了论者对法学实务的关注与思考。

栏目四“域外经验”共两篇文章。《海洋科学研究中无人设备的法律规制问题》一文在《联合国海洋法公约》背景下探讨海洋科学研究中无人设备涉及的法律问题,分析可能的法律规制路径,为“海洋强国”战略下我国的海上无人设备参与海洋科学研究提供国际法治经验。《民商事诉讼中诉前强制调解机制研究:以欧洲为视角》是一篇译作,该文从比较研究的视角出发,全景式地展现了欧洲主要法域现有的诉前强制调解机制,对我国相关研究的开展具有重要的参考价值。

“明德笃志,崇法守正”,青年学生是法学发展和法治建设的未来希望。“合抱之木,生于毫末;九层之台,起于累土;千里之行,始于足下。”《中山大学青年法律评论》正值枝间郁郁,数点红尽藏小蕾之期,我们坚信:

行而不辍,未来可期!

2022 年秋于康乐园

专 题 研 讨
刑法理论及其新释

论场所主人作为义务的边界
——以规范不作为犯理论为借鉴

李宇田*

摘要:

不同的支配说以存在论视角提出了场所主人作为义务边界的划分方案,但在方法论或合理性上仍存在不足。而雅克布斯教授从规范视角建构的不作为犯理论能更好地解决场所主人作为义务边界问题。场所主人具有组织管辖的义务,具体表现为交往安全义务。场所主人原则上无体制管辖义务,即法益受损者和场所主人没有其他特殊关系时,场所主人没有对伤者的救助义务和对犯罪的阻止义务,例外的情形是非法拘禁。

关键词:

场所主人;作为义务;支配说;义务犯

一、问题的提出

案例一:A在其姨夫C的住所强行与B发生性关系,B向同一房间的C求救,C仅对A作一般言词劝阻。法院认为,作为房间提供者,C负有安全保障义务;作为A的长辈亲属,C负有约束晚辈不当行为的责任。作为B当时唯一的求助对象,在其人身未受到暴力胁迫、实施救助不会损害自身权利,且有救助的能力时,C并未积极履行上述义务与责任,致使A的强奸行为得以实行完毕。C的行为构成不作为的强奸罪。[1]

案例二:甲与乙在甲所租房屋内发生两次性关系后发生口角,乙声称

---

* 作者李宇田,中国社会科学院大学法学院博士研究生,研究领域为刑法学、刑事诉讼法学。

〔1〕 参见徐某某、陈某某强奸罪案,上海市奉贤区人民法院(2011)奉刑初字第879号刑事判决书。

要自杀,将甲拿来的阿普唑仑片整瓶吞下。之后甲并未实施有效救助措施,而是离开所租房屋,次日才返回。法院认为,甲在支配领域内,在他人有生命危险的情况下未积极救助,其行为已构成不作为的故意杀人罪。[2]

场所是每个人生活的中心,场所也会发生各种法益侵害,场所主人对阻止哪些法益侵害结果的发生具有作为义务也就随之成为一个重要的问题。在以上两个案例当中,案例一和案例二法院分别把由"房间的提供者"这一身份产生的"安全保障义务"和被害人在被告人的"支配领域"当成作为义务的来源。因此,当谈到场所主人作为义务的边界这个问题时,场所主人的作为义务究竟是源自场所主人这个身份所带来的事实上的对特定场所的支配、管理能力,比如"支配领域",即采存在论的作为义务论;还是直接源自场所主人这一身份,比如"房间的提供者",即采规范论的作为义务论,就成为必须回答的问题。在此基础上才能进一步去探究,场所主人具体有哪些作为义务。

二、存在论视角作为义务论的失败

(一)支配说及其对场所主人作为义务边界的解决方案

案例二中场所主人作为义务的证成是以场所主人对特定场所的支配、管理能力为依据的。这是存在论的思路,即通过是否具有支配这样一个"裸"的事实,来判断行为人作为义务的有无。这样的学说也被称为支配说。而对场所主人这一特定命题,一些支配论者又更具体地提出了"领域控制说"。在国内,支配说和领域控制说都是颇有影响力的学说。

支配说虽然都以"支配"为理论核心,但学界对支配的认识却大有不同。张明楷教授认为对结果发生的原因、进程以及领域的支配地位,是不真正不作为犯的实质法义务根据。[3] 其归纳的前两种支配类型与山口厚的理论相同,即将法益侵害的过程理解成"使危险产生—危险增大—危险现实化为结果",在不作为的场合,具体表现为由潜在危险源产生或增加的危险和法益的脆弱性表面化

---

[2] 参见王某故意杀人案,吉林省东辽县人民法院(2016)吉0422刑初85号刑事附带民事判决书。

[3] 参见张明楷:《刑法学》(第6版),法律出版社2021年版,第198页。

而产生的危险这两种情形。[4] 第三种类型即领域控制说,该学说认为若法益的危险发生在特定领域且仅有领域支配者能排除危险时,领域支配者负有排除法益危险的义务。[5] 领域控制说的观点与西田典之教授排他性支配理论的第二种类型[6]如出一辙。

另一支配论者黎宏教授提出排他支配设定说,认为保证人地位产生于不作为者已经具体地、现实地支配这种能够引起结果发生的因果关系,并将支配的设定分为两种,一种为通过行为人中途介入并掌控面向结果的因果进程的方式,另一种为行为人制造并支配面向结果的潜在危险的方式。前一类型与本文所要讨论的问题无关。而后一类型,如黎宏教授所言,近似"新先前行为说",即在非由行为人中途介入的场合,对法益排他性的支配由行为人亲自设定。[7] 据此,场所主人由于支配场所而偶然取得的对特定因果流程的排他性支配是不能使其成为保证人的,比如院子里突然闯入一个受伤的人,院子主人并不会成为保证人。但黎宏教授的另一本著作认为上述例子中场所主人有作为义务,因为行为人处于控制危险源的地位,并强调这种控制地位是由规范要素的要求形成的。[8]

这两位的支配理论都是改良自日本学者的理论,而日本的学说又多承继德国,比如山口厚教授的结果原因支配说是许乃曼结果原因支配说的改良版。所以,要理解两位学者所言支配之真正性质,还是要追本溯源,回归德日的支配理论。

(二)支配说的理论缺陷

德日的支配理论可分为两种:一种为由许乃曼、山口厚教授主张的结果原因支配说;另一种为由西田典之教授主张的排他性支配说。但是,无论是哪一派支配说,都无法很好地解决场所主人作为义务的问题。

---

[4] 参见[日]山口厚:《刑法总论》(第2版),付立庆译,中国人民大学出版社2011年版,第89页。

[5] 参见张明楷:《刑法学》(第6版),法律出版社2021年版,第204页。

[6] 参见[日]西田典之:《日本刑法总论》(第2版),王昭武、刘明祥译,法律出版社2013年版,第106页。

[7] 参见黎宏:《排他支配设定:不真正不作为犯论的困境与出路》,载《中外法学》2014年第6期。

[8] 参见黎宏:《刑法总论问题思考》,中国人民大学出版社2007年版,第150~151页。

1. 结果原因支配说的理论缺陷:规范论和存在论中间道路的失败

许乃曼的“结果原因支配说”将“对结果原因的发生具有支配力”作为统率作为犯和不纯正不作为犯的上位概念,提出了“一元的正犯概念”。其认为,作为犯的归责根据在于由积极的作为体现的行为人对导致法益侵害的整体事件过程的支配力。与作为犯相类比可得到不纯正不作为犯的成立条件,即行为人对于侵害法益的重要条件(造成结果的原因)具有与此种支配在强度上可相比较的意志力,也就是不作为犯的行为人对整体事件进程的关键部分有现实的支配力。这种支配可具体实质化为两种分类——对法益无助性的支配和对重要结果原因的支配。并且,结果原因支配说中的“支配”是一种现实、真实的支配,而非支配地位,即不是指行为人根据制度或规范有支配的“权限”;是一种事前的支配,即侵害事件的来源或者客体事前就受到不作为行为人的支配,支配存在于由不作为行为人所控制、完全被理解为具体的社会领域之中;是一种不要求排他要件的支配。〔9〕 聚焦至场所主人的作为义务上,许乃曼认为仅仅作为场所主人并不能够说明场所是其支配的特定社会领域,只有其自身的特殊性质在犯罪的具体过程中发挥作用时,才成立场所主人的保证人地位。〔10〕

结果原因支配说的产生受到了威尔泽尔教授物本逻辑的方法论的影响。物本逻辑作为批判新康德主义的产物,其否认实然与应然的区分,认为存在的客体并非毫无逻辑的、混乱的存在,其本身就蕴含价值。因此,法律并非对杂乱无章的现实存在的评价和规制,而是对存在具体价值关系的现实的描述。〔11〕

问题在于,无论是支配还是其所指向的客体——行为人所控制的社会领域,这两个概念都很模糊。虽然许乃曼认为,在母亲或保姆让婴儿渴死等例子中,能提取出的唯一相似性在于对结果原因的支配。但要注意,这些例子都是不纯正不作为犯的典型形象,或者说先验的无可争议的结论。这些例子中支配的成立可以解释为基于一种事实上的关系,即母亲对婴儿的事实控制,也完全可以解释为与特别义务有关的规范评价,即因为母亲的身份产生的特别义务。这些例子并不能够勾勒支配概念的轮廓。但根据物本逻辑的方法论,事实本身

---

〔9〕 参见[德]许乃曼:《德国不作为犯学理的现状》,陈志辉译,载陈兴良主编:《刑事法评论》第13卷,中国政法大学出版社2003年版。

〔10〕 Vgl. Schünemann, B., Grund und Grenzen der unechten Unterlassungsdelikte-Zugleich ein Beitrag zur strafrechtlichen Methodenlehre, in: Täterschaft als Herrschaft über den Grund des Erfolges, Band 2, 1. Aufl., S. 401 f.

〔11〕 参见许玉秀:《犯罪阶层体系方法论探源》,载《政大法律评论》第60期(1998年)。

就蕴含着规则而不是由义务产生规范；相反，义务是支配的副产品。如果对于事实的描述不够准确，那么规则的建立就无从谈起。

另一个例子就是本文要讨论的问题。场所主人对特定场所的控制，也是支配的一种表现方式，这一点也被许乃曼所承认。[12] 但许乃曼反对场所主人成立作为义务，指出不是任意一个社会支配都能使作为与不作为等置，只有对结果原因的支配才能成立保证人地位。详言之，必须在场所自身的特殊性质在犯罪的具体过程中发挥作用时，场所主人的保证人地位才成立。许乃曼在此强调"对结果原因"的支配，而许乃曼将所谓的结果原因，更多地理解为某个作为或者不作为是结果发生的原因，[13] 比如他举例称当场所关闭导致受害人无法逃脱谋杀时，场所的关闭就构建了危险源，并由此产生了场所主人的作为义务。[14] 但许乃曼没有更多地阐述"结果原因"判断标准为何，而"原因"或者归责的判断，是刑法中颇为困难的一个话题。因此"结果原因"这一概念也是模糊不清的。

总而言之，"对结果原因的支配"这个概念比较模糊，并非许乃曼所言从"事物的本质"中得出的结论[15]，也不能以此产生规则和行为人的作为义务，并在场所主人的作为义务上表现得尤为明显。许乃曼也认为，在场所主人的作为义务这一问题上，对场所的支配只产生交往安全义务，并不产生一般的犯罪阻止义务，[16] 这与许乃曼整个理论中的有对结果原因的支配就有作为义务的逻辑

---

〔12〕 Vgl. Schünemann, B., Grund und Grenzen der unechten Unterlassungsdelikte-Zugleich ein Beitrag zur strafrechtlichen Methodenlehre, in：Täterschaft als Herrschaft über den Grund des Erfolges, Band 2, 1. Aufl., S. 401.

〔13〕 Vgl. Schünemann, B., Grund und Grenzen der unechten Unterlassungsdelikte-Zugleich ein Beitrag zur strafrechtlichen Methodenlehre, in：Täterschaft als Herrschaft über den Grund des Erfolges, Band 2, 1. Aufl., S. 263.

〔14〕 Vgl. Schünemann, B., Grund und Grenzen der unechten Unterlassungsdelikte-Zugleich ein Beitrag zur strafrechtlichen Methodenlehre, in：Täterschaft als Herrschaft über den Grund des Erfolges, Band 2, 1. Aufl., S. 401 f.

〔15〕 Vgl. Schünemann, B., Grund und Grenzen der unechten Unterlassungsdelikte-Zugleich ein Beitrag zur strafrechtlichen Methodenlehre, in：Täterschaft als Herrschaft über den Grund des Erfolges, Band 2, 1. Aufl., S. 262.

〔16〕 Vgl. Schünemann, B., Grund und Grenzen der unechten Unterlassungsdelikte-Zugleich ein Beitrag zur strafrechtlichen Methodenlehre, in：Täterschaft als Herrschaft über den Grund des Erfolges, Band 2, 1. Aufl., S. 402.

相悖。所以,使用结果原因支配说来解决场所主人的作为义务这个问题是不合适的。

2. 事中支配说的理论缺陷:纯粹存在论道路的失败

西田典之教授认为,作为是对指向结果的因果流程的设定,因此不作为者的成立也需要控制正在发生的因果流程,这分为两种,一种是基于自己的意思对因果流程具有排他性支配;另一种则是非基于自己意思,但存在如父子关系、建筑物管理员等社会持续性保护关系,对因果流程具有排他性支配。〔17〕 第二种所谓"非基于自己意思",即作为领域的支配者(此时,社会性持续性保护关系成立)并只有其可以支配因果流程进而排除发生在特定领域的危险,其就具有作为义务。黎宏教授和张明楷教授的部分观点与之相似,但又有不同。由于三者均强调对因果流程的支配及支配发生在行为进行时,与前文所述结果原因支配说相异,故本文将上述观点统称为事中支配说。

事中支配论者遵循的是因果论或者存在论的路径,或者说从行为人和被保护的法益之间的事实关系的角度进行探讨,并且不认同从规范路径或者说行为人和被害人所具有的人身关系的角度进行研究。〔18〕 由于其方法论比之结果原因支配说更为极端,事中支配说也更加偏离正确的方向。首先,事中支配说的结论更为不合理。比如按照西田典之教授的理论,看到儿子溺水而不救助的父亲和同样在岸上并且有救助能力的陌生人,都具有保证人身份,构成不作为的故意杀人罪。〔19〕 这样的结论即便是一些事中支配论者都不认可。其次,只着眼于因果关系也使得保证人地位与不作为犯成立的其他要件混同。不作为犯的成立除了保证人地位要件,还需要审查因果关系、作为可能性等。而事中支配论将保证人地位的审查和因果关系、作为可能性的审查完全混为一谈,即事中支配论所谓的行为人对因果关系的支配、影响,可表达为行为人能够实施这个作为(有作为可能性),并且如果实施这个作为,大概率就不会产生法益侵害结果(因果关系)。那为什么不可以将保证人地位的审查和因果关系、作为可能性的审查混为一谈?除上文提出的不为大家所接受的结论以外,更为实质的原因是这样的审查只能得出谁有结果避免可能性的结论,但是不能筛选出应该为法

---

〔17〕 参见[日]西田典之:《日本刑法总论》(第2版),王昭武、刘明祥译,法律出版社2013年版,第106页。

〔18〕 参见黎宏:《刑法总论问题思考》,中国人民大学出版社2007年版,第145页。

〔19〕 参见[日]西田典之:《共犯理论的展开》,江溯、李世阳译,中国法制出版社2017年版,第217页。

益侵害结果承担责任的人。

回到场所主人的作为义务这一问题,纯粹存在论的思路必然导出领域控制说这种极端的观点。因为正确理解了事中支配说所言之支配实际是作为可能性和因果关系后,可以推导出在没有其他人能够中断法益被侵害的流程时,场所主人就是唯一一个实施一定作为就能防止法益侵害结果发生且有作为可能性的人。但是,这一结论难以被接受。领域控制说背后贯彻了团结义务或者说社会连带性的思想,这一理论认为任何人都应当对他人负有一定责任,在必要时甚至应当适当地为他人牺牲自身利益,部分地放弃自己的自由。[20] 团结义务论者希望借此义务来实现社会共同体的共同、长远利益。无知之幕理论是团结义务的重要思想渊源,用其检验领域控制说会发现,团结义务不可能是一种无边界的义务,不可能要求场所主人对领域内发生的各种法益侵害都承担没有边界的、绝对的不作为义务,同时给予在特定领域内的法益被侵害者无限的向场所主人要求保护的权利。

一些事中支配论者也不能接受基于纯粹存在论的事中支配说的结论。[21] 为了解决事中支配说的问题,一部分学者就提出了形式作为义务和实质作为义务的二重审查体系,即由传统的"四分说"和保证人理论构成的二重审查体系。[22] 据此,溺水案例中路人因没有形式的作为义务而不会进入实质审查的层面,也就不会产生路人构成不作为的故意杀人罪这一结论。这个理论体现了规范性思考,因为形式的作为义务审查其实是在找寻不作为犯背后的规范要素或者说义务要素,从行为人和被害人所具有的人身关系进行审查。但是,这并不是一个完美的审查方案。形式和实质的结合并没有解决传统的四分说本身就有的问题,更为重要的是,二重体系审查论将两个都有显著缺陷的理论相结合,想弥补彼此的缺陷,却集中了两个理论的问题。具体而言,上述溺水案例并没有进入实质层面的审查,否定路人作为义务所依据的其实就是完全规范的要素,即路人这个身份没有作为义务。在形式作为义务给不出答案的场合,实质作为义务层面其实起到的是不作为犯其他构成要件的作用。换言之,所谓给不

---

〔20〕 参见王钢:《紧急避险中无辜第三人的容忍义务及其限度兼论紧急避险的正当化根据》,载《中外法学》2011 年第 3 期。

〔21〕 参见黎宏:《刑法总论问题思考》,中国人民大学出版社 2007 年版,第 152 页;周光权:《论实质的作为义务》,载《中外法学》2005 年第 2 期。

〔22〕 参见陈兴良、周光权:《刑法学的现代展开 Ⅰ》,中国人民大学出版社 2015 年版,第 96 页;陈兴良:《教义刑法学》,中国人民大学出版社 2017 年版,第 272 页。

出答案其实就意味着其作为义务已经通过形式作为义务层面的审查,也即保证人层面的审查。

黎宏教授为了解决事中支配论的问题,提出并不是所有与结果发生有条件关系的不作为都是导致结果发生的原因,原因还需要更加实质化的判断,并将这种实质化的判断和身份犯相联系。黎宏教授敏锐地发现了身份犯和不真正不作为犯之间存在关联,但将这种关联理解为"同所保护的社会关系的紧密性"这一事实要素,[23]而非其背后的义务要素。在场所主人作为义务这个问题上,黎宏教授明确指出行为人的身份或者社会地位等规范因素决定了行为人是否具有危险源控制地位。[24] 显然,这不再是存在论的思路,而是规范论的思考方法。正如有学者指出的,黎宏教授实质上是兼顾规范论与事实论的二元论者。[25]

回到本文所要回答的问题上,无论是二重审查论者还是黎宏教授,都对纯粹的事中支配说进行了修正,有意无意地加入基于特定身份这样的规范要素。亦即,纯粹的事中支配说无法圆满解决场所主人有哪些作为义务这一问题,依然要回到规范层面来解答这一困惑。

三、规范论视角下作为义务论的成功

(一)场所主人作为义务来源的理论选择:规范论的作为义务论

如前所述,无论是遵循存在论和规范论中间路线的物本逻辑、纯粹的存在论还是修正的存在论,在解决场所主人的作为义务问题上都存在诸多问题,并不可采。而也正如本文在前面已提出的观点,在很多场合决定作为义务产生的并不是因果关系或者其他事实要素,而是行为人本身因其特殊社会地位、角色而产生的义务,这也是存在论经常不自觉采用的思路。场所主人作为义务在什么范围内成立,这个答案也要回到场所主人这个特殊身份上来。

德国学者雅科布斯以规范论的思路来解决保证人地位的问题,其认为作为与不作为的区分不重要,重要的在于将人与结果相联结,探寻人和事件的归属或者说归责,[26]根据行为人是具有消极义务还是积极义务将正犯区分为支配犯

〔23〕 参见黎宏:《刑法总论问题思考》,中国人民大学出版社2007年版,第146~151页。

〔24〕 参见黎宏:《刑法总论问题思考》,中国人民大学出版社2007年版,第150页。

〔25〕 参见周啸天:《保证人地位事实论的重构与应用》,载《中外法学》2021年第2期。

〔26〕 参见[德]格吕恩特·雅科布斯:《行为 责任 刑法——机能性描述》,冯军译,中国政法大学出版社1997年版,第85~86页。

和义务犯。绝大部分犯罪行为都表现为伤害他人,或者说将自己管理领域的风险输出到他人身上,这就产生了基于不得伤害他人的消极义务而产生的支配犯(组织管辖)。具体而言,在一个自由的社会里,人们形成了自己的组织圈,并且对其的管理只属于人们自己。首先,在人们使用、扩大组织圈的过程中,人们有保持组织圈处于安全状态的义务,包括不创设危险和在出现危险后将其消灭。其次,仅有消极义务并不足以构建人类社会,个体之所以能够享受到法律所保障的自由,其前提在于法律承认的诸种社会关系、制度的持续性存在。[27] 因此,承担特定角色的人具有积极帮助他人、为他人创造福祉的积极义务,只有这样才能"建设一个共同的世界"。[28] 这就产生了基于积极义务而产生的义务犯(体制管辖)。这里所称体制,指为维系一个社会所存在的体制,如父母和子女的关系、配偶及同等意义的同居关系、国家的权力关系、安全和秩序的保障以及由法律所保障的司法和行政,在这样的体制中被赋予角色的人,都有维护该体制的义务。

这种积极义务的范围如何?雅科布斯没有明确说明,仅说某个体制对于社会存续具有根本上重要性,以至于和作为犯一样重要的时候,该体制才能成为保证人地位来源,破坏体制性义务才会和作为犯等价。[29] 因此该问题很难回答,也是该保证人地位理论备受攻击的一点。本文也很难给出确立积极义务范围的明确标准,正如何庆仁教授所指出的,团结义务的范围是取决于公意的形成与表达,而公意本身就会随着社会的发展而不断改变。[30] 即便如此,至少可以给出判断某一义务是否能成为积极义务的思想方法。

首先,积极义务的成立不能离开保证人自己的角色的要求。如雅科布斯所言,我们生活在一个匿名交往的社会,规范使得公民在这样一个社会中可以互相信任并维持社会的正常运行。而角色是规范的化身,行为人通过明确自己的角色来确定自己需要遵守的规范。同时,角色还是不法归责的基础,行为人只有违反了社会对这个角色的期待,才有被归责的可能。[31] 这里的规范是基于法

---

〔27〕 参见[德]乌尔斯·金德霍伊泽尔:《刑法总论教科书》,蔡桂生译,北京大学出版社 2015 年版,第 375 页。

〔28〕 Vgl. Günther Jakobs, Die strafrechtliche Zurechnung von Tun und Unterlassen, 1. Aufl. ,1996, S. 32.

〔29〕 Vgl. Günther Jakobs, Strafrecht Allgemeiner Teil, 2. Aufl. ,1993, § 29 Rn. 58.

〔30〕 参见何庆仁:《义务犯研究》,中国人民大学出版社 2010 年版,第 154 页。

〔31〕 参见何庆仁:《特别认知者的刑法归责》,载《中外法学》2015 年第 4 期。

律的规范或者说一种社会秩序。所以,特定角色具有的积极义务的确定需要借力于社会中业已存在的种种社会秩序、法律规范、原理和原则。其次,根据无知之幕理论,积极义务的成立需要社会共同体的所有成员在无知之幕下达成一种平衡各方利益的协议,既不能过分保护处于弱势的人,也不能不给强势者施加义务,这就需要一定的智慧在其中做精准的平衡和分配。最后,成立义务犯所需要的积极义务必须是关涉这个角色核心意义的。比如母亲这个角色的核心意义是照顾子女,信托财产管理人这个角色的核心意义则是管理好客户的资产,因此放任他人伤害子女的母亲会构成不作为的故意伤害罪的正犯,明知他人盗窃资金而不阻止的信托财产管理人会构成不作为的盗窃罪的正犯。

(二)基于规范论的场所主人作为义务边界的解决方案

1. 场所主人的组织管辖义务:交往安全义务

交往安全义务是最典型的一种消极义务,它是指"如果场所主人自己的支配领域内存在危险源,则必须加以控制,并保证这种危险源不会向外输出伤害性的影响"[32]。其根据在于,谁对特定的领域行使属于他人的或可能对他人有影响的决定权,谁就必须控制可能因危险的状况或情势、动物、在领域内的设备或设施而产生的危险。[33] 交往安全义务的成立无需多加论证。组织管辖义务要求不能伤害他人,那么房屋主人也应避免自己的房屋给他人带来危险,比如要及时维修摇摇欲坠的危墙,若房子里的火蔓延到外面必须及时灭掉,如果不履行相应的义务就要承担相应的责任。

但是,如果组织圈里的危险已经现实化,场所主人是否具有救助伤者的义务?比如从楼顶坠落的太阳能热水器已经砸伤他人,太阳能热水器的所有权人是否有救助的义务?应当认为只基于交往安全义务不能产生救助义务。交往安全义务的要义是不伤害他人,是一种消极义务,所以其本质就决定了它不能包含积极的救助义务。从交往安全义务的法理基础来讲,它关注的是阻止组织圈内危险的发生,而当危险一旦发生,这一事实就不再被交往安全义务所涵盖,场所主人对自己场所的管辖也已经不再发挥作用。另外,如果认为救助义务直接由交往安全义务导出,容易得出场所主人仅有过失而无故意的结论,这是不妥当的。在这种情形中,救助义务完全可以由场所主人之前不消除危险的不作

[32] [德]乌尔斯·金德霍伊泽尔:《刑法总论教科书》,蔡桂生译,北京大学出版社 2015 年版,第 376 页。

[33] 参见[德]汉斯·海因里希·耶塞克、托马斯·魏根特:《德国刑法教科书》,徐久生译,中国法制出版社 2001 年版,第 755 页。

为这种先前行为导出。

如果场所内的设施伤害了不法侵入者,或者说未经邀请者,主人的交往安全义务的义务履行对象是否包括不法侵入者?比如小偷偷东西,在院子里掉入主人挖的深坑并摔断腿,主人是否需要承担刑事责任?这里需要区分公共场所和私人场所。如果是任何人都可以自由进出的饭店、体育馆、购物中心等公共场所,不法侵入者就在交往安全义务的保护范围之内。即使在开放时间以外或者未买票进入景区,在景区内被某一不安全设施重伤,景区的相关负责人也应该承担刑事责任。因为公共场所就是对任何人都开放的,并不像私人住宅一样具有隐私性并且被看做人身自由的延伸。当一个人未经允许进入一个公共场所,在民事上违法,但是不可以对他施加绝对的"不得进入"的诫命,在刑事上并不违反禁止规范。即便进入公园是为了偷公园的喇叭,这种盗窃的不法和不被允许而进入也没有关系,行为人和不买票进入公园赏景的游客没有区别,其在规范上的不法是一样的。因此,未经允许进入公共场所的不法侵入者也得以受到交往安全义务的保护。

对于私人场所,不法侵入者不在交往安全义务的保护范围之内。首先,非法侵入住宅罪已经昭示未经允许进入住宅是刑法所不允许的行为,非法侵入者违背规范的行为,使得他不再是规范所保护的对象。其次,与刑法上非法侵入住宅罪相协调,交往安全义务的规范保护目的也应限于保护合法进入该住宅的人,将非法侵入者排除在外。最后,根据自我危害的原则,非法侵入者已经非法侵入了他人的自治领域,给自己造成了风险,应该为可能遭受的各种风险后果负责。因此如果他被场所内某一危险所伤害,场所主人并不需要负刑事责任。但需要注意的是,这条规则并不适用于儿童、智力障碍者,因为他们并没有听从法规范呼吁的能力并且他们需要公众特别保护和关心,因此他们的行为即使不法也要受到规范的保护。

2. 场所主人的体制管辖义务

如上所述,积极义务来源于特定行为人拥有的特定角色。那么,要分析场所主人所具有的积极义务,就要先分析场所主人的这个角色,而对场所主人的分析则要回归到场所的意义。

场所可以分为私人场所和公共场所,但不同性质的场所并不会影响场所主人的体制管辖义务。私人场所在法律上具有独特的地位,包括我国在内,各国的宪法都有"住宅不受侵犯"的规定。而其中的法理基础,就如法院所言,"户不仅是公民享有生活自由和安宁的重要场所,而且是公民财产的安全存放场所,是人们心中最具安全感的地方”[34]。可以说,法律为私人场所建立了严密的保护网。但是法律对于住宅或者说私人场所予以特殊保护,是为了保护公民的自由,使住宅成为“风能进,雨能进,国王不能进”的权利“城堡”,但没有限制进入住宅的人的权利。他人进入住宅,并没有将自己的防卫权上交给场所主人,也没有因为住宅的存在使自己的安全状况比未进入住宅时更差。私人场所仅对其主人有在法律上的特殊意义,对进入住宅的人则没有。

公共场所性质之特殊则多与公共场所的特殊功能有关,比如学校作为教书育人的机构,其管理者必须承担起保护学生的义务。这些特殊性质以及因其特殊性质带来的义务已经超出本文讨论的射程。在不考虑其特殊性质时,公共场所没有任何特殊之处,只是供公民使用的特定空间而已。

场所主人的体制管辖义务涉及多个方面,但由于篇幅有限,本文在上述论证基础上主要对以下两个问题展开讨论:一是对伤者的帮助义务,二是对犯罪行为的阻止义务。

(1)对伤者的帮助义务

场所主人对伤者的帮助可以分为两种情形,一种为对未经邀请进入场所的人的帮助;另一种为对受邀进入场所的人的帮助。

对于前一种情形,要分为进入场所前就受伤和进入场所后受伤两种情况。对于前一情况,假定伤者已经处于重伤状态,只能依靠他人帮助得救,这里并不考虑进入场所盗窃、抢劫等情况。用无知之幕的思想实验会发现,此时设立帮助义务仅损害场所主人极为微小的利益甚至没有利益损害,由此换来的收益却是巨大的,因而应该肯定这样一种积极义务的存在。但仔细考察以上分析,这种积极义务的成立与场所主人这个角色并没有关系,而是可以适用于所有举手之劳就可以救助他人的情形。在德国、法国、意大利等国家,这种情形下不救助就违反见危不救罪。我国没有规定见危不救罪,但上述情形并不可以直接适用故意杀人罪的规定。因为见危不救背后的团结义务和故意杀人罪等特定罪名背后的团结义务有质的不同,前者是绝对的、无条件的,是对所有人的普遍要求;后者则是相对的,这种团结义务只存在于有特定身份、职务的人身上,如父母、警察、医生。换言之,见危不救的情形中,行为人与被害人毫无关系,被害人对行为人救助行为的期待只来源于行为人偶然的在场。故意杀人罪等特定罪名背后的团结义务则因社会对角色的期待而产生的,被害人在处于困境时可以

---

[34] 《韩维等抢劫案》,载熊选国主编:《刑事审判参考》第59集,法律出版社2008年版。

合法的期待行为人的帮助，行为人在不履行义务时就损害了这种期待，破坏了这个社会所赖以运转的基本体制，就达到了和支配犯等同的不法程度，可以被认定为不作为犯的正犯。

场所主人对未经邀请进入场所但生命濒危的重伤患者，也不承担一种特殊的角色，也没有救助义务。首先，如前所述，除学校、精神病院以外，普通的场所并不承担着保护外来人员的功能，私人场所的意义在于保护场所主人，公共场所的功能在于发挥其如游览、工作、学习等特有的作用。所以，场所主人这个角色中自然也不包括保护外来人员这个核心意义，从而也不能推导出救助义务。其次，在生活中，对重伤的人倒在某人的院子里和人倒在广场某个人的脚下这两个情形，规范对房屋主人和广场上的游客并没有什么期待上的不同，甚至于对房屋主人和在院子里看见重伤者的路人的期待也没有不同，这些人在规范上都是可以帮助伤者的人，房屋主人这个身份并没有更多的或者更特别的义务。所以对于这种情形，场所主人并没有一种特别的积极义务。或许有学者会批评说，场所的存在减少了伤者被救助的可能性，但这一判断本身并没有什么证据可以证明。最后，要注意，如果此时场所主人明知外来人员想离开场所求助但是不打开封闭的场所，则构成非法拘禁罪。

对于进入场所后受伤的人，比如突发心脏病的小偷，要分情况讨论。若其进入的是公共场所，场所主人的不救助在德国可能会成立见危不救罪，但场所主人并不存在特别的积极义务。如果其进入的是私人住宅，对于已经重伤且未经邀请进入他人住宅的人，法规范或许还有所怜悯，对于身体健康还非法进入他人私人住宅的人，基于与未经允许进入他人私人住宅而被住宅内设施所伤害的情形相同的理由，伤者无权要求房屋主人对其进行保护。

对于受邀请进入场所的伤者，也要区分为进入场所前受伤和进入场所后受伤两种情形。对于前一情形，场所主人具有救助的义务。这种义务的成立并不来源于场所主人的身份，而是来源于对保护功能的接管，即来源于行为人将需要救助的人接入自己的房子而表现出对照顾、救助伤者的承诺，而不来源于单纯的空间上的关系。

对于后一情形，不管是由于发生在场所内的第三人犯罪行为受伤，还是因为心脏病突发、意外从阳台坠落而受伤，场所主人都没有救助的义务。在这种情形中，场所主人和客人有三层关系可以分析。第一层关系是伤者和能提供帮助的人的关系，在这层关系下，如果我国刑法有见危不救罪的规定，可以认为场所主人有一般的团结义务，如果违反就构成见危不救罪。第二层关系是场所主人和在场所中的人在空间上的关系，场所主人这一身份并没有给予其特别的积极义务,他在规范上与其他能提供帮助的人没有什么不同。第三层关系是建立在“受邀进入”这一事实之上的“主人和客人”的关系,有学说认为这种关系创造了客人对主人的信赖,信赖主人会在自己受伤时帮助自己,也就形成了场所主人的保证人地位。[35] 然而,首先,信赖并不能够创造义务,正是因为有法律上的义务或者权利规定,所以人们之间才能够相互信任,而不是因为信赖关系产生了法律义务。其次,如果认为因为邀请客人进入场所,主人就有客人在受伤时救助客人的积极义务,如不履行就构成故意杀人罪或者故意伤害罪,就是将主人和客人之间的关系视作父母和子女、登山的向导和队员、警察和公民。但是,以上这些关系中存在明显的一方对另一方的依赖,也正因此,社会规范乃至法律规范对父母、向导、警察这样的角色赋予了特别的积极义务。而客人对主人之间是不存在这样的依赖,因而也不应该有救助义务。再次,如果认为主人有救助义务,按照义务犯的原理,不救助客人的主人将成为故意伤害罪乃至故意杀人罪的正犯,这在社会观念上是无法被接受的。最后,需要特别说明的是,这里的客人仅指成年人,如果场所主人邀请未成年人、精神病人等进入,规范就会认为其事实上接管了对这些不具备刑事责任能力的人的保护,成立保证人地位。

综上所述,仅基于场所主人这一角色,场所主人对伤者没有特别的帮助义务。在案例二当中,仅基于甲是场所主人这一身份难以得出甲具有救助乙的积极义务,不能认定其不作为构成故意杀人罪。

(2)对犯罪行为的阻止义务

场所主人因为没有阻止犯罪行为而承担刑事责任的案例比场所主人因没有救助场所中的人而承担刑事责任的案例要多,也更有争议。在德国,判例发生了从肯定这种绝对的阻止义务到否定的转变。[36]

首先,在某些人身犯罪发生时,被害人的生命、健康法益面临巨大的威胁,但是,如果要求场所主人阻止犯罪,就意味着场所主人也要面临巨大的风险。对于未经邀请进入场所的人遭遇犯罪,场所主人显然无需冒着风险去阻止犯罪的发生。如果是客人遭遇犯罪,有学者认为,不能把到别人家里做客变

---

〔35〕 参见[德]克劳斯·罗克辛:《德国最高法院判例选辑:刑法总论》,何庆仁、蔡桂生译,中国人民大学出版社2012年版,第218~219页。

〔36〕 参见杜文俊、陈洪兵:《不作为共犯与犯罪阻止义务》,载赵秉志主编:《刑法论丛》第3卷,法律出版社2009年版。

成“鸿门宴”。[37] 笔者并不能同意这一观点。从“无知之幕”的思想实验来分析,当把自己看做被害人时都会承认这样的阻止义务。但是,当把自己看做场所主人时,就会发现如果阻止义务成立,虽然场所主人在主观上没有故意,也没有加功于实施犯罪行为的正犯,但他在规范评价上就等同于实施构成要件行为的正犯了。[38] 并且,这种义务的履行本身就有极大的风险。所以,这种义务的设置给场所主人赋予了过重的负担,是难以被接受的。

其次,根据自我负责的原则,原则上并不存在阻止其他人犯罪的义务。例外只存在于支配关系中,包括法律的优势关系上和被监护者的无责任能力或者限制责任能力。[39] 作为社会一般人的场所主人,无论是作为空间的拥有者还是作为邀请客人来的主人,他都不希望自己的房子里发生犯罪,犯罪的发生对他而言也是毫无准备的突发事件,他也没有高强的武力或者趁手的武器,因此社会也并不期待他在此时充当警察的角色。除非被邀请进入场所的是未成年人、智力有障碍者、精神病人,场所主人因对保护功能的接管而拥有积极义务,否则,一个成年人没有理由依赖另一个并非警察、军人这样的角色、拥有特别能力的成年人。

再次,有肯定论者认为房子本身就是一种危险源,场所主人基于交往安全义务有对犯罪行为的阻止义务。也有学者认为,房子本身并不是危险源,但可因其特别的状态和位置形成为一个危险源,比如位置偏僻、四周被陆地包围等有利于犯罪的状况。[40] 德国法院判决中也有这样的表述,“在这所住宅由于其特殊性质或者状况而表现为一种危险源,而房主应当对此加以保障或者监护,从而使其不能成为实施犯罪的便利手段时”[41]。在房子成为危险源时,场所主人就因其身份具有保证人地位,应该对房子采取安全措施和监控措施,以防止

---

〔37〕 参见杜文俊、陈洪兵:《不作为共犯与犯罪阻止义务》,载赵秉志主编:《刑法论丛》第3卷,法律出版社2009年版。

〔38〕 根据雅科布斯的理论,所有的义务犯都是正犯,没有共犯存在的空间。参见何庆仁:《义务犯研究》,中国人民大学出版社2010年版,第284页。

〔39〕 Vgl. Claus Roxin, Strafrecht Allgemeiner Teil, BandⅡ, 1. Aufl., 2003, § 32 Rn. 125ff.

〔40〕 参见[德]冈特·施特拉腾韦特、洛塔尔·库伦:《刑法总论Ⅰ——犯罪论》,杨萌译,法律出版社2006年版,第373页。

〔41〕 BGH NJW 1982, 1235(1236).

其成为犯罪行为容易实行的手段。[42] 对这样的观点,本文并不赞同。

第一,无论是地处偏僻的山间别墅还是居于闹事区但隔音效果良好的公寓,这类具有有助于犯罪发生的性质的房屋的购买和改造都是日常生活中的合法行为,法律不应要求行为人为一个本身(在行为当时来看)没有任何问题的行为承担责任。[43] 第二,即使认为性质特殊的场所是危险源,利用性质特殊的场所实施犯罪的并不是场所主人,而是第三人。根据溯责禁止的原则,虽然第三人实施了犯罪,但对场所主人来说购买或者改造场所的行为并不具有构成要件实现的意义,而是社会上一般的行为,那么就不可以将该构成要件实现及其结果回溯至前行为人。因为一个本质上无害的行为不能成为犯罪实施的一部分,[44] 为这个结果负责就应该是实施犯罪的人。第三,交往安全义务本质是消极义务,其内容是不伤害他人。而犯罪阻止义务的实质是积极地去阻止犯罪行为的发生以帮助被害人,其本质不仅仅是消除危险,还有帮助他人,为他人增加福利,这超出了交往安全义务的范围。所以不能从交往安全义务角度来证明阻止犯罪义务的成立。

最后,例外情况是非法拘禁的情况。不管是被害人自己或者场所主人过失地将被害人关到某一封闭空间,还是第三人过失或故意地将被害人关到某一封闭空间,不存在其他人身暴力威胁时,场所主人因为可以完全的控制自己的住宅,独立地决定是否开始或者结束对某人的拘禁状态,所以有保证他人行为自由的积极义务。明知他人被关在自己的住宅里而不予以解救,就可以构成非法拘禁罪。当然,如果是场所主人过失将他人关在自己管理的密闭空间,属于场所本身危险的现实化,场所主人的解救义务是消极义务,若违反则成立非法拘禁罪的支配犯。

因此,案例一中的C作为房间提供者的安全保障义务并不包含阻止强奸的义务,仅凭其作为私人住宅的所有者并邀请A及B进入其家的主人的身份,也没有阻止强奸发生的积极义务。判决中,这种“唯一救助对象”的表达隐含着对支配说成立的肯定,但是成立支配也不一定能够产生积极义务。所以,C不能构成强奸罪。

---

〔42〕 参见[德]约翰内斯·韦塞尔斯:《德国刑法总论》,李昌珂译,法律出版社2008年版,第437页。

〔43〕 参见王莹:《先行行为作为义务之理论谱系归整及其界定》,载《中外法学》2013年第2期。

〔44〕 参见何庆仁:《溯责禁止理论的源流与发展》,载《环球法律评论》2012年第2期。

四、结　论

虽然在学界,存在论视角下的作为义务论是有力学说,但是存在论的方法论有根本上的问题,体现在场所主人作为义务的解决上,就表现为结论不确定、不合理,必须引入规范要素来得出合理结论。规范论的作为义务论能够更好地解决这一问题。场所主人作为义务的边界划定应从“场所主人”这一特殊身份出发。场所主人具有交往安全义务这一消极义务,应避免自己的房屋给他人带来危险,但是他人自己招致风险或未被允许进入私人住宅后被相关设施所伤害的情况除外。场所主人原则上没有体制管辖义务这一积极义务,因为场所主人这一身份本身的核心含义并不包括照料场所中的其他人,其不具有法律上对他人的支配关系或优势关系,因此,在法益受到损害的人和场所主人没有其他特殊关系的情况下,场所主人原则上没有对伤者的救助义务和对犯罪的阻止义务。

责任编辑:钟陈杨

结果提前实现中的主观归责研究

唐飞扬*

摘要：

结果提前实现案例的争议核心应当锁定在前行为是实行行为的案例中，此类案例应当通过构建和完善主观归责的检验步骤予以解决。核心计划的危险实现理论能够进一步规范结果归责中的主观归责判断。具体而言，可以采用“三步走”的判断方法，首先，通过正面确立和反面排除来厘清行为人的核心计划；其次，判断核心计划中的故意危险，明确案件中的危险是确定的、有方向的和可重复的；最后，将核心计划中的故意危险与客观实际发生的危险进行对应，若最终能肯定二者间的全部或部分对应关系，则完成主观归责，肯定故意犯罪的既遂。

关键词：

结果提前实现；主观归责；核心计划的危险实现

一、问题的提出

错误论是当代刑法学研究中的困难之章，学者对于其中有关打击错误、对象错误和结果推迟发生等案例类型均有详实论述，但我国论述结果提前实现的文章寥寥无几。诚然，结果提前实现属于因果关系错误中较少发生的情形，常见的案例均为教学案例和德日经典案例，如毒酒案〔1〕、擦拭枪支案〔2〕、阳台坠妻案〔3〕等。

---

* 作者唐飞扬，四川大学法学院硕士研究生，研究领域为刑法学。

〔1〕 甲为杀害乙将毒药混入酒中放在橱柜内，打算在乙回家后给其饮用，而乙提前回家在甲不知道的情况下自己饮酒后中毒身亡。

〔2〕 甲想杀死站在身前的乙，从怀中掏出手枪认真擦拭，却不小心扣动扳机，将乙打死。

〔3〕 参见周啸天：《结果的提前实现——既有学说批判与结果归属认识论提倡》，载《清华法学》2020 年第 4 期。简要案情：甲想杀乙，捅了几刀后，乙逃走到阳台，甲想将乙拖拽回屋内用煤气毒死，而前去抓乙，结果乙在抵抗之际不小心坠落阳台而死。日本法院认为，甲构成故意杀人罪既遂。

但其实有关结果提前实现的案例在国内实务案例中也已有发生,如发生在河北承德的放火案、[4]河南信阳安眠药杀妻案。[5] 随着我国以审判为中心的诉讼制度改革,庭审过程更加实质化,案情事实更加清晰,必然会出现更多涉及错误论的案件事实。因此,对少量疑难问题的研究也应具有其理论价值,并值得重视,理论上应进一步加深讨论,以教义化的理论内涵完善审判实践的说理过程。

错误论中所讨论的事实认识错误,从机理论的角度来讲,其本质是故意行为危险是否发生偏离,[6]应将重心放在解决欠缺构成要件事实之认识时能否成立故意的问题之上,才能验证在主观认识和客观发生的事实产生错位时能否阻却故意的成立和归责。[7]

有关结果提前实现的学说中,张明楷教授、周光权教授等均从客观归责的角度入手解决此类案件,主张犯罪既遂。[8] 而罗克辛教授、柏浪涛教授等从主观归责的角度入手解决此类案件,但在其理论内部也存在既遂和未遂两种不同

---

[4] 参见中华人民共和国最高人民法院刑事审判第一、二、三、四、五庭编:《刑事审判参考》(总第105集),法律出版社2016年版,第8~14页。简要案情:甲为了报复乙,等乙熄灯入睡后,甲携带汽油等工具,切断乙家电源后,将汽油泼入乙家,准备用打火机引燃汽油制造火灾将乙烧死,但惊醒乙的父母,乙父母随后使用警用手电照明开启电击功能击打出火花引发大火,造成乙母死亡,乙父重伤。法院认为,甲构成放火罪既遂。

[5] 参见河南省信阳市中级人民法院(2016)豫15刑初1号刑事判决书。简要案情:甲因家庭琐事为了和妻子乙同归于尽,将事先购买好的安眠药放入饮料中,想迷晕乙后打开煤气一同自杀,但待打开煤气罐后甲又逃离现场,后经法医鉴定,乙因服用过量安眠药中毒死亡。法院认为,甲构成故意杀人罪既遂。

[6] 参见柏浪涛:《错误论的新视角》,中国民主法制出版社2020年版,第40页。

[7] 值得说明的是,本文所讨论的客观归责和主观归责,是指在阶层犯罪论体系中构成要件符合性阶层进行的结果归责。客观归责认为应当考察客观构成要件中行为与结果是否有规范上的关联,但也有学者认为应当加入诸如特别认知等要素的考量。而传统的主观归责则审查行为人对结果是否有刑法上的故意或过失,并且这种归责建立在完成客观归责的检验之后。本文认为故意犯罪中的结果归责应当仅在主观构成要件中解决。

[8] 参见黎宏:《因果关系错误问题及其应对——以行为危险现实化说的再阐释为中心》,载《法学研究》2022年第1期;张明楷:《刑法学》(第6版),法律出版社2021年版,第363页;周光权:《刑法总论》(第4版),中国人民大学出版社2021年版,第183页;[日]山口厚:《刑法总论》(第3版),付立庆译,中国人民大学出版社2018年版,第231~232页。

结论。〔9〕 本文在对现有学说进行阅读归纳后发现,针对前行为是实行行为的结果提前实现案例,理论上的争议焦点不光体现在案件处理结论的不同,还更深层次地体现在论证过程中仅采客观归责的路径进行判断抑或兼采部分主观要素予以考量,但我国大多学说对主观归责的考量尚不深入。

据此,本文将从对着手的判断进行展开,厘清问题的关键所在,再对国内外有关结果提前实现的案件处理结论进行梳理和批判,最终针对性地提出“核心计划的故意危险实现理论”,通过“三步走”的操作逻辑使其更好适用在结果提前实现的结果归责之中。

二、问题核心的确立与既有学说的反思

(一)问题核心:前行为需已着手

要认定结果提前实现中的前行为是实行行为,关键在于判断前行为是否着手。根据行为与责任同时存在原则,只有前行为进入实行阶段,才可能在最终得出犯罪既遂或未遂的结论,案件才有讨论的必要。对于着手的判断,主流观点采取实质的客观说,即当实害行为对结果产生了现实、具体、紧迫的危险时,行为就已经着手。〔10〕 但这与我国的实务理论不符。

一方面,从我国《刑法》第 23 条关于未遂犯处罚原则的立法条文可以看出,只有因行为人意志以外的原因才可能导致未遂,那么行为人的意志应当作为判断未遂时的一个重要因素,进而在对着手的认定之时不能仅仅着眼于客观上对法益的侵害,应当适量考虑主观因素,对着手进行主客观的一体判断。

另一方面,类似行为人以为是真毒品而贩卖但是事实上不是毒品的案件,刑法理论和司法解释均认为构成贩卖毒品的未遂。该观点体现了司法实践中对行为人主观方面入罪的青睐。虽然说是在处理未遂犯上考虑了行为人的主观因素,但是显然属于主观归罪。〔11〕 因此,需要进行一定程度上的修正。

而柏浪涛教授在着手的问题上主张的主客观一体判断说,本文表示赞同。该说一方面要求行为对法益制造了紧迫危险,另一方面要求行为人具有着手实

---

〔9〕 参见周啸天:《结果的提前实现——既有学说批判与结果归属认识论提倡》,载《清华法学》2020 年第 4 期;柏浪涛:《未遂的认定与故意行为危险》,载《中外法学》2018 年第 4 期;[德]克劳斯·罗克辛:《德国刑法学总论》,王世洲译,法律出版社 2005 年版,第 337 页。

〔10〕 参见张明楷:《刑法学》(第 6 版),法律出版社 2021 年版,第 441 页。

〔11〕 参见张明楷:《刑法的基本立场》(修订版),商务印书馆 2019 年版,第 348 ~ 350 页。

行的决意,着手决意这种主观因素能够决定危险的有无与高低。[12] 着手决意是指故意中对危险的支配力与支配内容,这是故意的意志因素。此观点站在法益侵害和规范违反的二元基础之上对着手进行进一步的限定,基于刑法的谦抑性和保障自由的立场限制未遂犯的处罚范围,防止着手认定过于提前。故本文拟在主客观一体判断说的立场上,重申着手的判断应当建立在实质客观说的基础之上,再进一步判断着手决意的主观方面存在与否。

在安眠药勒死案[13]、阳台坠妻案中,行为人所实施的用安眠药使乙昏迷,或者开始捅杀乙的行为,在客观上已经对乙的生命安全造成了现实、紧迫、具体的危险,同时在主观上甲认识到了自己的喂药或捅杀行为对乙制造了紧迫危险,并希望或放任该危险的存在,应当认为甲具有着手决意,进而可以认定甲已经着手进入实行行为,这类案例属于前行为是实行行为的结果提前实现。

如前文所述,这类案件的处理结论,存在诸多争议,应当进一步仔细检讨其行为是否可以构成犯罪既遂。本文将理论界中有代表性的既有学说,根据其对这类案例处理结论的不同,简要划分为未遂结论说和既遂结论说。

(二)未遂结论之批判

1. 故意行为危险说之缺陷

故意行为危险说也称修正的具体符合说,[14]该说认为故意行为的行为人具有目的性思维活动和更强的法规范违反意思,因而故意行为危险相较于过失行为危险而言,更值得刑法处罚。在处理结果提前实现的案例时,认为当故意行为危险现实化为实害结果时,肯定故意犯罪既遂。但如果导致结果的是过失行为危险,则结果不能归属于故意行为危险。[15] 故在安眠药勒死案中,该说认为甲投放过量安眠药所制造的危险属于过失行为危险,最终乙的死亡是因为服用过量安眠药所导致的,甲构成过失致人死亡罪与故意杀人罪预备的想象竞合犯。但不难发现该说存在以下几个缺陷:

其一,在分析具体案情时,该理论会导致逻辑混乱的问题。该说在判断犯罪是否着手实行时,采取主客观一体判断说。在安眠药勒死案中,该说的逻辑

---

〔12〕 参见柏浪涛:《未遂的认定与故意行为危险》,载《中外法学》2018 年第 4 期。

〔13〕 改编自河南省信阳市中级人民法院(2016)豫 15 刑初 1 号刑事判决书:甲想杀死身材强壮的乙,想先用安眠药将乙昏迷后勒死,结果不小心安眠药剂量使用过当,乙实际被安眠药毒死。此案例为我国学界论述结果提前实现的经典案例,为方便论述,后文均以该案为例。

〔14〕 参见周光权:《刑法总论》(第 4 版),中国人民大学出版社 2021 年版,第 178 ~ 181 页。

〔15〕 参见柏浪涛:《未遂的认定与故意行为危险》,载《中外法学》2018 年第 4 期。

流程应当是:甲投放安眠药的行为,会导致乙在昏迷后,后续结果的发生与否完全取决于甲的意志,此时这种危险是紧迫的。给乙服用安眠药的行为,也会对乙现实的人身安全领域进行侵入并造成现实、具体的影响。既然如此,甲的行为对乙的生命便造成了现实、具体、紧迫的危险,已经满足实质客观的基准。同时从着手的主观方面来看,甲认识到了投放安眠药会造成乙昏迷而更易被杀害的危险,并且希望或者放任这种危险发生,对其行为能够支配该创设的危险当然具有着手决意,因而犯罪已经进入了实行阶段。并且这种行为是明确、有方向且可重复的,应当在紧迫危险的基础上认定为故意行为危险。据此,甲至少应当构成故意杀人罪未遂而非最终得到的犯罪预备的结论。同时,其理论在对故意行为危险的偏离和实现存在的情况类型进行分类之时,恰好将前行为已经进入实行行为的结果提前实现案例予以遗漏,或者说是"故意疏忽",以掩盖其理论存在的缺陷。[16]

其二,该说过于注重判断危险行为究竟属于过失行为还是故意行为,而对本应着重判断的主观归责问题有所遗漏。有学者指出该说的错误在于其理论基础——行为无价值论存在根本错误。[17] 但本文认为,这乃是对新行为无价值论[18]的误读,应当说新行为无价值论与结果无价值论均承认刑法的首要目的在于保护法益,双方的分歧不在于主观主义还是客观主义,而是对古典犯罪论体系与综合型犯罪论体系的比较。[19] 其中采取综合型犯罪论体系的新行为无价值论正是要解决将故意前置在构成要件中如何处理构成要件错误的难题,而故意行为危险说是解决这一难题的理论性创新,故通过批判目的行为论和行为无价值论来批判故意行为危险说的观点是站不住脚的。应当从更加实质的方向出发,其在判断结果能否归责于故意行为时,尤其是在错误论的案例之中,故意行为危险说没有明确故意行为应当是明确、有方向、可重复的这一判断标准,便导致了故意行为和过失行为的混淆。

2. 结果归属认识论之不足

结果归属认识论主张,实行终了的认识是奠定既遂故意的基础,当行为人

---

〔16〕 参见柏浪涛:《未遂的认定与故意行为危险》,载《中外法学》2018年第4期。

〔17〕 参见周啸天:《结果的提前实现——既有学说批判与结果归属认识论提倡》,载《清华法学》2020年第4期。

〔18〕 参见周光权:《新行为无价值论的中国展开》,载《中国法学》2012年第1期。

〔19〕 参见陈璇:《结果无价值论与二元论之争的共识、误区与发展方向》,载《中外法学》2016年第3期。

没有实行终了的认识之际,便阻却既遂故意的成立。如果能够将行为人的主观认识还原为客观现实,然后根据客观归责中的危险实现标准来判断结果归属,在否定结果归属之际,阻却其既遂故意的成立。在结果提前实现的案例中,客观归责的判断满足的前提下,在主观层面,将主观认识还原为客观事实加以判断后,可以得出没有认识到结果归属的结论,进而再判断行为人认识到的是具体的危险还是抽象的危险,以区别行为人构成犯罪预备还是犯罪未遂。[20]

但这样的观点是有疑问的,将主观认识当作客观事实来判断有主观归罪之嫌,进而导致论证上的逻辑混乱。该说将结果归属认识论运用到狭义的因果关系错误上时,例如毒鱼案[21]中,便会主张行为人甲的主观认识是想用毒把乙毒死,而不考虑实际上是哪种毒所致,将这样的主观想象还原成客观事实后,能够在客观归责中承认危险的现实化,于是肯定该案构成犯罪既遂的结论,可以看出结果归属认识论在进行结果归责时会扭曲行为人的主观认识、导致主观归罪的情况出现。[22] 按照相同的逻辑,毒鱼和毒蘑菇将人毒死都可以承认行为人主观用毒的危险能够现实化,那么在安眠药勒杀案中,也当然应当认为用安眠药杀和用绳勒杀,都可以承认杀人行为的危险已经现实化,而进一步肯定主观归责。而恰恰相反,论者又认为,此案中行为人认识到投放安眠药这一着手行为所带来的具体危险的基础上,仅仅成立故意杀人罪的未遂犯。说明该说在不同案件的处理上逻辑无法统一。

(三)既遂结论之批判

1. 一体行为说之批判

一体行为说认为,当行为人计划的两个行为都具有致人死亡的危险性时,可以将两个行为作为一个整体来把握,[23]即对于指向引起结果发生的基于同一意思的"一连串的、一体的"实行行为应当被一体化地禁止。[24] 行为危险现实

---

〔20〕 参见周啸天:《结果的提前实现——既有学说批判与结果归属认识论提倡》,载《清华法学》2020 年第 4 期。

〔21〕 甲想杀乙,用毒蘑菇制作了一份蘑菇拌鱼给乙,乙不喜欢吃蘑菇,只吃了鱼,结果鱼已经腐烂变质产生毒素,而甲不知道,最终导致乙实际死于吃鱼中毒。

〔22〕 参见周啸天:《结果的提前实现——既有学说批判与结果归属认识论提倡》,载《清华法学》2020 年第 4 期。

〔23〕 参见张明楷:《刑法学》(第 6 版),法律出版社 2021 年版,第 363 页。

〔24〕 参见[日]山口厚:《刑法总论》(第 3 版),付立庆译,中国人民大学出版社 2018 年版,第 231 ~232 页。

化说认为,若后行为是前行为诱发的,可将后行为的过失心理修正为故意,[25]实际上也是将两个行为作为一连串的行为进行整体把握的结果。这是我国和日本理论上的通说,也是日本判例中的通说。通说是基于效果论的角度,理论基础来源于结果无价值论。[26] 该理论不足之处体现在以下几个方面:

首先,错误地将案件重心判断放在是否着手上,认为若前行为已经着手,就只存在狭义的因果关系错误,应认定为故意犯罪既遂。[27] 应当明确的是,着手仅对结果提前实现案例具有分类的功能,无法产生该说幻想的一旦着手就认定犯罪既遂的效果。由于狭义的因果关系错误在主观上只存在一个行为,且主观上具有实行终了的认识,与结果提前实现的案件具有本质区别,不应将二者予以混同,所以不能将后续行为评价为狭义的因果关系错误进而认定犯罪既遂。

其次,该说还认为,因果关系认识错误并不重要,因果关系的错误不阻却故意的成立。[28] 这样的观点存在以下纰漏,其一,根据我国《刑法》第14条第1款有关故意的规定,将故意的认识要件规定为明知自己的行为"会"发生危害社会的结果。而其中的"会"便是属于对危险能否现实化为结果的一种认识,而危险能否现实化为结果这本身便包含了危险与结果之间现实化所需要的因果关系这一内容,由此可见,在我国的刑法语境下,因果关系应当属于故意的认识范畴。其二,构成要件具有故意规制机能,而在判断是否具有构成要件符合性时,因果关系的判断是必不可少的内容。其三,同为主张一体行为说的山口厚教授也承认,同因果关系相分离的对于结果发生的认识不过是没有根据的单纯的"愿望"而已,这很难奠定故意的基础。[29] 可见,在其内部也存在较大争议。

最后,对于客观上只存在一个值得刑法评价的行为的结果提前实现案例中,没有一体化理解的适用空间。结果提前实现案件行为人主观设想的行为有

---

〔25〕 参见黎宏:《因果关系错误问题及其应对——以行为危险现实化说的再阐释为中心》,载《法学研究》2022年第1期。

〔26〕 参见郎正午:《因果关系错误效果论之反思》,河北经贸大学法学院2020年硕士学位论文,第11页。

〔27〕 参见钱叶六:《论刑法中的构成要件过早实现——以日本判例及其学说为中心》,载《政治与法律》2009年第10期。

〔28〕 参见张明楷:《刑法学》(第6版),法律出版社2021年版,第362页;黎宏:《刑法学总论》(第2版),法律出版社2016年版,第210页。

〔29〕 参见[日]山口厚:《刑法总论》(第3版),付立庆译,中国人民大学出版社2018年版,第228页。

两个,但客观上存在且值得评价的行为数量只有一个,即在具体的案件中后行为可能并没有发生,行为人就意识到被害人已经死亡。或者被害人死亡后,再实施的侵害行为应当属于不可罚的不能犯范畴。因而,该说所主张对实行行为进行一体化理解的前提预设并不存在,该行为只存在于行为人的想象计划之中。

2. 主观归责说之反思

主观归责的任务在于解决故意既遂的归责问题,主张客观要件的检验后,在主观要件的判断中,建立从故意确认到主观归责的检验顺序。[30] 关于主观归责的判断标准,有以下几种学说:

欧阳本祺教授主张的主观归责说认为,主观归责的标准是构成要件的范围,当故意与结果都可以涵摄于同一构成要件范围时,就可以将结果归责于故意。[31] 进而在判断结果提前发生的案例之中,其认为客观归责与故意之间的密切关系使得主观归责的判断得以省略,可以直截了当并且清晰简单地将结果归责于故意,进而构成故意犯罪既遂。但是,该观点的不足显而易见。该说主张如果现实中出现的因果关系流程可以被相当性因果关系的框架所包含,那么在构成要件的框架内与其认识相符合,从而不阻却行为人之故意,[32] 进而将故意做抽象化理解,反对构成要件的故意规制机能。

普珀教授主张的故意危险理论认为,故意危险是一种比相当危险程度更高的危险,成立这种危险要求行为人必须认识到一个"较高程度"且"适于实现结果"的危险。如果行为人有意识地创设这种高度危险,并让这种危险导致结果发生,就可以实现主观归责。[33] 根据故意危险理论,既遂犯是由未遂犯组合一个实害结果构成,即当行为人第一行为已经具有导致被害人死亡的危险,且行为人对此有认识之时就成立犯罪既遂。[34] 该理论将主观上能否归责的判断予以客观化,来限定主观恣意的想象、计划等对故意既遂的影响。但本文认为该

---

〔30〕 参见阎二鹏:《因果流程偏离与故意既遂归责的实现——兼议主客观相统一原则的再表述》,载《政法论坛》2020 年第 4 期。

〔31〕 参见欧阳本祺:《论因果流程偏离的主观归责》,载《法学评论》2015 年第 6 期。

〔32〕 参见[日]前田雅英:《刑法总论讲义》(第 6 版),曾文科译,北京大学出版社 2017 年版,第 170 页。

〔33〕 参见王若思:《因果关系认识错误:全等审查阶层视角的考察》,载《刑事法评论》2013 年第 2 期。

〔34〕 参见周光权:《刑法总论》(第 4 版),中国人民大学出版社 2021 年版,第 183 页。

说有以下三点不足之处。

首先,客观化行为人主观认识的做法忽略了行为人认识能力与主观状态对结果归责的实际影响。行为人对于主观要素对故意既遂成立与否的影响,仅仅限定到了行为人主观上对于行为是否违反规范,而故意是否成立仅仅取决于是否存在故意的危险。这种完全忽略行为人认识能力的做法会影响结果归责,违背责任主义,这是该说理论的先天不足之处。〔35〕 其次,对于风险的分类无法提出一个具体的标准以划分故意危险与过失危险,将故意危险解释为具有一定严重程度的危险,而不能详细论述严重程度的具体标准是什么。而实际上,故意危险与过失危险具有其本质区别,应当说,前文所论述的故意行为危险说,是对于该理论在判断故意危险和过失危险上的进一步发展和完善,论证了故意危险和过失危险的部分区别。最后,行为人创设行为时具有的故意不足以将该故意连接到最终的结果之上。故意的认识需要包含危险能否现实化为结果的认识,而不能仅仅只有行为时具有故意。行为人对危险实现的过程认识与危险的实现在同时进行,只是该认识已经不需要支配力的存在,即不需要行为时的故意,仅仅剩下支配力的效果,即行为后的设想。如果否定危险实现过程中完全不存在故意要素,会导致犯罪终局性形态的错误判断。〔36〕

罗克辛教授主张的计划实现理论认为,客观归责的判断标准是危险的实现,而主观归责的判断标准是计划的实现。根据该观点,因为因果流程的偏离不会影响故意的认定,即使当因果流程发生重大偏离之时,如果结果还是能够被评价为行为人计划的实现,则该种偏离并不重要,不会发生阻却故意归责的效果。则在结果提前实现的案例中,罗克辛教授主张应当认定为一种不重要的因果偏离以及一种既遂的杀人,作为行为计划的实现表现出来。〔37〕 但该理论存在如下三个问题。

首先,实际犯罪行为过程中会产生计划越细、越难既遂的操作困难,以及临时起意、没有计划的情形的出现。计划实现理论主张主观归责的判断标准是计划的实现,而计划可以说是行为人的动机的具象化,便可能存在这两种极端情形。其次,计划实现理论缺少下位规则,难以推导出单一固定的评价原理。该

---

〔35〕 参见王若思:《因果关系认识错误:全等审查阶层视角的考察》,载《刑事法评论》2013 年第 2 期。

〔36〕 参见柏浪涛:《未遂的认定与故意行为危险》,载《中外法学》2018 年第 4 期。

〔37〕 参见[德]克劳斯·罗克辛:《德国刑法学总论》,王世洲译,法律出版社 2005 年版,第 337 ~ 345 页。

说在阐述其理论的运用时,并没有提出具体的判断标准,而是通过多个案例的论述企图释明,然而这种方式不能抽象提炼出明确的规则,不应成为刑法教义学的一部分。在结果提前实现案例中,认为行为人的计划已经表现和实现,但没有解决如行为人的后行为还没有表现出来时应当如何认定的问题。这正是由于计划实现理论缺少一个整齐划一的判断,〔38〕因而产生的不稳定性所导致的。最后,该说对计划范围没有限定,使其具有模糊性和不可操控性。计划的范围如果过于宽泛,则会出现包容所有因果流程偏离的情形,主观归责的目的将落空,无需进行计划实现的判断也可以肯定结果归属于故意。而计划的范围过于狭隘,会使得所有因果流程的偏离均排除于计划之外从而否定犯罪既遂,其中的度如何考量,是计划实现理论需要解决的问题。

三、核心计划的危险实现理论及其运用

(一)主观归责检验之必要性

如前所述,除主观归责说以外,其他学说在解决因果关系错误的难题时,都受到根据结果倒推原因的效果论意图的影响。这样的分析模式,缺少了将客观结果与主观故意进行沟通的桥梁,而这个桥梁便是解决因果关系错误案件的关键,即判断能否将结果归责于故意的主观归责。

故意犯之所以需要建立主观归责,是因为其本质与过失犯存在差别。过失犯不存在现实意义上的目的性,是规范评价的内容,不能运用自然因果律进行调整。〔39〕而为过失犯罪应运而生的客观归责理论,其通过制造法不允许的危险和实现法不允许的危险等过程判断可以对过失犯罪进行归责。但故意犯与其存在本质的不同,故意犯所制造出来的故意危险具有目的性、方向性、可重复性和更具刑法谴责性,是行为人在意志支配下所实施的。和过失犯罪相比,故意犯罪对于客观上存在的各种条件和对象有明确的认知,对于自己的行为可能导致的结果有较为清晰的预见,并反映出对刑法规范和秩序的强烈敌对,因而应当在主观构成要件的检验中对故意犯罪的结果归责进行进一步架构。

---

〔38〕 参见王若思:《因果关系认识错误:全等审查阶层视角的考察》,载《刑事法评论》2013 年第 2 期。

〔39〕 参见吴玉梅:《德国刑法中的客观归责理论研究》,中国人民公安大学出版社 2007 年版,第 39 页。

(二)主观归责检验之位阶

有客观归责论者指出,不应当在客观归责之后另立主观归责,故意的成立条件已经包含了主观归责的全部内容。[40] 但是这样的观点没有参透故意犯罪的本质,对于故意犯罪来说,客观归责与主观归责是一对相互矛盾的概念,即在构成要件的行为与结果存在自然因果关系时,客观要件的检验即告完成。[41] 但为了防止自然因果关系不合理的扩大,本文认为需要另立主观归责予以阻拦。故对于故意犯罪,本文主张客观要件的检验后,在主观要件的判断中,建立从故意确认到主观归责的判断模式。虽然大部分故意犯罪中主观归责能够得到容易且清晰的判断,但不能因此否定主观归责的作用,因为其在因果流程偏离的案件中具有独特价值。客观归责和故意认定对于因果流程偏离案件的解释结论均不能令人信服,因果流程偏离是一个把结果归责于故意的主观归责问题。[42]

在建立主观归责的判断前,应当明确的是故意认定的标准。如前文所述,构成要件具有故意规制机能,行为人的认识内容包括对结果的认识以及对因果关系的认识,当行为人对可能发生危害社会的结果以及与结果相联系的因果关系有认识时,成立犯罪故意。在认定故意后,为了使故意犯的归责成立,则需要通过评价得出行为人对结果以及因果流程的预见要达到何种程度。[43]

(三)核心计划的危险实现理论之操作模式与下位规则

在前文所述的主观归责说中,行为人对结果以及因果关系的预见需要达到什么样的标准未能明晰,无法提供规范化的操作逻辑和下位规则。其中,故意危险理论将行为人的主观认识进行客观化处理,忽略了行为人的认识能力与主观状态可能会影响结果归责。相反,计划实现理论中行为人是否实现自己的计划,完全取决于行为人对自己计划的定义,这显然是一个非常主观的问题。[44] 不难看出,两学说处于客观与极端主观的对立之中。因此,本文各取两种观点之所长,提炼出具体的下位规则和操作逻辑,便形成了本文所提倡的核心计划

---

[40] 参见陈璇:《论主客观归责间的界限与因果流程的偏离》,载《法学家》2014年第6期。

[41] 参见庄劲:《客观归责还是主观归责?——一条“过时”的结果归责思路之重拾》,载《法学家》2015年第3期。

[42] 参见[德]金德霍伊泽尔:《故意的客观与主观归责》,樊文译,载《清华法律评论》第3卷第1辑,清华大学出版社2009年版。

[43] 参见喻浩东:《论故意犯的结果归责:反思与重构》,载《比较法研究》2018年第6期。

[44] 参见柏浪涛:《结果的推迟发生与既遂结论的质疑》,载《法学家》2016年第1期。

的危险实现理论,采取“三步走”的形式完成对行为人的主观归责。值得说明的是,该理论不仅适用于结果提前实现的案例,还能运用在错误论里诸如对象错误等其他类型中。

1. 步骤一:确立行为人的核心计划

虽然行为人所主张的计划或预期目的是其主观臆造物,且一般来说实际危险流的产生、发展和结束大多都受其支配,但这一计划或目的应当由法官从刑法规范评价的角度予以约束和限制。

一方面,从正面来规制,核心计划应当是与造成实害结果并且属于刑法规定的犯罪构成要件相关联的计划。其一,核心计划应当是与最终实害结果现实关联的计划,例如在阳台坠妻案中,甲的计划就应当是用刀捅伤乙后开煤气将其毒死。其二,核心计划应当是属于刑法规定的犯罪构成要件所规制的计划,具体分析,用刀捅伤人和用煤气毒死人都触犯了刑法分则伤害罪和杀人罪的构成要件。由此,核心计划的范围便可以进一步限缩,便不会出现行为人主观目的多样化导致计划杂乱无章的情况。

另一方面,从反面来排除,核心计划应当与行为人道德、宗教等方面的行为无关。比如,行为人为了摆脱家庭暴力、赡养老人等实施的行为,仅可在道德上认为行为人通过计划达到了相应的目的,但这在刑法上是毫无意义的。再如,基于宗教信仰用石头毁坏宗教雕像旁边玻璃的行为,[45]这些目的或计划是与刑法评价无关的,应当在判断行为人的核心计划过程中予以排除。

通过正面规制和反面排除可以确定行为人的核心计划,便解决了计划的成功与否全凭行为人个人的表述,而忽略了行为人本着较高的法敌对态度所额外设想的矛盾所在。[46] 此外,对于临时起意的案件,例如甲本意只想让乙昏睡后抛弃其离去,而在乙服用安眠药后突然起了杀心,随后将其勒杀。如前文所述,计划实现理论面临的批判便是对于一些具有突发性、临时性的犯罪行为,行为人并不存在的所谓的犯罪计划。本文认为该疑虑实际上是并不存在的。对于临时起意的犯罪,行为人也存在与结果直接相关联的精简计划,行为人意图杀人,便会在最为紧急的当下制定出简短、粗略或直接的计划,例如用拳头将人打死或用刀刺杀。行为人此时的计划虽不如事先详细规划的计划那样细致、谨慎,但不能因为其简短粗略而忽视其存在,亦即在临时起意的犯罪行为中,精简

---

〔45〕 参见[德]克劳斯·罗克辛:《德国刑法学总论》,王世洲译,法律出版社2005年版,第337页。对于此案件,罗克辛教授认为犯罪计划并未实现,应当阻却既遂。

〔46〕 参见喻浩东:《论故意犯的结果归责:反思与重构》,载《比较法研究》2018年第6期。

计划便是行为人的核心计划。

2. 步骤二:明确故意危险

判断核心计划中的故意危险和进行故意认定是不同的阶段,故意认定只需要行为人认识到了结果的发生以及因果关系即可,而判断故意危险则是需要仔细阐明该故意所蕴含的危险是确定、有方向和可重复的。

其一,核心计划的故意危险,应当是与结果有实现能力的行为所造成的危险。[47] 这种观点可能遭致的批评是,如果完全通过行为人的主观方面来判断有无故意危险存在时,行为人完全可以事后编造出"虚假的主观理由",以逃脱刑事责任的制裁。但是这样的批判不应成为构建刑法教义学体系的批判,即程序法上的证明压力不应当将其传导至实体法,"即使让被告人承担一毫克的刑罚,也必须提供一毫克的不法根据,在此必须锱铢必较"[48]。因此,当其主观的故意危险完全不可能造成实害结果发生的,应当认为不存在这样的故意危险,进而阻却故意犯罪的既遂,根据其是否有预见可能性再判断行为人是否成立过失致人死亡罪。

其二,核心计划中故意危险的判断标准,是明确该危险属于确定、有方向和可重复的。如前文所述,故意危险和过失危险具有本质区别而并非程度差异,总体而言,故意危险具有以下三个属性:(1)确定性。故意危险相对于过失危险是确定的,由于故意行为制造的危险具有方向性,所以其构成要件在定型上具有明确要求,而过失行为构成要件具有"开放性",法官在具体案件中,根据一般性的指引对构成要件加以填充,[49] 因此故意行为的性质定性决定了故意危险的确定性。(2)方向性。故意危险是具有方向性的,如同射出去的"箭矢"受到"弹弓弹力"的指引一般向"目标靶"飞去,其中"箭矢"就属于故意危险,"弹弓弹力"即行为人的目的性指引,"目标靶"则是最终导致的结果。而过失危险则如同在大海中"随波逐流"的"小船",具有盲目性,不一定能驶向"正确的岛屿"。(3)可重复性。故意危险是行为人目的性指引的结果,若没达到目的,行为人可持"不达目的誓不休"的心态重复实施故意行为引起故意危险。而过失

---

[47] 例如,如果在安眠药勒杀案中,甲的后行为是误以为白糖可以杀人,进而在乙昏迷后对其服用白糖,结果乙死于服用过量安眠药。这个案件中,行为人的核心计划中的后行为就不存在相应的故意危险。

[48] 参见柏浪涛:《未遂的认定与故意行为危险》,载《中外法学》2018年第4期。

[49] 参见[德]汉斯·韦尔策尔:《目的行为论导论:刑法理论的新图景》(增补第4版),陈璇译,中国人民大学出版社2015年版,第42页。

危险属于偶然发生,其不可能和故意危险一样能重复发生。

3. 步骤三:主客观对应审查

将客观上产生的具体危险与行为人核心计划中的故意危险进行比较,判断两种危险能否对应,以实现主观归责。这样的“全等性审查”可为“主客观相统一”提供一种更具实质内涵的解读。[50] 在二者进行比较之时可能出现以下几种情形:

首先,最为常见的情形是核心计划中的故意危险完全涵盖客观产生的具体危险,此时应当肯定主观归责。例如在对象错误的案例中,行为人核心计划是对“眼前之人”进行杀害,该核心计划所蕴含的对“眼前之人”的危险是确定、有方向和可重复的,而客观上产生的具体危险就是被行为人的杀人行为所引发的,核心计划中的故意危险能够完全涵盖客观产生的危险,因而可以进行主观归责。

其次,核心计划中的故意危险能够部分涵盖客观产生的具体危险,此时应当肯定部分的主观归责。例如在打击错误的案例中,行为人核心计划是对目标对象进行杀害,但其中所蕴含的确定、有方向和可重复的危险也包含了对目标对象身边之人的确定、有方向和可重复的危险。而客观实际的危险是目标对象差点受到核心计划的故意危险之伤害,但身旁之人受到了核心计划的故意危险之伤害。因此,核心计划的故意危险只有部分涵盖到了客观产生的具体危险中,不能完全对应,对于目标对象构成故意犯罪未遂,而对于身旁之人构成故意犯罪既遂。

最后,核心计划中的故意危险不能涵盖客观产生的具体危险,即当核心计划中的故意危险与客观上的危险完全不能对应时,应当否定主观归责。例如出现了介入因素的情形,行为人意图毒杀乙,对乙下了毒,等待毒素发作后第二天死亡,乙在服下毒药后昏昏沉沉地走路回家,在路上被其他车辆撞死。行为人的核心计划是对乙下毒致死,下毒所蕴含的故意危险与实际上被车撞死的他人的过失危险属于性质完全不同的危险,因此二者不能对应,只能阻却行为人的故意犯罪既遂。

综上所述,针对错误论当中的案例,本文主张在客观构成要件、故意认定的判断后,以“三步走”的方式进行主观归责,以检验能否肯定犯罪既遂。

(四)核心计划的危险实现理论之运用

针对刑事个案的案例刑法学研究,有针对性地、系统地提出解决问题的理

---

[50] 参见阎二鹏:《因果流程偏离与故意既遂归责的实现——兼议主客观相统一原则的再表述》,载《政法论坛》2020 年第 4 期。

论方案并进行法理论证就是案例刑法学研究的重中之重。[51] 将核心计划的危险实现理论运用在具体的案例中,便可以检验这一理论的可操作性和逻辑合理性。

以安眠药勒杀案为例,首先,在客观构成要件的判断中,甲的行为制造了法不允许的危险,且该危险已经现实化为结果,二者之间具有自然因果关系。其次,在主观构成要件的故意认定中,甲认识到自己投放安眠药的行为会对乙的人身安全法益造成危害,且一旦服用安眠药后,乙就进入了任人摆布的状态,并且甲对该行为由此所产生的因果流程也能予以认识,因而甲成立故意。最后,在主观归责阶段,需要进行"三步走"的判断。

第一步,确立甲的核心计划。甲的核心计划是与造成乙死亡的实害结果相关联的计划,同时也需与犯罪构成要件相关。该案中,甲的核心计划就是用安眠药迷晕乙后用绳子将其杀害。第二步,判断甲核心计划中的危险属于故意危险。该案中,甲的计划蕴含两个危险,第一个危险是对乙使用安眠药的危险,该危险是受到甲的目的性指引的,因而是确定的、有方向的,如果安眠药没有成功导致乙被迷晕等危险,甲可以继续重复实施,因而是可重复的,故第一个投放安眠药的危险属于故意危险。第二个危险是对乙用绳子勒死的危险,该危险也是受到甲目的性指引的,因而是确定的,有方向的,同时勒杀乙的行为没有成功当然也可以反复实施,故第二个勒杀的危险也属于故意危险。第三步,将核心计划中的故意危险与客观实际发生的危险进行对应。客观上乙受到的危险是安眠药所导致的致毒危险,而该危险能够被甲投放安眠药的故意危险所涵盖,因此核心计划的第一个危险能够与客观实际危险相对应,实现主观归责。而核心计划的第二个危险由于乙已经死亡,客观上不可能存在被勒杀的危险,因此核心计划的第二个危险无客观上的对应内容,不能实现主观归责。综上所述,经过"三步走"的分析判断,能够将最终的死亡结果归属于甲的行为完成主观归责,最终甲构成故意杀人罪既遂。

应当说,该理论有别于一体行为说中将现实中从未有过的两个犯罪行为强行一体化看待,造成过于注重法律效果而强行篡改案件事实从而得出既遂结论的缺陷,而是通过架构起一座中介桥梁,使得客观与主观二者贯通。客观不法与主观不法不是平行关系,而是辩证关系,[52] 本文试图通过理论架构的方式最终发挥刑法教义学在中国本土司法中的实践机能。

---

〔51〕 参见魏东:《案例刑法学的研究方法》,载《政法论丛》2021 年第 6 期。

〔52〕 参见柏浪涛:《错误论的新视角》,中国民主法制出版社 2020 年版,第 30 页。

四、结　语

故意犯由于其本体论的独特性质,需要其更加注重主观构成要件的考量。而结果提前实现这类因果关系错误的问题,恰恰是故意犯中的棘手难题,因此,构建主观归责的教义学体系有助于解决错误论的难题,完善故意犯罪的理论内涵。本文从结果提前实现的案例出发,发现当前学说的观点解决此类案件通常欠缺主观层面的合理考量。为了解决这一问题,本文提出了核心计划的危险实现理论,通过“三步走”的检验方式,明确主观归责的判断标准和操作逻辑。但应当承认的是,核心计划的危险实现理论仍存在一些缺陷,故意危险与具体危险如何进行更加细致的涵盖仍有进一步讨论的空间。本文试图抛砖引玉,让故意理论的内容更加翔实完整,使得我国刑法理论更加教义化、本土化,以期在司法实践中得到正确适用。

责任编辑:钟陈杨

过失犯结果预见义务体系归属与成立范围
——新过失论观点的再审视

刘　畅*

摘要：

理论上，过失犯注意义务研究的主要问题表现在结果预见义务体系定位不明，与结果避免义务的关系模糊，来源、内容、标准等成立范围界定不清，未能充分发挥其对过失犯成立的限制作用。结果预见义务的研究应当以新过失论为基础，并重新审视其观点。体系归属上，应当区分“义务”与“可能性”，将结果预见义务置于过失不法阶层，前置于结果避免义务，以结果预见义务来限制结果避免义务。义务来源上，结果预见义务的正向实质根据在于风险管辖，反向实质根据是信赖原则、允许的风险等。预见内容层面，结果说不足取，具体风险才是预见内容，并且不包含因果关系的预见。预见标准层面，作为过失不法要素的结果预见义务宜采客观标准。

关键词：

结果预见义务；结果预见可能性；风险管辖；预见内容；预见标准

理论上，过失犯的构造研究可以从结果无价值论和行为无价值论区分出两条进路。目前，基于结果无价值论以结果预见可能性为重心的过失犯构造理论仍处于主导地位。但同时，工业、交通的迅捷发展使得社会风险逐渐升高，旧过失理论不足以解决现实中的难题，由此理论上产生了过失不法主观化倾向，即过失不仅归属于主观责任，也归属于客观不法。

总体上看，过失犯罪构造的理论日渐精细、规范，但实践中，过失犯罪的司法认定仍然混乱。以“货拉拉”案〔1〕和“出租车”案〔2〕为例，法院对类似的案

---

* 作者刘畅，四川大学法学院硕士研究生，研究领域为刑法学。

〔1〕 参见李果、常妍：《“货拉拉女乘客坠亡案”一审宣判涉事司机因过失致人死亡罪获刑》，载《人民法院报》2021年9月15日，第3版。

〔2〕 参见李某来过失致人重伤案，广东省广州市中级人民法院（2019）粤01刑终346号刑事裁定书。

件的认定结论有所不同。这种司法实践问题背后所凸显的是我国过失犯罪理论尤其是注意义务的疑问。本文认为,以上问题的根本在于学界对过失犯“预见”命题的重要性认识相对不足。旧过失论与新过失论均未系统地论述“预见”在过失犯罪中的地位与内容,忽视了其对犯罪成立的加功与限制作用。因此,本文拟梳理既有理论的疑问,辨析相关概念,以明确结果预见义务的体系位阶,并基于此探讨其成立范围。

一、新旧过失论视野下的“预见”及其问题

(一)旧过失理论下的“预见”与问题

旧过失理论根植于古典犯罪论体系,以结果无价值论为基础。在其视野下,故意犯罪与过失犯罪于不法层面并无不同,二者仅在责任层面相异。过失、故意是两种并列的责任形式。[3] 过失以结果预见可能性为核心,与不法无涉。但无论是依据旧过失论抑或修正的旧过失论的观点,责任阶层的结果预见可能性都是一个极其抽象的存在,其概念具有“可锻性”。使之承担过失犯归责机制之核心要素的任务,会导致过失犯的归责判断变得任意。[4] 实际上,秉持修正的旧过失论观点的学者也承认“预见可能性”是一个无比混乱的概念。[5] 可见,虽然旧过失论者宣称过失犯应当以结果预见可能性为核心,但由于其规范概念的缺失,导致“预见”对犯罪成立的限制作用微乎其微。由此造成的后果是,只要结果发生就成立过失犯罪,进而陷入客观归罪的窠臼中。[6]

(二)新过失理论下的“预见”与问题

新过失论以行为无价值论为基础,认为“犯罪过失的本质不在于造成危害社会的结果,而在于行为人违反了注意义务”,过失犯罪的核心问题是注意义务。[7]

---

〔3〕 参见张明楷:《刑法学》(第6版),法律出版社2021年版,第371页。

〔4〕 参见劳东燕:《过失犯中预见可能性理论的反思与重构》,载《中外法学》2018年第2期。

〔5〕 参见张明楷:《论过失犯的构造》,载《比较法研究》2020年第5期。

〔6〕 从修正的旧过失论主张通过构建过失实行行为来限制过失犯罪的成立的观点即可看出旧过失论的这一倾向,但修正的旧过失论对结果预见可能性的问题仍未提出解决方案,因此旧过失论存在的疑问仍然存在于修正的旧过失论中。

〔7〕 参见陈兴良、周光权:《刑法学的现代展开Ⅰ》(第2版),中国人民大学出版社2015年版,第198页。

其中,注意义务又可划分为结果预见义务与结果避免义务,其认为过失受到刑法的否定性评价的原因在于结果避免义务的欠履行。故在注意义务中,结果避免义务是核心要素。对于结果预见义务,新过失论将其作为结果避免义务的前提来处理。

可见,新过失论在一定程度上克服了旧过失论的问题,有益于过失犯罪的认定。但这并不意味着新过失论没有不足,其重视结果避免义务而轻视结果预见义务的缺点不必赘言,在过失"预见"内部也存在诸多问题。

首先,在新过失论的诸多论述中,"结果预见义务"与"结果预见可能性"的文义并未得到区分,这种用语的混乱在一定程度上加剧了过失犯理论的不明晰性。[8]

其次,新过失论内部对于结果预见义务的体系归属也存在争议。有观点认为,注意义务的内容,于不法阶层系结果避免义务;于责任阶层是结果预见义务。[9] 先于前者认定过失犯的实行行为,再于后者认定过失犯的主观心理要素。[10] 但理论上普遍认为,结果预见义务是结果避免义务的前提。依据前述观点,过失犯的建构中,应当先进行结果(回避)的判断再进行条件(预见)的判断,以结果的成立来限制原因的范围。这种思维方式难言正当:一方面,条件先于结果,对客观事项的考察不应违反成立时间的先后顺序。另一方面,从结果的回溯思考易导致过失的认定丧失中立性。依据考夫曼等置模式理论,法律发现的过程是设证—归纳—等置—演绎的等置模式,[11] 即在过失犯罪中,只要终局考察得出违反结果避免义务的肯定设证,理论上就会尽其所能地寻找依据验证"前理解"的正确性,导致结果预见义务的功能被架空,结果避免义务完全主导过失的成立。

再次,新过失论语境下的结果预见义务内容范围并不明确,虽然其否定新新过失论[12]"危惧感"的观点,主张对危害结果的预见"必须包含刑法分则所规

---

[8] 为避免歧义,在对既有学说的论述中,本部分暂时不严格区分"结果预见可能性"与"结果预见义务",均用"结果预见义务"指代新过失论关于过失"预见"的论述。

[9] 参见陈子平:《过失犯理论与医疗过失初探》,载刘明祥主编:《过失犯研究:以交通过失和医疗过失为中心》,北京大学出版社 2010 年版,第 216 页。

[10] 参见陈兴良:《过失犯的规范构造:以朱平书等危险物品肇事案为线索》,载《比较法研究》2020 年第 5 期。

[11] 参见[德]阿图尔·考夫曼:《法律哲学》,刘幸义等译,法律出版社 2004 年版,第 125 ~ 145 页。

[12] 又称超新过失论,从新过失论发展而来,认为结果预见义务成立不需要"具体的预见",仅需要抽象的"危惧感"即可。该理论由日本学者藤木英雄提出,旨在解决某些诸如环境、食品等公害案件,但由于"危惧感"具有违反责任主义的可能,新新过失论现已被学界否定,其仅在日本"森永牛奶案"中运用过。

定的具体的、现实的危害结果”[13]，但这种“具体”的判断并没有客观标准。另外，重视结果避免义务必然忽视结果预见义务，导致在后者的判断上与“危惧感”说相差无几。有批评者指出，基准行为说（新过失论）与具体预见可能性并不具备必然关系，反而很容易转变为“危惧感”说。[14] 例如，有学者在论及“农用三轮车”案行为人是否成立过失时提到：行为人穆某非法改装农用三轮车，其作为驾驶员能够预见到这种违法行为会造成死伤结果。[15] 将普通行政违法行为作为具有刑法意义的结果之预见前提正是“危惧感”说的表现。

最后，新过失论遭受批评的原因之一是其主张的结果避免义务的“行为基准”概念模糊，这使得过失犯成立与否完全取决于法官的价值判断（前述“货拉拉”案和“出租车”案的不同结论就是证明）。因而，为克服恣意性，新过失论者就必然援引行政法上的作为义务，使得过失犯成为行政违法行为的结果加重犯。[16] 从根本上看，新过失论的问题在于忽视了结果预见义务对结果避免义务的行为基准的限制作用。

归结而言，过失“预见”理论依然存疑。旧过失论的核心问题在于其将过失视为纯粹的存在要素，仅在责任阶层予以考量。然而，决定犯罪违法性的要素不仅包括客观恶也包括主观恶。换言之，犯罪的违法性由行为人内心的恶（主观恶）、行为本身的恶（结果恶）共同决定。故而，过失不仅是存在论的责任要素，也是规范论的不法要素。从这个层面上看，新过失论的研究进路是可取的。但新过失论存在上述诸多的疑问，因而需要对既有的研究加以厘清与修正，主要包括：明确结果预见义务在阶层构造中的体系位置以及结果预见的具体范围与标准。

二、两个维度的考量：结果预见义务应纳入不法阶层

关于过失“预见”，理论上还存在“结果预见可能性”命题，故欲审视结果预

---

〔13〕 陈兴良、周光权：《刑法学的现代展开Ⅰ》（第2版），中国人民大学出版社2015年版，第202页。

〔14〕 参见［日］西田典之：《日本刑法总论》，刘明祥、王昭武译，中国人民大学出版社2007年版，第210页。

〔15〕 参见陈璇：《论过失犯中注意义务的规范保护目的》，载《清华法学》2014年第1期。

〔16〕 参见张明楷：《外国刑法纲要》（第3版），法律出版社2020年版，第207页。

见义务的体系位阶,须先厘清相关概念的意旨。此外,探讨结果预见义务必然涉及其与结果避免义务的关系。因此,结果预见义务的阶层归属问题的研究应当从两个维度推进:一是基础概念维度,即结果预见义务与结果预见可能性内涵有何异同;二是理论关系维度,即如何认识结果预见义务与结果避免义务的关系。

(一)基础概念维度:"义务"与"可能性"的区分

结果预见可能性是与结果预见义务共生的概念,但从既有的研究来看,二者的关系并不明确。[17] 从方法论角度,应从现有学说出发,站在刑法教义学整体审视"义务"与"可能性"命题,以正确处理二者之关系。

1. 新过失理论下"义务"与"可能性"的关系

在新过失论内部,关于注意义务与预见可能性的关系,存在两种观点。

一种观点认为,注意义务的内容仅限结果避免义务,"预见可能性"是结果避免义务的前提,故不法阶层的过失是具有预见可能性的结果避免义务的违反。"构成要件过失的基本构造是:结果预见可能性与结果回避义务(其违反),不应当将预见可能性置于预见义务的位置上。"[18] 简言之,这种观点区分结果预见可能性与结果预见义务,在过失不法阶段讨论结果预见可能性问题,在过失责任阶层讨论结果预见义务问题。

另一种观点认为,注意义务既是不法要素亦是责任要素。过失于不法阶层是"客观的注意义务",于责任阶层是"主观的注意义务"。二者又可进一步分类为客观/主观的结果预见义务,客观/主观的结果避免义务。其中,于不法阶层,客观的结果预见义务以客观的预见可能性为前提,客观的结果避免义务以客观的结果避免可能性为前提;于责任阶层,主观的结果预见义务以主观的结果预见可能性为前提,主观的结果避免义务以主观的结果避免可能性为前提。[19]

以上两种观点的不足之处显而易见。第一种观点将结果预见可能性视为结果避免义务的前提,疑虑有三:

---

〔17〕 在旧过失论的观点下,结果预见义务与结果预见可能性属同一用语,故不存在概念关系混乱的问题。因此,本文所提出的问题仅存在新过失论中。

〔18〕 [日]高桥则夫:《刑法总论》,李世阳译,中国政法大学出版社2020年版,第192页。

〔19〕 参见陈子平:《过失犯理论与医疗过失初探》,载刘明祥主编:《过失犯研究:以交通过失和医疗过失为中心》,北京大学出版社2010年版,第216页。

其一,依据客观决定主观的思维逻辑,纯粹主观的要素不能作为客观义务的来源。结果预见可能性考察的是行为人彼时“能不能”预见结果的发生,系解决行为人主观预见能力的问题,即可能性的意涵是主观的。而结果避免义务是规范在一定条件下为行为人设立的行为基准,是客观的存在,进而作为结果避免义务的前提条件亦必须是客观的要素。简言之,将结果预见可能性作为结果避免义务的前提存在主观决定客观的主观归罪倾向。

其二,即便承认结果预见可能性能够作为结果避免义务的前提,该观点仍具疑惑。从概念关系上来说,结果避免可能性与结果避免义务更具亲和性,但该观点将理论关联程度更低的结果预见可能性作为结果避免义务的前提,这极易引起理论概念关系的混乱。依照该观点的逻辑推进,在结果避免义务的认定中,仅需要考量行为人彼时的预见能力。只要行为人具有结果预见的可能就理应承担结果避免的义务而不论其是否具有结果避免的能力。

其三,该观点具有架空“预见”责任限定功能的可能。虽然该观点承认在不法阶层考量结果避免义务之后还需要在责任阶层考察结果预见义务。但实质而言,在不法阶层考量结果预见可能性之后,责任阶层的结果预见义务就变成没有实质内容的空壳,使得“预见”的责任限定作用失效。

第二种观点加剧了理论概念的模糊性。其一,将注意义务与“可能性”分别分类为“客观”与“主观”的处理方式过度地扩张了理论术语并且混淆了主观与客观的概念界限。其二,虽然这种分类解决了过失犯罪的阶层归属问题,但区分客观和主观“义务”与“可能性”是困难的。例如,“森永毒牛奶案”中森永公司对其生产的奶粉中混入砒霜的预见可能性是客观的预见可能性还是主观的预见可能性?

综合看来,新过失论的两种观点并不可取。本文认为,造成以上问题的原因在于既有学说对概念关系的探讨囿于过失犯罪理论,忽视了刑法理论的整体性,因此,有必要从教义学的统一视角下考量二者关系。

2. 整体刑法教义学视野下的“义务”与“可能性”

教义学体系合理性要求理论概念的使用应当在一定程度上呈现同义性,在教义学内部不能出现概念的矛盾与冲突。因此,过失犯的“义务”与“可能性”的意涵也应当同刑法教义学中的其他“义务”与“可能性”保持一致。

(1)刑法教义学中的“义务”

刑法教义学中,关于“义务”的讨论集中于不作为犯的作为义务,就此学界所探讨的范围局限于客观层面而不涉及主观层面,未在学说上提出“客观的作为义务”与“主观的作为义务”。原因正是,作为义务本身就是客观命题。脱离个别理论,推及而言,刑法中的"义务"概念就是客观的。从"义务"的表征上来说,履行义务的方式是行为,而行为的本质是客观的而非主观的。从"义务"的来源上,无论是形式义务论还是实质义务论,学说上均承认法律规定、先行行为、合意行为等是产生义务的基础,这些要素中难以解构出主观因素。实际上,"义务"是一种行为规范,其所探讨的是在一定条件下,行为人"应不应当"为某种行为的问题,是具有外化表征的客观存在,其本质不是主观的。因此,过失理论中注意义务也是客观的,"主观注意义务"是对"义务"本质的误读。

(2)刑法教义学中的"可能性"

"可能性"命题在教义学中占有重要的地位,主要有作为可能性、违法认识可能性与期待可能性理论。在不作为犯中除了"作为义务"外,还需要考量"作为可能性",即在肯定作为义务前,必须考察处于彼时情状的行为人有无作为的能力与机会。此外,故意犯中"违法认识可能性"也是教义学的重要理论。依据道义责任论,基于自由意志活动而实施犯罪行为才能受到伦理上的非难,即自由意志的选择是犯罪归责的依据。但自由意志选择存在前提:行为人具有违法性认识的可能。此外,自由意志还存在另一前提:存在选择的空间。行为人在作出自由意志的表示前,事实或规范能够为其提供犯罪与非犯罪的选择。从规范论出发,法期待行为人在面对犯罪与非犯罪的选择时能够作出合乎法律理性的选择,此即期待可能性原理。可见,教义学中关于"可能性"的探讨集中于主观层面。因此,刑法中涉及"可能性"的概念是主观的、归属于责任的,过失理论中结果预见可能性亦具有相同特征。

归结而言,教义学中"义务"讨论的核心问题是"应不应当",是法律规范或法律价值对行为人课以的行为命令、行为基准,在"义务"具备时行为人不具有依据自由意志的选择,一旦违反"义务"要求则会受到法的否定性评价。因此,"义务"是客观的,针对一般人的。而"可能性"讨论的核心问题是"能不能",是行为人在面对具体情状时的主观状态。因此,"可能性"是主观的,针对个别人的。分析至此,过失犯中的"义务"与"可能性"的关系业已明晰。注意义务与"可能性"命题指涉不同层面,前者是客观的、一般的,后者是主观的、个别的,"作为经验事实范畴的预见可能性,仅对过失归责的判断产生影响"[20]。一言以蔽之,过失"义务"是不法问题,而过失"可能性"是责任问题。

(二)理论关系维度:"预见"与"回避"的关系

在"义务"纳入客观不法阶层后,结果预见义务与结果避免义务在体系上就

---

〔20〕 劳东燕:《责任主义与过失犯中的预见可能性》,载《比较法研究》2018年第3期。

处于同一地位。但这种理论构建立足于刑法教义学整体，并不意味着在过失理论内部就具备合理性。因而需要在注意义务内部阐明将结果预见义务纳入客观不法阶层的正当性。

1. 结果避免义务不能完全证成过失不法

新过失论的观点源于刑事古典学派关于过失犯罪的心理本质的论述，主要受费尔巴哈提出的避免结果说影响。该观点认为犯罪过失是行为人希望避免犯罪结果，但因违反注意义务或回避违法结果义务而导致犯罪结果的心理态度。费尔巴哈认为，"过失虽非由于行为者之意图而惹起侵害权利之情形，但发生侵害权利之事，无论基于何种原因，皆为国家所不愿发生者，国民不仅应付'不直接意欲违法的结果'义务，亦应负'必须回避违反自己意图而招致有害的结果'的一切作为及不作为之一般的义务(注意义务)。行为人如一方面知悉有此一般义务之存在，另一方面仍敢违反此义务时，则可认定其有过失"〔21〕。简言之，在国家的反价值评价下，公民对权利侵害之事项具有"不直接意欲"的义务与"回避违反自己意识而导致有害结果的义务"。由此可见，过失并非存在论的要素而是规范论的概念。因此，结果避免义务源于法规范期待行为人面对权利侵害时作出合乎法律理性的行为，即过失犯的反价值性核心正是偏离"标准行为"与"行为基准"。

然而，"标准行为""行为基准"的意指并不清晰。在法价值体系中，规范对人们课以的义务、基准行为纷繁复杂，毋宁说法即是义务与标准，其中以行政法义务与刑法义务为最。例如，在交通领域就存在横跨行政法与刑法两个领域的过失。于行政法领域，交通过失属于轻过失，表现为一般违法行为；于刑法领域，交通过失属于重过失。从后果上看，行政过失与刑法过失之区别在于损害程度。若严格依据新过失论以结果避免义务为核心的观点，行政法上的过失与刑法过失在行为基准层面就难以区别，这就导致刑法过失成为行政过失的结果加重犯的局面。然而，刑法与其他部门法在违法性关系层面上是独立的，"不能形式地将违反其他部门法作为刑事违法的判断根据"〔22〕。

基于此，仅依靠结果避免义务难以证成刑法意义上的过失不法，需要在不法阶层重新构建有别于一般行政过失的过失理论。

2. 结果避免义务源于结果预见义务

如前所述，新过失论的问题在于"行为基准"概念模糊。在本文语境下，该

〔21〕 陈兴良：《刑法哲学》(第6版)，中国人民大学出版社2017年版，第222页。

〔22〕 周光权：《论刑法所固有的违法性》，载《政法论坛》2021年第5期。

问题的解决路径依赖结果预见义务限制作用的发挥。在不法层面,过失犯罪不仅仅是结果避免义务的违反,更是结果预见义务的违反。刑法规范不仅对人们课以遵循标准行为的义务,还课以了预见义务。因而,从预见义务角度限制避免义务的成立有助于明确过失不法的成立范围,但施加这种限制应当在教义学上阐明理由。本文认为,需要在结果避免义务的来源层面考量二者之关系。

规范论角度,结果避免义务源自规范法则的科处。但规范的义务来源是刑法教义学中义务的形式来源,并不能说明实质理由。在风险社会中,形式根据在解决义务论的问题时显得力不从心。“在很多情况下,形式的作为义务根据并不能提供定罪的真正理由。”[23] 所以,应当从实质层面为结果避免义务寻找根据。

将目光置于刑法教义学整体,从“避免结果发生”的角度来看,先行行为或许可以成为结果避免义务的根据。例如在犯罪中止中,已着手实行犯罪仍然有成立犯罪中止的余地,即自动有效地防止结果的发生,但这种实质根据能否适用于过失犯罪的结果避免义务是值得商榷的。其一,过失犯中先行行为的范围并不明确。从风险社会的角度考量,可能使行为人产生结果避免义务的先行行为范围极其广泛。如在交通过失中,驾驶行为在某种程度上可以被评价为先行行为,这也可能会使其产生回避对其他交通参与者造成伤害的义务。如此,造成的必然结果是,在任何情况下,不论行为人对可能产生的结果有无认识与预见,其均应对之负责,这存在客观归罪的风险。其二,即使对先行行为的范围加以限定,也并不必然得出行为人负有结果避免义务的结论。仍以交通过失为例,在行为人疲劳驾驶途中突然介入其他交通参与者的违法行为(如突然从路边冲出的小孩)导致了结果的发生。虽然行为人疲劳驾驶能够在一定程度上评价为先行行为,但这并不意味着其对交通事故造成的可能结果均负避免义务。原因是,于当时之情形行为人根本无法避免,甚至无法预见。其三,先行行为并不能概括所有的结果避免义务的来源,即在某些过失犯中行为人具有结果避免的义务但不存在先行行为。例如在监督管理过失中,行为人的监管失职是产生结果避免义务的来源,但失职是一种消极的不作为,其并不包含在积极的先行行为范畴之中。

实质上,解构先行行为与结果避免义务的关系,可以于其中窥探到结果预见义务的身影。以酒驾为例,结果上行为人醉酒驾驶的行为的确会使其产生回

---

〔23〕 陈兴良、周光权:《刑法学的现代展开 Ⅰ》(第 2 版),中国人民大学出版社 2015 年版,第 91 ~92 页。

避其他交通参与者伤害的义务,但这种回避义务并非由醉酒驾驶的先行行为直接导致,而是该先行行为使行为人产生了结果预见的义务(预见醉酒驾驶的行为可能会导致交通事故的发生),进而产生了结果避免的义务。因此,先行行为与结果避免义务之间并无直接相关性,相反,结果避免义务直接源自结果预见义务。简言之,三者的关系应当是:先行行为—结果预见义务—结果避免义务。另外,从监督管理过失的消极行为层面亦可以发现这一点。行为人的监督管理失职行为也并不直接产生防止结果发生的义务。在失职行为与防止结果发生之间存在行为人对结果发生的预见义务,在不能肯定违反结果预见义务的前提下,不能对行为人附加结果避免义务,否则也存在唯结果主义的倾向。

总结而言,在过失犯的不法构造中,结果预见义务是作为结果避免义务的来源与前提存在的。从规范论角度而言,过失行为受到否定评价必须建立在行为人预见结果的发生的前提之上,只有在肯定结果预见义务的情况下,才能进一步讨论行为基准的问题。论述至此,过失犯的构造逻辑已经呼之欲出,在不法阶层判断:应不应当预见(是否具有结果预见义务)—有没有避免(是否履行结果避免义务);在责任阶层判断:能不能预见(是否具有结果预见可能性)—能不能避免(是否具有结果避免可能性),即在不法阶层不应仅以结果避免义务为重心,还应发挥结果预见义务的作用。

三、来源、内容、标准:结果预见义务的成立范围

既有新过失理论的论述中,由于对结果预见义务的定位不明,导致对其本体(成立范围)的界定也较为模糊。在本文的研究进路下,结果预见义务的本体探讨是将之视为过失不法要素必须思考的理论面向。

(一)结果预见义务来源

现今而言,“工业社会经由其本身系统制造的危险而身不由己地突变为风险社会”[24],时代正同时面临机遇与风险。风险社会的命题已然被刑法学界所广泛接受,过失犯罪的成立就是风险刑法须面对的场域。一方面,过失犯罪在行为与结果层面均存在无价值的理由,故而处罚过失犯罪仍然有必要性;但另一方面,社会风险并非只有消极面向。从积极的意义上看,风险的存在极大地推进了社会的进步与发展,其中一部分风险应当被允许。基于此,为合理认识

---

〔24〕 [德]乌尔里希·贝克:《世界风险社会》,吴英姿、孙淑敏译,南京大学出版社2004年版,第102页。

风险,恰当划定过失犯风险的预见义务,对“预见”根据的探讨应当从正向与反向两个角度切入。

1.正向矫正:风险管辖论考量

风险管辖思想源自客观归责理论,主要观点是“任何一个对事实发生进行支配的人,都必须对此答责,并担保没有人会因为该事实发生而遭到损害。支配的另一面就是答责。按照这一原则,任何人都必须安排好自己的行为活动空间,从这个行为活动空间中不得输出对他人的利益的任何危险”[25]。在风险社会的语境下,任何风险都存在管领者,任何人均应对其管辖内的风险负责,过失犯罪场域亦不例外。过失的本质在于注意义务的违反,而产生注意义务的实质根据就在于行为人所管辖的风险。但需说明的是如何确定行为人对风险是否具有管辖义务。对此可以从以下两个方面入手:考察风险是否源于行为人的先行行为与考察风险是否置于行为人的监管下。如果能够将风险的产生归于行为人的先前行为或能够肯定行为人对风险具有监管义务,则当然可以肯定其管辖义务。

2.反向矫正:信赖与允许的风险考量

从教义学角度来说,探讨过失预见义务的根据离不开信赖原则、容许的风险等理论的考量。

(1)因“信赖”而排除“预见”

信赖原则意指在社会共同生活环境中,存在可以信赖他人实施适法行为的场合,行为人能够信任他人对自己的安全和正常活动予以保障。该理论的目的是“在对一般人来说存在预见可能性的情况下,也要限制注意义务,通过在这种程度上扩大行为人自由活动的领域来提高行动的效率”[26]。可见,信赖原则在限定过失犯罪成立方面存在重要的机能。在本文观点下,信赖原则对注意义务的限制表现为对结果预见义务的否定,是排除过失构成要件该当性与违法性的理论,即在具备信赖条件的情况下,行为人不具备预见风险与结果实现的义务。

(2)因“允许”而排除“预见”

关于何为允许的风险,日本学者认为,遵循了行政法规上的法律义务,余下的危险就是允许的风险。因为行政法规是“国家一开始设想出来可以作为样板的一定的事例类型,把这些事例类型中的危险性和有用性进行衡量之后得出的

[25] [德]乌尔斯·金德霍伊泽尔:《刑法总论教科书》,蔡桂生译,北京大学出版社2015年版,第101页。

[26] [日]大冢仁:《刑法概说(总论)》(第3版),冯军译,中国人民大学出版社2003年版,第203页。

结论直接规定在法律中”[27]。换言之,国家在制定行政法规时,对社会中的各种情况就危险性与价值性进行了全面细致的考察并加以权衡,其结果最终体现在行政法规的规定上。其中,行政法所设定的法律义务正是要求人们应规避的风险,而剩下没有纳入义务体系的就是允许的风险。通常认为,允许的风险归属于构成要件该当性与违法性阶层,阻却不法。既有新过失论论述中,允许的风险理论适用于判断结果避免义务的违反与否。这种考虑是不正确的,在行为人履行了行政法或一般安全规则所附加的义务后,对于允许的风险不具有预见义务而非避免义务。换言之,允许风险理论在过失犯罪中所排除的是结果预见义务。在行为人合理地尽到规则所课以的义务之情况下,发生法所不允许的风险的概率是很小的。如果此时还要对行为人课以结果预见义务,就会导致允许风险理论被架空。

(二)结果预见义务的内容[28]

在明确结果预见义务的来源与根据后,需要进一步讨论的是结果预见义务的内容问题。对此,学界多数学者认为预见内容包括对结果的预见和对因果关系的预见。[29]

1. 预见内容是风险而非结果

对过失犯预见对象的理解,新过失论者与旧过失论者均将之等同于故意犯罪中的认知对象。

旧过失论的理由是,过失作为责任要素是“能够认定为对构成要件该当事实的认识·预见可能性(结果预见可能性)的心理状态”。“过失是‘达到故意这一心理状态的可能性’,因此其概念也就由故意概念所规定。”“在事实的错误论中所研究的,为了认定故意所必需的最低限度的认识、预见的内容,对之若无认识与预见的可能性,就不能肯定存在过失。”[30]易言之,在旧过失论观点下,

---

[27] [日]佐伯仁志:《刑法总论的思之道·乐之道》,于佳佳译,中国政法大学出版社2017年版,第259页。

[28] 需要说明的是,由于现有理论中并未实质区分结果预见义务与结果预见可能性的命题,因此本文在探讨结果预见义务的内容与标准两部分中,对既有理论的观点列举也不区分二者。

[29] 参见陈兴良、周光权:《刑法学的现代展开Ⅰ》(第2版),中国人民大学出版社2015年版,第201页。

[30] [日]山口厚:《刑法总论》(第3版),付立庆译,中国人民大学出版社2018年版,第249~250页。

故意与过失同为责任要素,二者虽然存在区别但在最低限度的认识层面是一致的,因此,在认识(预见)上,过失的研究方式应当与故意相同。新过失论认为,"之所以将故意与过失作为构成要件的主观要素,是因为在该种心理状态下实施行为,作为反规范的意思活动,在违法性和责任当中,具有当罚性"〔31〕。换言之,故意与过失在预见可能性的对象问题下是等同的。因此,在预见对象问题上,新过失论与旧过失论不存在争议,有争议的是对结果的认识是采抽象的法定符合说还是具体的法定符合说。

抽象的法定符合说认为,不需要对具体的结果有所认识,只要是对同种类客体所产生的侵害具有预见就足够了。例如,日本实务中有这样的判例:某二人趁驾驶员不注意,偷偷坐进卡车车厢内,最终因卡车操作失误,该二人被撞死。根据抽象的法定符合说,卡车操作失误会造成人员伤亡这一点是能够被认识到的,因此,对人员伤亡的预见不需要具体到个体,认识到可能有人员伤亡就足够。这种观点类似于危惧感说,即过失的预见仅需要抽象地认识到结果可能发生。应当说,这种考量过分扩张了过失犯的成立范围,实际上,只要客观上发生了危害结果,那么断然可以从行为人的主观态度上找到抽象的认识,这无疑是将过失犯置于结果归责的地位,具有违反责任主义的嫌疑。相较于抽象认识,具体的法定符合说认为,必须要求行为人预见到具体对象的现实侵害。例如在交通领域,过失预见"系驾车在马路上进行时,因有其他车马或行人穿越前方马路,故有与之接触冲撞之虞的具体结果之预见的可能性"〔32〕。

抽象的法定符合说自然不足取,但同时依据具体法定符合说构建的具体结果说并非没有疑虑。其一,行为人行为时并不能预见到其行为所可能发生的具体的结果。仍然以交通过失为例,驾驶人员在驾驶途中并不能认识到其将会在哪条道路哪个时间与哪个交通参与者发生事故。对此学者的反驳是,具体的危害结果并非绝对的具体而是相对的具体。〔33〕但这种所谓的"相对的具体"的具体含义为何?这种相对性程度何在?这是论者难以回答的。其二,随着社会分工的进一步分化,管理过失与监督过失是过失理论上面临的新的难题。

---

〔31〕[日]大谷实:《刑法讲义总论》(新版第2版),黎宏译,中国人民大学出版社2008年版,第180页。

〔32〕陈兴良、周光权:《刑法学的现代展开Ⅰ》(第2版),中国人民大学出版社2015年版,第201页。

〔33〕参见陈兴良、周光权:《刑法学的现代展开Ⅰ》(第2版),中国人民大学出版社2015年版,第201页。

在管理与监督中,由于分工的存在,上级对于下级所招致的损害结果存在认识不能的情况。如果秉持具体结果说,对于上述过失所带来之侵害可能会导致仅有下级人员负责的状况。但管理过失与监督过失所带来的损害是异于普通过失的,一般而言是类似于"森永牛奶案"这种重大事故,其后果不可能仅由下级员工负责。简言之,具体结果说不足以解决新出现的过失问题。

从根本上考察,具体结果说的问题在于其系通过从结果出发的回溯性思考而得出结论。应当说,这种思考方式在行为无价值论的视野下并不可取。二元的行为无价值论认为,处罚犯罪的依据在于行为与结果的反价值性,而行为反价值性在于行为本身而非结果的规范违反性,因此,对行为的考察应当限于行为时规范所附加于行为人的义务。具体到结果预见义务中,行为时行为人不可能预见到未发生之情事,其只能够依据现时之情况判断其行为可能存在的风险。换言之,行为人在行为时所能够预见的并非结果而是风险。如在驾驶员违规变道的情况下,驾驶员所预见的并非与其他交通参与者相撞的结果而是相撞的风险,是可能性而非必然性;又如在监督过失中,负有监管义务的人所预见的是可能因其管理体制不完善而招致的风险,而非导致的结果。应当说明的是,笔者所言的风险是限定于行为人所管辖的具体的而非抽象的风险与新过失论的"危惧感"有本质的区别。

2. 因果关系不是预见内容

在结果被排除预见内容范畴后,需要讨论的是因果关系是否还有存在的余地。刑法教义学中,因果关系所解决的是行为与结果之间的归因问题,能否将结果作为行为的"杰作"而归属于行为人。因果关系是行为与结果的联系,对其考察应当在结果发生之后,而实质地考察风险,会发现其存在于行为作出之后结果发生之前的时间段中,是行为与结果的中间状态。因此,风险的存在与考察是先于因果关系的考察的,风险的存在是与因果关系的存在无涉的。

(三)结果预见义务的标准

关于预见义务的预见标准问题,学界有客观说、主观说与折中说的观点争议。[34] 秉持客观说的学者认为,注意义务是概括的范畴,对于结果预见义务应当以一般人的注意为标准。主观说对客观说提出了批评,认为"忽视行为人本身之内心层面,而对于行为人过于严苛,形成过失责任扩大之不当;亦即,于根

---

〔34〕 参见高巍:《论注意义务的判断基准》,载刘明祥主编:《过失犯研究:以交通过失和医疗过失为中心》,北京大学出版社 2010 年版,第 114~122 页。

据一般人(平均人)之注意能力虽能加以回避,然依据行为人之注意能力却无法回避(如智障者)时,亦得追究其过失责任,此不仅过度严苛,亦扩大过失犯之处罚范围"。〔35〕 因此,主观说认为,结果预见义务判断应当取决于行为人本人的注意能力,以行为人的个别态度为基础认定过失犯的成立。同样,主观说依然面临疑问,依据个别化的进路,过失的成立与否完全取决于行为人的状态。就同一行为而言,有的行为人因为其具有高度的注意能力因而成立过失犯罪,而对于注意能力较低的行为人则不构成过失犯罪,这有犯罪身份化、主观化的嫌疑,与刑法基本原理相违背。因此,基于上述客观说与主观说的问题,折中的观点应运而生。其中最具代表的是双重标准说,该说是建立在客观与主观注意义务分类上的,〔36〕从客观注意义务上讲,预见的标准应当以一般人为基础;而后在主观注意义务层面以行为人个别的注意能力为基础。

实质而言,上述的争议并非建立在同一层面上。持客观说的学者将注意义务视为不法的要素,因此从客观上考量预见义务的标准;主观说系将注意义务视为责任问题,因而从个别人的角度探讨;双重标准说将注意义务的体系位阶既置于客观阶层又置于主观阶层,故而才有双重标准。可以说,这种争论也在一定程度上体现了过失犯罪理论构造的混乱。在未明晰注意义务的阶层归属前,对于其标准的探讨是无意义的。

在本文的观点下,过失犯的注意义务是不法要素,因此对于结果预见义务的标准自然采客观说,即在判断行为时所应具备的预见标准应当以处于当时情形、类似于行为人的一般人的预见为基准。从风险管辖来源的角度考量,行为人的先行行为、监督义务均系客观存在。行为人行为时所能预见的风险内容也是不以意志为转移的。此外,从教义学的架构上来说,结果预见义务的标准的性质应当与预见的内容、来源的性质一致。故而,采取客观标准说是本文逻辑的应有之义。当然这并不意味着,过失的判断不考虑行为人的主观因素。本文认为,可能性是主观责任要素,故而在进行结果预见可能性的判断时应当以行为人个别情事为标准。因此,本文的总体观点是双重标准说,只不过笔者不赞同该说论者对于注意义务的分类。

---

〔35〕 陈子平:《刑法总论》,中国人民大学出版社 2009 年版,第 148 页。

〔36〕 虽然前文已对这种分类方式进行了批判,但在预见义务标准的语境下这种分类是具有积极意义的。其实,这一观点的根本问题在于用语选择的不当。

四、余　论

过失犯是刑法教义学中的重要理论,也是实践中所常见的问题。虽然我国《刑法》分则中的过失犯罪多为轻罪,但在现代社会的语境下,对于轻罪的正确处理才能真正体现法治的力量。理论上,过失犯罪构造仍然不尽完美,本文也仅就其中结果预见义务这一问题进行了探讨,认为理论上应当重视结果预见义务的机能。基于新过失论的立场,明确“义务”与“可能性”,“预见”与“避免”的概念关系,审视结果预见义务的体系地位,并认为应当将风险管辖理论引入结果预见义务的考量中,进而明确预见的内容与标准。对于过失的其他理论,如过失实行行为、作为过失不法的注意义务与过失行为的关系、结果预见可能性与结果避免可能性等问题还未涉足。总而言之,过失犯罪仍然有很大的讨论空间,有待进一步研究。

责任编辑:王良兵

论过失共同犯罪中的“共同性”

——基于归责视角的考察

王郁茗[*]

摘要：

归责理论应当区分“事实归属”与“评价归责”。“事实归属”是指结果归属于行为，行为归属于行为人的归属链条与任何规范均无关联；“评价归责”则是指在“事实归属”得以成立的前提下，判断该事实归属是否具有谴责的意义。在法领域，则为行为是否创设了法不容许的风险以及法不容许的风险是否在结果中得以实现。“评价归责”只是在“事实归属”成立后的一个评价程序，而过失共同犯罪的“共同性”关涉的是“事实归属”领域的问题。“共同性”的本质在于共同的事实认知，当各参与者之间形成了共同的事实认知并就彼此之间达致交互理解时，就具备了“共同性”。在此基础上各参与者实施的行为即可被视为一个整体行为，如若各参与者均未有风险意识，就可成立过失共同犯罪。

关键词：

过失共同犯罪；事实归属；评价归责；风险意识

一、问题的提出

在应否承认过失共同犯罪的问题上，学理争论由来已久。理论纷争之所以经久不息，盖缘在司法实务中，因多数人的过失竞合而导致损害结果的事例实非罕见。在诸如食品卫生安全、环境污染防治、消防安全管理等领域中，损害结果的发生往往都是由多个行为人的过失共同发挥作用导致的。在这些情形中，如何妥善地追究相关责任人的刑事责任，并为处理结论提供一个合乎法理的说明，自然为理论所关切。此外，是否承认过失共同犯罪也直接关系到如何理解结果加重犯的共同犯罪。因此，“过失共同犯罪”可以说是共犯理论及其应用中

[*] 作者王郁茗，中国社会科学院大学博士研究生，研究领域为刑法学。

的枢纽点。

当损害结果的发生关涉多数人时,多个行为人之间成立共同犯罪是最为直接的思路。不过,在尝试证成“过失共同犯罪”的努力中,研究者时常会对以下问题感到困惑:倘若缺乏指向构成要件结果之意思联络,则各参与者之间的“共同性”该如何得到证立?如果“共同性”无法得到明确的说明,则“部分实行,全部责任”的法律效果将难免失其根基。或许正是因为论证的困难,理论上存在消解“过失共同犯罪”,并据情形以单独犯处理的主张。加之我国《刑法》第25条似乎并没有为过失共同犯罪留下空间,因此否认过失共同犯罪的观点在我国刑法理论中颇有市场。[1]

但是,在多数人过失竞合导致损害结果发生的场合,是否真的如否定观点所设想的那样,可以仅凭单独正犯“包打天下”,并不是不可质疑的。此外,可以确定的一点是,多数人参与这一形态本身就具备一定的社会意义,刑法将其评价为“共同犯罪”并非只是用语上的偏好,而是全面评价的必然要求。因此,类似认为认定过失共同正犯的成立需有契机,即“事后无法认定具体由哪个行为人的过失行为导致结果的发生(因果关系不明)”[2]的观点并不足取。

本文以下将首先对“过失共同犯罪”这一概念的必要性进行阐明,明确研究过失共同犯罪中“共同性”的理论努力应当得到坚持。其次,梳理并检讨既有的刑法学理对此种“共同性”的证立方式,并在反思刑法中“归责”概念之本质的基础上,指出既有理论中存在的思维误区。最后,提出本文关于过失共同犯罪之“共同性”的看法。

二、“过失共同犯罪”概念的必要性论证

(一)直列型过失竞合:监督过失的力有未逮

所谓直列型过失竞合,是指多个不具有同等立场的注意义务的行为人因各自的过失共同诱发了损害结果的情形,其适例即为监督过失。监督过失,是指在存在监督与被监督的关系的场合,“如果监督者不履行或者不正确履行自己的监督或者管理义务,导致被监督者产生过失行为引起了结果,或者由于没有

---

[1] 援引我国《刑法》第25条的规定作为否定过失共同犯罪的决定性理由的文献,如李紫阳:《监督过失型污染环境犯罪因果关系的判断》,载《河北法学》2019年第8期;胡东飞:《过失共同正犯否定论》,载《当代法学》2016年第1期。

[2] 李世阳:《共同过失犯罪研究》,浙江大学出版社2018年版,第117页。

确立安全管理体制,而导致结果发生,监督者主观上对该结果就具有监督过失”[3]。理论上一般认为,监督过失是过失单独犯的一种特殊形态,在监督过失的场合没有共同犯罪成立的空间。[4]

可是,若仔细审酌“监督过失”的结构,就会发现其理论内部存在的模糊与矛盾。根据通行的观点,监督者之所以能够成立犯罪,是因为监督者本应防止被监督者因过失行为导致损害结果发生,但其却因过失未能履行这一义务。也就是说,监督者成立犯罪是因为被监督者成立犯罪。可是,若仍然在作为犯的视角下对这一问题进行考察,那么这一结论是非常奇怪的。刑法理论早已提出了溯责禁止概念,对介入后行为人之行为后,前行为人仍应负责的做法提出了质疑,雅各布斯(Jakobs)教授甚至认为,在前行为人为故意,后行为人为过失的场合都可以阻却结果的归属。[5] 而在监督过失的场合,同样存在后行为人过失行为的介入,缘何此种介入无须经受溯责禁止的挑战而依旧无碍于结果的归属?至少理论上不应采取如此斩钉截铁的态度。[6] 假若想要避免溯责禁止的难题,唯一的方式是将监督过失理解成一种不作为犯,亦即把他人之过失行为视为监督者在其支配领域内应当避免的风险。但是,其一,作为义务是否能够在如此宽泛的范围内成立是很有疑问的。理论上似乎也很难理解在这种情况下,监督者的支配领域究竟为何。例如,在医疗过失的场合,如若认为主治医师对于辅助人员有监督义务,那么此时主治医师对什么领域享有支配呢?这种支配由之以出的东西又是什么呢?通说并没有给出充分的说明。其二,学理通说并没有将过失犯理解成不作为犯,即便采取所谓的新过失论,其中的结果回避义务与作为义务也并没有被等置,过失犯的不作为犯依旧是被独立讨论的。[7]

---

〔3〕 张明楷:《刑法学》(第 5 版),法律出版社 2016 年版,第 296 页。

〔4〕 相关文献,可参见钱叶六:《监督过失理论及其适用》,载《法学论坛》2010 年第 3 期;谭淦:《监督过失的一般形态研究》,载《政法论坛》2012 年第 1 期;谢雄伟:《论监督过失的体系定位、本质与类型》,载《广东社会科学》2015 年第 1 期;李紫阳:《监督过失型污染环境犯罪因果关系的判断》,载《河北法学》2019 年第 8 期等。

〔5〕 参见何庆仁:《溯责禁止理论的源流与发展》,载《环球法律评论》2012 年第 2 期。

〔6〕 依本文之见,在因果链条中介入了他人的行为的情况下,无论该行为是故意还是过失,只要该行为是出于后行为人自由意志而为之行为,都会造成溯责禁止。若要完成结果的归属,必须求诸共同“犯罪”,即共同归责。因此,无论是间接正犯,还是被害人自陷风险,都应该是一种共同归属的结构。具体的理由将于后文详述。

〔7〕 参见[日]桥爪隆:《过失犯的构造》,王昭武译,载《苏州大学学报(法学版)》2016 年第 1 期。

而监督过失又无非是过失的一种类型,[8]那么监督过失缘何能被视为不作为犯,既有理论在论证上未臻完善。

故而,在直列型过失竞合的场合,通过监督过失概念而以单独犯处理的方式存在诸多疑问。若考虑到溯责禁止的强烈效应,那么在此种场合下,单独正犯的思维方式其实无力支撑起对行为人的责任追究。

(二)并列型过失竞合:因果关系与结果回避可能性的难题

在并列型过失竞合中,各过失行为人之间处于相等的地位,具备同等立场的注意义务。通常用来讨论过失共同犯罪的案例,诸如“滚石案”等都属于此种竞合情形。在此种类型的过失竞合中,因果关系的证明往往会面临困难。总体来说,此间困阻大抵体现为如下两种形态:因果关系无法查明和结果回避可能性难以证明。

在因果关系无法查明的场合,若不求诸“部分行为、全部责任”的法律效果,则势必难以追究参与者的刑事责任。为了解决这一问题,有学者尝试类比民法中共同危险行为的制度,认为在过失参与的场合,只有“能够确定具体行为人的,由具体行为人承担过失犯的刑事责任;不能确定具体行为人的,根据疑罪从无原则,全体行为均不构成犯罪”。如此,“才能与民法共同危险行为的责任原理相协调,从而维护法秩序的统一性”[9]。但是,这一类比似乎缺乏足够的根据。《民法典》第1170条确实规定,“二人以上实施危及他人人身、财产安全的行为,其中一人或者数人的行为造成他人损害的,能够确定具体侵权人的,由侵权人承担责任”。但是,是否成立共同犯罪与是否能查明因果关系并没有直接的关联,共同犯罪的成立根据仅在于“共同性”的确立,就算确定了每一个人的行为与结果之间的因果关系,也并不会因此就否定各参与者之间能够成立共同犯罪。例如,A、B以杀人故意,在具备意思联络的前提下,同时向C开枪射击,事后查明两人所发射的子弹都击中了C的要害部位,是C的致死原因。在这一案例中,A、B之间当然成立共同犯罪,如果因为确定了A、B各自的行为与结果之间的因果关系就否定共同犯罪的成立,似无法让人信服。是故,这样的类比难谓成功。

结果回避可能性难以证明的主要情形为集体决策,这类案型大多出现在产

[8] 参见张明楷:《刑法学》(第5版),法律出版社2016年版,第297页。

[9] 胡东飞:《过失共同正犯否定论》,载《当代法学》2016年第1期。

品责任的领域中。德国的“皮革喷雾剂案”[10]以及我国的“三鹿奶粉案”[11]均为其典型案例。在不法集体决策的场合,由于多数决的表决规则,即便假设单个行为人放弃表决或者表达反对意见,不法决策仍有可能经由表决程序而得到通过。基于这一原因,此类情形中的结果回避可能性往往会成为疑难问题。在皮革喷雾剂案中,德国联邦最高法院以过失共同正犯的理论解决各决策者的刑事责任问题,[12]但此种做法后来遭到学界的反对。在反对者看来,如此处理实际上是完全放弃对每个行为人的个别行为与结果之间的关系进行判断,这是不能被接受的。[13] 可是,如果不以共同犯罪视之,从而进行共同归责,那么该如何确立每个决策者的刑事责任呢? 一些观点认为,在多人违反了各自的义务却又需要单独判断每个人的义务违反与结果之间的关联时,必须假定其他行为人都遵守了自己的注意义务。因为任何人都不应当以他人的违反义务行为作为免除自己责任的理由。[14] 不过,这一在故意犯罪中行之有效的论据在过失犯中是否亦有同样的效力,应值得进一步思考。行为人在故意犯罪与过失犯罪中所承担的义务并不相同。在故意犯罪中,因为行为人具备意向性的要素,因此其所应承担的义务被扩至最大的范围——不得损害他人。但在过失犯罪中,由于意向性要素的阙如,行为人所承担的义务范围必定是较为狭窄的。过失犯构成要件中的注意义务只能是在必要且有效的条件下对行为人发出要求,如若在具体的情境中,个人的注意义务已经注定无力防止结果发生,缘何能够在判断结果回避可能性时置换情境? 反对意见需提出强有力的说明。

综上所述,在直列型过失竞合的两类情形中,以单独犯的视角对行为人进行归责都面临着理论难题。若想为实务中的层出不穷的案例提供充分的理论说明,过失共同犯罪的思路不应被轻易地放弃。

---

[10] 关于本案的详细介绍可参见李波:《瑕疵产品生产、销售过程中不法集体决策问题的归因和归责——以德国“皮革喷雾剂案”为例》,载《中国刑事法杂志》2014年第1期。

[11] 关于本案的详细介绍及判决理由,可参见李世阳:《共同过失犯罪研究》,浙江大学出版社2018年版,第248~250页。

[12] 参见李波:《瑕疵产品生产、销售过程中不法集体决策问题的归因和归责——以德国“皮革喷雾剂案”为例》,载《中国刑事法杂志》2014年第1期。

[13] 参见徐凌波:《义务违反的竞合与结果回避可能性》,载《南京大学学报(哲学·人文科学·社会科学版)》2018年第2期。

[14] 参见徐凌波:《义务违反的竞合与结果回避可能性》,载《南京大学学报(哲学·人文科学·社会科学版)》2018年第2期。

（三）过失共同犯罪的可能性:《刑法》第25条的解释论

如果在实证刑法中果真没有过失共同犯罪存在的空间,那么无论理论与实务有着怎样的迫切需求,罪刑法定原则都将会是无法逾越的障碍。如此,对过失共同犯罪的研究将难免成为纯粹的智力游戏。

为了让“过失共同犯罪”在刑法中能留有一席之地,我国学界进行了不少的努力,本文在此不再复述。[15] 唯在理论上必须明确,“共同犯罪”概念只不过是对特定事实的一种描述,即倘若各参与者应当基于自己的行为为最终的法益损害结果共同负责,则此种犯罪形态可被称为“共同犯罪”。也就是说,并不是因为各行为人之间成立共同犯罪,彼此才需要为他人的行为和最终的结果负责,而是只有当各行为人需要为他人的行为和最终的结果负责时,彼此之间才会是“共同犯罪”。据此,只要理论上还在部分多数人基于过失而导致结果发生的情形中,对相关行为人是否具备可罚性仍有疑惑,那么对过失共同犯罪的研究就仍有必要。

《刑法》第25条第2款很明显地指出,在过失参与的场合,如果存在需要处罚的情形,就应当处罚。而应当做的,必须是能够做的。暂且不论条文文义如何表述,如果过失参与的情形本质上即不可处罚,那么就根本不可能“按照他们所犯的罪分别处罚”。无论刑法条文对多数人过失参与的情形该如何论处做出了怎样的规定,只要能够确定,此种情形下的行为人应受处罚,那么对该论处何以可能的研究就依旧是有必要的。由此出发,可对《刑法》第25条第2款中的“共同过失犯罪,不以共同犯罪论处”进行如下理解:此处所称之“以共同犯罪论处”,是指以区分主犯/从犯/胁从犯的方式论处。也就是说,有必要区分我国刑法中的“共同犯罪”概念和单纯指称各行为人得被交互归责之犯罪形态的“共同犯罪”概念。前者并非意指本然的犯罪形态,而是指对参与形态的处理方式。而理论上所谓的“过失共同犯罪”,则是在后者的意义上使用的。既然理论上所称的“共同犯罪”与我国刑法条文中使用的“共同犯罪”概念在含义上并不相同,那么实证法条文中的表述就不会给本然的“共同犯罪”概念带来任何阻碍。

至此,我们可以发现,理论上如何证立过失共同犯罪与实证法中是否承认过失共同犯罪的问题就在某种程度上合二为一了。只要能够在理论上清

---

〔15〕 相关文献,可以参见冯军:《刑法问题的规范理解》,北京大学出版社2009年版,第344~345页;张明楷:《刑法学》(第5版),法律出版社2016年版,第400页;何庆仁:《共同犯罪的立法极限——以我国刑法中的共同过失犯罪为中心》,载《法学》2018年第8期;李世阳:《共同过失犯罪研究》,浙江大学出版社2018年版,第176~196页;等等。

晰地呈现过失共同犯罪的结构,那么该款中的"按照他们所犯的罪分别处罚"就能有所附丽,过失共同犯罪在我国刑法中也就能够水到渠成地获得一席之地。

三、"共同性"的本质:既有学说的梳理与反思

要想成立共同犯罪,必须能够确认各参与者之间的"共同性"。"共同性"是"部分实行、全部责任"这一法律效果的基础。因此,过失共同犯罪的核心问题就在于,如何在过失竞合的情形中,确认各参与者之间的"共同性"。

(一)行为层面的意思联络与"共同性"

1. 肯定的立场

采取该进路证立过失共同犯罪之"共同性"的基本观点认为,行为层面的意思联络就足以支撑相关学说时,仅重视它们当中涉及"共同性"的部分。[16] 总体上看,传统学理针对过失共同性的成立。如张明楷教授就持该种观点,他认为"意思的联络不应当限定为犯罪故意的联络,只要就共同实施构成要件的不法行为具有一般意义的意思联络即可"[17]。也有目的行为论者对此观点表示支持,如木村龟二教授认为:"过失行为也并不是单纯地引起因果关系,虽然在构成要件上不重要,但将不重要的目的行为作为原因,该目的行为就是意思行为,由于该意思行为的共同是可能的,因此也可能存在共同正犯"[18]。不过,所谓"一般的意思联络"究竟是在何种意义下支撑了"共同性",理论上存在两种不同的观察视角。

在日本刑法学理中,类似的观点往往通过行为共同说来呈现。该说针对这一问题的经典表述为,"成立共同正犯只要各行为人认识到共同实行构成要件

---

〔16〕 在"共同性"上采取相同观点的学者,在如何证立"正犯性"以及是否承认过失共犯的问题上可能持有不同的立场,不同理论内部的逻辑可能也未必一贯,但这些都不在本文的关注范围之内。

〔17〕 张明楷:《刑法学》(第5版),法律出版社2016年版,第399页。

〔18〕 李世阳:《共同过失犯罪研究》,浙江大学出版社2018年版,第64页。不过,目的行为论的首创者韦尔策尔(Welzel)并不赞同过失共同正犯的观点而主张在过失犯领域采取单一行为人体系。

之外部的、客观的要素限度之实行行为的共同即为已足”[19]。在行为共同说的脉络下，行为层面的意思联络似乎只是起到将每个行为人的行为相关联的作用。但是，单纯的关联对于成立共同犯罪来说究竟有何意义并没有得到清晰的阐明。部分学者从因果共犯论的角度对行为层面的意思联络进行了进一步的说明，如西田典之教授认为“在共同实施危险行为之际，可以说对于在相互信赖对方会加以注意的场合，由于相互助长对方的不注意而由对方的过失行为产生的结果，也具有心理的因果性”[20]。也就是说，行为层面之意思联络的作用在于，让每个人的行为获得与结果之间的因果关联性。不过，这样的视角已经不再与“共同性”有关，而是纯粹的单独归责的视角。

相比之下，德国学理中的“意思联络”对“共同性”给予了更多的关注。如伦齐科沃斯基教授认为当各参与者之间存在共同的行为目标，并且在依据该行为目标制订的共同计划下共同制造了客观的风险时，就能够承认“共同性”的存在。[21] 也有学者指出，过失共同正犯的“共同性”在于行为人共同引起了不被容许的风险。[22] 不过，该学者并未对“意思联络”与共同的法不容许的风险的关系做出进一步论述。

无论采取以上何种表述，此类观点的基本思路是一致的。即各参与者对于现实中共同实施的行为具有意思联络，且该行为是构成要件结果出现的肇因，就可以证立过失共同犯罪的“共同性”。

2. 否定的立场

反对观点认为，事实行为层面的意思联络对于过失共同犯罪的成立来说是毫无意义的。陈兴良教授认为，“共同实行犯的成立不以客观上具有共同实行行为为已足，而且主观上还必须具有共同实行犯罪的意思联系”[23]。这种认为“共同过失犯罪，双方缺乏意思联络，不可能形成共同犯罪所要求的有机整体

---

[19] [日]川端博：《刑法总论二十五讲》，余振华译，中国政法大学出版社2003年版，第360页。

[20] [日]西田典之：《共犯理论的展开》，江溯、李世阳译，中国法制出版社2017年版，第248～249页。

[21] 参见邹兵：《过失共同正犯研究》，人民出版社2012年版，第62页。

[22] 参见[德]普珀：《反对过失共同正犯》，王鹏翱译，载《东吴法律学报》第17卷第3期（2006年）。

[23] 陈兴良：《共同犯罪论》（第3版），中国人民大学出版社2017年版，第399页。

性”[24]的观点是我国刑法传统理论的一贯见解。黎宏教授也从因果共犯论的视角对此进行了进一步的说明,在共同犯罪的场合之所以能够适用“部分行为,全部责任”的法理,是因为共同实行的意思能够在各行为人之间产生交互性的心理影响,从而提升发生结果的可能性。但这种交互性的心理影响在共同过失犯罪的场合却不存在。[25] 团腾重光教授也明确指出,“有意识的部分对于过失行为而言绝对不是本质性的东西。根据有意识部分的意思联络从而肯定过失共同正犯的论调,并不能说是遵从过失犯之本质的议论”[26]。井田良教授同样认为,在过失犯的场合,既然不存在关于结果实现的合意,就不能以此合意为根据来肯定对结果的共同责任。[27] 不过,不同学者针对否定结论给出的理由并不一致。采取犯罪共同说的学者认为成立共同犯罪必须要求各参与人针对特定的犯罪有共同的故意,因此自然意义之行为的意思联络并未达到足以成立共同犯罪的程度。[28] 持共同意思主体说的学者则会认为自然意义之行为的意思联络不足以让各参与者所形成的异心别体的集合体受到不同对待的必要。[29] 总的来说,反对立场的核心观点是,过失行为当中有意识的部分对于过失犯的成立来说没有意义,因此,以行为有意识部分为基础的意思联络对于过失共同犯罪的成立来说是不重要的。

(二)客观义务与“共同性”

1. 肯定的观点

针对犯罪共同说的反对意见,一些支持过失共同犯罪应当存在的论者指出,犯罪共同说实际上是以过失共同犯罪无法满足故意共同犯罪的成立条件为由来否认过失共同犯罪,但“为满足‘数人一罪’的理论预设而在共同正犯之成立方面要求‘共同犯罪的意思联络’,是没有必要的”[30]。这一论证模式的典型代表是“共同义务的共同违反”说。该观点认为,“在法律上对共同行为人科以

---

[24] 高铭暄、马克昌主编:《刑法学》(第8版),法律出版社2017年版,第166页。

[25] 参见黎宏:《“过失共同正犯”质疑》,载《人民检察》2007年第14期。

[26] 李世阳:《共同过失犯罪研究》,浙江大学出版社2018年版,第58页。

[27] 参见谭堃:《过失共同正犯研究》,吉林大学法学院2014年博士学位论文,第20页。

[28] 参见张伟:《过失共同正犯研究》,载《清华法学》2016年第4期。

[29] 参见余秋莉:《过失共同犯罪的“共同性”探究及其应对》,载陈兴良主编:《刑事法评论:教义学的犯罪论》,北京大学出版社2018年版。

[30] 张伟:《过失共同正犯研究》,载《清华法学》2016年第4期。

共同的注意义务时,如果存在可以认为共同行为人共同违反了其注意义务这种客观的事态,就可以说在此存在过失犯的共同正犯的构成要件符合性”[31]。这一理论也得到了我国部分学者的认同,如郑泽善教授曾指出,“过失共同正犯是广义的过失竞合中的一种特殊情况,各行为人的过失不是单纯地竞合在一起,而是存在‘共同义务的共同违反’这一特殊关系,符合‘注意义务内容的共同性’与‘注意义务违反的相同性’两个要件”[32]。至于共同注意义务的具体内容,理论上有不同的观点。大塚仁教授指出,“这种义务不仅是只要各共同者单独对自己的行为加以注意就够了,而且也对其他同伴的行为加以注意”[33]。但也有学者认为,共同注意义务的共同违反的内容,应具体化为“分担危险行为的行为者之间应相互监督,却懈怠于监督,或者共同懈怠于应当共同履行的作为义务”[34]。根据松宫孝明教授的观点,督促他人的义务只是共同注意义务的一个亚类,除此之外,当法律规定某一领域需要各参与者共同注意时,各参与者之间也就存在共同的注意义务。在“共同义务的共同违反”说的基础之上,学理还演化出了“不作为犯构成说”。这种观点认为,当参与者不仅需要遵守自己的注意义务,还需要确保其他行为人也履行作为义务时,应当构成不纯正不作为犯。[35] 不过,这种观点只不过是对共同注意义务的性质进行了重新的界定,在“共同性”的判断上,其依旧是以客观义务的共同为标准的。

2. 否定的观点

“共同义务的共同违反说”的最大问题在于“共同注意义务”的概念。普珀教授就认为,“在法律上并没有共同的注意义务这种东西。每一个法律义务都

---

[31] [日]大塚仁:《刑法概说(总论)》(第3版),冯军译,中国人民大学出版社2003年版,第253页。

[32] 郑泽善:《共犯论争议问题研究》,中国书籍出版社2019年版,第169页。采取类似观点的,还有林亚刚:《刑法学教义(总论)》,北京大学出版社2017年版,第494页。

[33] [日]大塚仁:《刑法概说(总论)》(第3版),冯军译,中国人民大学出版社2003年版,第253页。我国学界采取相同观点的学者,见冯军:《刑法问题的规范理解》,北京大学出版社2009年版,第348~350页。

[34] [日]松宫孝明:《刑法总论讲义》(第4版补正版),钱叶六译,中国人民大学出版社2013年版,第203页。认为所谓“共同义务”不是“共同的注意义务”,而是“共同的作为义务的”,还有[日]甲斐克则:《责任原理与过失犯论》,谢佳君译,中国政法大学出版社2016年版,第164页。

[35] 参见曾淑瑜:《成立过失共同正犯之理论根据》,载《甘添贵教授六秩祝寿论文集——刑事法学之理想与探索(第一卷)》,台北,学林出版社2002年版。

可以而且也应该表述为由个别法律主体所承担的义务"[36]。因此,所谓"共同注意义务"完全是虚构的产物,过失共同犯罪的"共同性"根本无法通过共同注意义务得到说明。除这种釜底抽薪式的否定外,也有观点在承认共同注意义务的基础上得出了"共同性"并不重要的结论,即"过失共同正犯消解说"。这种观点认为,当参与者不仅要注意让自己的行为符合规范的预期,还必须注意其他参与者也能够根据规范行事时,参与者所承担的其实是监督过失的义务。如此,过失共同正犯完全可以消解于监督过失的同时正犯中。[37] 我国也有学者支持类似的观点,"为过失共同实行犯奠定理论基础的'共同注意义务共同违反说',其在为过失共同实行犯奠定理论基础的同时,也蕴含着否定过失共同实行犯的倾向"[38]。陈家林教授也认为,"数个行为人在共同实施具有危险性的行为时,各行为人不仅有防止自己的行为产生危害结果的义务,同时还负有督促共同行动的他人注意防止危害结果发生的义务"[39]。因此,过失共同犯罪在规范层面是一个不可能存在的事物。

(三)主观与客观背后:可能的理论盲区

以上诸说为了在过失参与的场合寻得"共同性"的成立根据,均付出了相当多的努力,但似乎没有一个学说能让人彻底地信服。尝试从行为人的主观要素方面证立"共同性"的学说被批评失其所据,而期待从客观要素方面支撑起"共同性"的学说又被指责存在虚构的幻象。当理论探索进入窘境之时,不妨重新思考待证对象的功能及目的,或许可以从中发现另外的可能性。

之所以要想方设法确立起"共同性",是因为"共同性"是"部分实行,全部责任"法律效果的充要条件,此点已为学界共识。但是,"共同性"是如何使得"部分实行、全部责任"成为可能的呢?理论上对此亦有各种各样的说明。有论者言之,具备"共同性"之后,基于证立"共同性"的分工配合、互相补充,各参与者之间就可以将共同实行者的行为视为自己身体的延伸与补充;有论者认为,在具备共同性之后,各参与者对于犯罪流程就具备了机能性支配,从而每个参与者之行为均可交互归属。凡此种种,不一而足。不过,理论探讨往往就此搁

[36] [德]普珀:《反对过失共同正犯》,王鹏翱译,载《东吴法律学报》第17卷第3期(2006年)。

[37] 参见[日]高桥则夫:《刑法总论》,李世阳译,中国政法大学出版社2020年版,第423页。

[38] 王光明:《共同实行犯研究》,法律出版社2012年版,第168页。

[39] 陈家林:《共同正犯研究》,武汉大学出版社2004年版,第203页。

笔,几未见有文献往深处再进一步——各种观点的本质做法究竟为何？不同学说是否存在一个共同目的？

揆诸已有之学说,彼此之间虽表述方式有所差异,但本质目的却是相同的,即将各参与者的行为相互叠加,从而形成一个整体行为进行观察。无论是将他人行为视作自己行为的延伸,还是冠以交互“归属”之名,其实质都是在寻求一个“拼接”各参与者之行为而成的整体形象。当这个“拼接”出来的整体行为符合客观构成要件时,即可认定各参与者成立共同犯罪。既然如此,那现在的问题就是,此种“拼接”何以可能？行为乃规范评价的对象,而评价对象应先于评价标准而存在。因此,“行为”本身是先于实证构成要件的。既然共犯归责理论的重要中间成果是将各参与者之行为“拼接”为一整体,而这一“拼接”本身并非评价结论而是规范得以进行评价的前提,那么,使得“拼接”本身成为可能的原因亦应具有前于实证构成要件的属性。此点恰被既有的学理讨论所忽略。〔40〕

从行为共同说与犯罪共同说的对立,再到以犯罪共同说为基础的理论发展,一直以来的理论动向都是试图将“共同性”的确立与犯罪成立条件挂钩。最初的行为共同说认为,各参与者之间在实施客观行为上存在意思联络就能够建立起彼此之间的“共同性”。犯罪共同说随即提出反对意见,认为过失犯的本质在于行为的无意识部分,行为的有意思部分对于犯罪成立没有意义。很明显,这样的反驳就是认为,“共同性”的确立不能与犯罪成立的判断相脱节。在犯罪共同说受到立场先行的批判后,理论开始从过失犯的本质出发来探讨过失共同犯罪存在的可能性。既然过失犯的本质是注意义务违反,那么过失共同犯罪的“共同性”就必须通过共同的注意义务进行说明,而后发展出来的消解说也没有摆脱这一思维,其立论依旧是紧紧围绕着注意义务展开的。但是,本文认为,这样的理论努力恰恰走偏了方向,正是这种试图将“共同性”与犯罪成立判断相勾连的做法让理论的发展深陷泥潭。

四、归责理论的检讨——事实归属与评价归责的区分

在结果归属的问题上,通行的表达是只有当某一结果属于不法行为的特殊

〔40〕 可能有的辩驳是,以规范的视角决定该如何对数个行为进行“拼接”,与行为本身仅仅是评价对象并不矛盾。但在存在溯责禁止的场合,单个行为本身无法被规范评价。真正能够被评价的只能是“拼接”的成果。因此,承认素材的前规范性,并无助于澄清既有学理中的模糊与矛盾之处。

后果时,才能将结果算到行为人身上,[41]亦即,“在规范的世界里,结果必须是特定行为人的‘作品’时,才能将结果归属于行为人”[42]。此归责链条实际包含两个层次的问题,一者为行为归属于行为人,二者为结果归属于行为。本文所使用之“事实归属”概念,意指行为是否归属于行为人,结果是否归属于行为人之行为与实证规范无关,归属关系的成立乃人作为自由之主体及其先验认识结构的当然归结。而“评价归责”则指,在事实归属关系成立后,再引入价值评价的视角判断此种归属关系是否值得共同体关注。

(一)事实归属:一种先验的确定

首先,行为与行为人之间的归属关系。这一层次的归属关系相对容易理解。人作为一存在者不可能虚悬于世,在形成一定的欲求后,必然要通过行为与外部世界进行“沟通”从而为自身的存有提供现实条件。行为并不等同于行为人之身体举止,行为的做出有赖于行为人的意志决断。因此,行为的本质是行为人内在意志的外化,行为当然是属于行为人自己的东西。需要着重说明的,是结果与行为之间的归属。

依循康德主体性的思路,在实践领域,人必然以某种共联的方式存在。既然人必须共存,那么每个人都会寻求彼此自由的相互协调。因此,基于内在自由的理性就会为人类立法,要求每个人依据如下准则行事:你意志的准则始终能够同时用作普遍立法的原则。[43] 背离此一法则者,就是对人际相互承认关系的否定,就是试图以自身意志设立的“准则”去替代基于理性的普遍“法则”。而人又是自律的主体,此种背离会被理性自动判定为“错误”。这种“错误”判定正是一切责难的根基。正因如此,康德指出“道德意义下的归责是借以将某人视为一个行为之发动者……但如果这项判断同时具有从这个作为而来的法律后果,它便是一种有法律效力的归责,否则它便是一种评断性的归责”。[44] 可见,“负责”的诫命是根源于道德领域的,而这种基于理性的自律要求亦没有对事实归属的任何一个环节进行否认或者要求调整。相反,这种判定只有在承认行为与结果是属于行为人自身的“东西”时,才能够做出。否则,理性根本无

---

[41] 相关介绍,参见[德]沃尔夫冈·弗里希:《客观之结果归责——结果归责理论的发展、基本路线与未决之问题》,蔡圣伟译,载《刑事法评论》第30卷,北京大学出版社2012年版。

[42] 周光权:《行为无价值论与客观归责理论》,载《清华法学》2015年第1期。

[43] 参见[德]康德:《实践理性批判》,韩水法译,商务印书馆1999年版,第31页。

[44] [德]康德:《道德底形上学》,李明辉译注,台北,联经出版有限公司2020年版,第40页。

从认定行为人是否背离了法则的约束。因此，只要承认人作为道德主体的绝对性，就会认为，“在合法的日常行为中（即便是非正式的）也会要求行为人对于外界的事物的改变负起权责”〔45〕。

（二）评价归责：道德与法律的同质要求

刑法中论及归属，本质诉求是让行为人对归属于其的“作品”自负其责。所以，单从先验的角度证成归属的当然性尚不足够，因负责必然要求事实归属，但事实归属并不直接等于刑法中的负责。那么，此阶段面临的问题即是，“负责”是否为专属于实证规范的要求。如若“负责”是实证规范的特有诫命，则即便事实归属能够成立，行为人是否应为归属于其的“东西”负责，就仍可受到实证规范的影响。本文认为，对这一问题应当给予否定的回答。

法领域的“负责”与道德领域的“负责”之间的关系为何？实证法是否会对事实归属提出新的要求？在康德的观点下，法与道德皆发端于绝对的定言令式，均属理性的自律诫命，两者之差异仅在于，法律并不会苛求存有者将理性法则作为唯一的行动根据，即便人遵循感官欲望而行动，只要行动结果与外在自由共存的要求相契，行动就仍合乎于法。〔46〕可见，法领域的“负责”与道德领域的“负责”所不同者，仅为评价标准。至于被给予的评价对象，实证法则未有置喙。此点可以从康德的国家哲学中得到进一步的论证。依据康德，虽然在前国家状态中，仅依凭理性就能够形成共存的法则，但这种共存的状态在经验领域是不稳定的，脆弱的。人终归只是有限的理性存有者，面对感官欲望的诱惑，不是每个人都能够保持对“职责”的敬重，故而理性会要求人们从前国家状态进入国家状态，以获得维持秩序的强制力。可见，实证法状态下，道德领域内存在的一切都被原封不动地保留，“公法所包含的人的义务并不多于或者不同于在前一种状态中所能想到的，私法的质料在两种状态中是同一种质料”〔47〕。

因此，法所要求的“负责”是在事实归属成立的前提下进行的。“不管在道德领域还是法领域，关于人类特质的基本事实预设并不会有所差异”〔48〕。是

---

〔45〕［德］京特·雅各布斯：《Welzel 对当今刑法学的重要性》，冯圣晏译，载《科技法学论丛》2019 年第 14 期。

〔46〕参见韩水法：《批判的形而上学——康德研究文集》，北京大学出版社 2009 年版，第 148 页。

〔47〕吴彦：《法、自由与强制力》，商务印书馆 2016 年版，第 217 页。

〔48〕周漾沂：《从实质法概念重新定义法益：以法主体性为基础的论述》，载《台大法学论丛》第 41 卷第 3 期（2012 年）。

故,“具有责任性主体的命题是每个人负担(法律上)义务的前提要件,当然这也是每项法律评价的前提要件”[49]。

综上所述,既有的讨论混淆了事实归属与评价归责,使得归责问题的本质被遮蔽。评价归责以事实归属为前提,只有当事实归属能够被肯定,且行为人的行为及结果被法律所反对时,才会进行评价归责。现有的理论正是缺乏对结果归属之性质的准确认识,才使得理论的争议囿于过失犯的“不注意”层面,并虚构出了根本不可能存在的“共同注意义务”,[50]这使得学理在“共同性”的论证道路上举步维艰。是故,对过失共同犯罪之“共同性”的论证,必须重新回到前规范的事实层面寻求解决之道。

五、证立过失共同犯罪的“共同性”

(一)共同的事实认知:共同性的基底

前文已经证明,作为理性存有者的个体基于其意志决断实施行为,该行为与结果当然的是行为人自身的“作品”。那么,行为人如何做出意志决断?显然只能通过认知外部事实进行。人类是通过自己的感官,在收集信息资讯的基础上,对周遭世界进行认知和理解,并采取适宜于表达其意志的方式而行为的。既然在单独犯罪中,开启事实归属程序的前提是行为人的事实认知,那么,在共同犯罪中,对共同参与者进行归责的基础就自然是共同的事实认知。通过共同的事实认知,各参与者之间达致相互理解,彼此之间均知晓他方所欲者即为自己所欲,且自己所想者亦为他方所想。如此,各个参与者之间就形成共同的意愿,从而能够进行共同的意志表达,凭借共同的意志表达,法规范得以将各参与者的行为进行整体的观察,从而型塑出符合客观构成要件的整体形象,每个参与者均应为该整体行为负责,由该整体行为所导致之结果,即可当然地被视为所有参与者的共同作品而归属于所有的行为人。因此,共同的事实认知即为

---

〔49〕[德]Kurt Seelmann:《Hans Welzel的物本逻辑结构与自然法学说》,彭文茂译,载《科技法学论丛》2019年第14期。

〔50〕本文支持普珀教授的观点,认为“共同的义务”实际上是难以想象的。事实上,“共同义务的共同违反”说中的“共同义务”,也并不是真正共同的。每个参与者都被要求同时注意他人的行为,而对任何一个“参与者”来说,“他人”都是不同的。

“共同性”之基底。[51]

(二)共同性的成立:话语联络与情境理解

在具备共同的事实认知之后,要想进行共同的意志表达,关键在于各参与者彼此之间皆知己方所欲者即为他方所欲,且知他方知晓己方认识到他方已知“己方所欲者即为他方所欲”,如此,他方之意志即得被任一参与者视为自己的意志,从而形成一个意志表达联结体。此种交互疏通的状态显然可依凭话语联络达至。

需要说明的是,在不存在现实的话语沟通的场合,“共同性”是否就无法成立?例如,在彭某危险驾驶案中,被告人彭某因侯某在交叉路口别挡了自己的车,在没有进行任何语言沟通与联络的基础上,相互赌气并追逐竞驶。[52] 由于在该案中,两人的行为并没有造成其他的严重后果,所以彭某最终只成立危险驾驶罪。但假如在追逐竞驶的过程中,其中一人的驾驶行为导致了行人的死亡,两人之间是否能成立过失共同犯罪从而一起为死亡结果负责?

人们是通过对言语的理解来进行认识活动和交流活动的,而言语是“意义”的首要载体,说话者将自己想要表达的东西以“意义”的形式放在言语中,供他人进行理解,当理解者解读出该言语的意义内涵时,就可以实现与他人的交流。可见,“主观的意思联络”其实质在于行为人之间的相互理解,通过相互理解使得各个参与者的行为获得共同的行为基础,并在此基础上共同表达其意志。既然如此,具备理解力的个体达成相互理解的方式就不限于言语的沟通,而是可以通过生活事件与行为来进行。[53]

---

[51] 需要注意的是,此处的“事实认知”并非仅限于“对构成要件事实的认知”。很显然,支撑个体做出行为的是其从周遭环境的各种事态中收集到的资讯,而非被构成要件抽象出的特定范围的事实。例如,一个想要驾驶机动车上路的个体所认识到的事实,不仅仅包括他要驾驶的车辆是机动车,还包括机动车的具体状态,如刹车装置的灵敏度、汽车轮胎的充气量等。如后文所述,事实认知还是风险是否为法所容许的判断资料。如果行为人已经认知到刹车装置并不灵敏,却仍然驾驶该辆机动车上路,那么嗣后若发生交通事故,行为人的这一认知将会被用于判断其驾车行为是否创设了法不容许的风险。因此,“事实认知”中的“事实”与构成要件事实的范围并不等同,过失共同犯罪同样可以由无认识的过失构成。

[52] 参见北京市密云县人民法院(2011)密刑初字第322号刑事判决书。

[53] 所以在伽达默尔那里,作为理解对象的所谓“文本”,不仅包括一切文字性流传物,还包括人们在现实生活中所面对的生活事件。参见龚群、李晓东:《诠释学与交往行为理论的内在关联——从加达默尔的“理解”到哈贝马斯的相互理解》,载《复旦学报(社会科学版)》2020年第1期。

据此,在前述彭某危险驾驶案中,结合具体的事态场景,两名被告在理解到对方的行为就是与自己赌气而追逐竞驶时,却依旧参与追逐行为的,根据一般人的理解,两名被告相互之间就能达成共同的理解,即对任意一方行为人来说,其能认识到自己在和他人追逐竞驶,并且也能认识到对方理解到自己行为的意义并且也加入到这一行为中来。如此,二人之间即形成了相互理解的"主观意思联络",从而得以成立"共同性"。

六、补论:过失共同犯罪的基本结构

"共同性"的确立属事实归属层面的问题,而要成立过失共同犯罪,仍有待进一步的评价归责。依本文所见,支撑"共同性"的共同事实认知同样是进行评价归责的重要支点。

既有的理论往往将"认知"与故意/过失相混淆。我国即有学者认为,"特别认识与故意的认定是同一事物的不同表达"[54],"行为人对风险的认知程度不同,规范对其要求不一样,归责范围也不一样。在过失的场合,行为人对风险的认知程度低,规范的要求也低,其保护范围相对小。在故意的场合,行为人对风险的认知程度高,规范的要求也高,其保护范围相对大"[55]。这种观点其实是说,法不容许的风险范围由行为人的故意/过失决定。[56] 可是,在法规范的视野下,风险只有容许/不容许的区分,与故意/过失根本就没有关系,[57]行为人的故意/过失只是实存面上的心理状态,作为规范评价的客体,其不应有影响规范判断的能力。

因此,在评价归责的环节,应先确定行为的风险容许性,如果行为人的行为并未创设任何法不容许的风险,那么就根本没有故意/过失可言。只有先行确定由规范划定的法不容许的风险之范围,才有故意/过失的成立空间。因此,行为人对于已经被划定的法不容许的风险有风险意识,即存在故意;反之,则成立

[54] 蔡桂生:《非典型的因果流程和客观归责的质疑》,载《法学家》2018年第4期。

[55] 庄劲:《客观归责理论的危机与突围——风险变形、合法替代行为与假设的因果关系》,载《清华法学》2015年第3期。

[56] 部分德国学者也采纳这一思路。如在行为人的认知完全无法支撑行为人认识到风险的场合,金德霍伊泽尔教授认为,此时"结果向故意或者过失的主观可归责性就不存在了"。参见[德]沃斯·金德霍伊泽尔:《故意犯的客观和主观归责》,樊文译,载《清华法律评论》第3卷第1辑,清华大学出版社2009年版。

[57] 参见周漾沂:《从客观转向主观:对于刑法上结果归责理论的反省与重构》,载《台大法学论丛》第43卷第4期(2013年)。

过失。在这样的理解下,过失共同犯罪的基本思考逻辑即为,各参与者之间通过共同的事实认知与交互理解成立“共同性”,由此各参与者的行为即可被视为一个整体。随后,法规范根据一定标准选择的事实材料判断该“整体行为”的风险容许性,如若该风险不被容许,且各参与者对风险不存在风险意识,则所有参与者即可成立过失共同犯罪。

至此,可以回过头去审视本文于开篇所提及的处理难题。首先,监督过失应当按照过失共同犯罪处理。兹以如下案例进行说明:被告人甲、乙从他人处通过违法转包获得对教室公寓项目的承接工程,并将其中的脚手架工程再次违法转包给被告人丙、丁。被告人甲、乙明知丙、丁不具备脚手架搭设资质,仍然与其签订工程承包合同与安全管理协议。在项目安全设施尚未充分就位时,甲、乙就贸然开工,最后,丙、丁在施工时因电焊溅落的金属熔融物导致可燃材料燃烧,造成重大死伤后果。[58] 在该案中,甲乙作为工程项目的承接方,自有确保工程安全环境的义务,且甲、乙明知丙、丁不具备作业资质,故也无信赖原则之适用空间。甲、乙在将脚手架建设项目分包给丙、丁时,与丙、丁形成了在不安全的环境下进行电焊作业的共同事实认知,在此种共同的事实认知的基础上,丙、丁进行电焊作业的行为就可以被视为同时体现了甲、乙之自由意志的整体事件,而在不具备安全施工条件的环境下施工的行为显然创设了法不容许的风险,故而甲乙丙丁四人之间成立过失共同犯罪。[59] 至于不法集体决策,过失共同犯罪的思路可以为之提供非常顺畅的说明。参与决策的表决者彼此之间自然能够就所表决的对象形成共同的事实认知,并且知道每一个人所表决的为同一事项,因此,各个决策者之间具备“共同性”,基于该决策所导致的损害后果可以归责给表决者全体。

---

〔58〕 案例改编自上海“11·15”特大火灾案,原案例详情参见李世阳:《共同过失犯罪研究》,浙江大学出版社2018年版,第225~227页。

〔59〕 需要注意的是,依照本文的观点,并非直列型过失竞合的所有案例都能够成立过失共同犯罪。是否能够成立过失共同犯罪,关键仅仅在于是否有成立共同事实认知的可能。假设各行为人之间的层级关系相距较远,则可能无法以过失共同犯罪论处。假设在本设想案例中,甲、乙是通过戊违法转包而获得承接的工程项目,而戊应就工程的实施对己负责。在此种情况下,己就无法被视为过失参与者。因为己所承担的职责仅仅是选任负责人,确定工程项目的总体规划与方向,其与甲、乙、丙、丁之间没有成立共同的事实认知的可能。因此,如若己不承担不作为犯意义上的作为义务,则己就不会成立犯罪。在这个意义上,直列型过失竞合中各行为人基于不同地位而承担的不同义务可以成为是否能够成立“共同事实认知”的辅助判断因素。

七、结　　语

本文通过借鉴康德哲学的理论资源,进而指出学理论证的迷失之处,即既有的学理研究忽视了“归责”的过程实际上由事实归属与评价归责两个环节构成,“共同性”属于事实层面的结构,在这一结构先行被呈现于规范面前时,规范才能“发动”“部分行为、全部责任”的法律效果。因而在过失共同犯罪之“共同性”的讨论上,就不必再汲汲于是否存在指向构成要件结果的故意,抑或是否存在共同的注意义务。这种混淆事实归属与评价归责的思考路径,使得解决问题的本质方法被遮蔽。只要在经验层面各参与者之间通过共同的事实认知形成了一个意义联结体,“共同性”即可成立。

责任编辑:王良兵

事后抢劫罪的法益新释与教义学展开

燕永辉*

摘要：

事后抢劫罪的保护法益是人身权利而非财产权。应当坚持"限定的暴力取财说"认定事后抢劫罪的成立，对暴力手段与前行为进行因果关系的综合判断。事后抢劫罪是真正身份犯，理论上只要具有盗窃、诈骗或抢夺行为均可以成立事后抢劫罪。盗窃、诈骗或抢夺行为的既遂或未遂状态不影响事后抢劫罪的既遂或未遂状态。对于"当场"的判断应借鉴"犯罪机会持续说"的观点，对于暴力程度的判断应限定为足以压制被害人的反抗且可能造成被害人轻微伤及以上伤害。

关键词：

事后抢劫罪；抢劫罪；保护法益；刑法教义学；实质解释

一、问题的提出

我国《刑法》第269条规定了事后抢劫罪，又称转化的抢劫罪，即"犯盗窃、诈骗、抢夺罪，为窝藏赃物、抗拒抓捕或者毁灭证据而当场使用暴力或以暴力相威胁的，依照本法第二百六十三条的规定定罪处罚"。随着近年来对德日刑法的广泛借鉴与引入，我国刑法理论对抢劫罪[1]的研究取得了重要进展，事后抢劫罪也不例外。但是，学者们关注的重点集中在事后抢劫罪的成立条件、犯罪形态、加重情节等方面，[2]对于事后抢劫罪的保护法益关注不够。世界各国刑

---

* 作者燕永辉，北京师范大学刑事法律科学研究院硕士研究生，研究方向为刑事法学。

[1] 需要明确的是，本文所指抢劫罪专指《刑法》第263条之规定（标准的一般抢劫），事后抢劫罪专指《刑法》第269条之规定。

[2] 具体可以参见刘明祥：《事后抢劫问题比较研究》，载《中国刑事法杂志》2001年第3期；姚万勤：《论事后抢劫罪未遂形态》，载《中国刑事法杂志》2011年第9期；郑泽善：《转化型抢劫罪新探》，载《当代法学》2013年第2期；张明楷：《事后抢劫罪的成立条件》，载《法学家》2013年第5期。

法普遍认为事后抢劫罪与抢劫罪的保护法益都包括财产法益和人身法益。[3]但将财产法益作为事后抢劫罪的保护法益,会使本罪在转化条件、犯罪形态、暴力手段、共犯责任等问题上产生诸多疑问,不利于刑法目的的有效实现。“刑罚法规预定的规制目的、保护目的能够对违法判断的内容及违法要素的范围进行限定”[4],对事后抢劫罪保护法益的认识偏差导致违法判断和违法要素的范围认定上存在差异。我国刑法理论与司法实践的分歧尤为明显,刑法理论一般认为事后抢劫罪保护双重法益,而司法实务更侧重于保护当事人的人身权利。准确界定事后抢劫罪的保护法益成为解决理论和实务之间争议的重要前提。本文拟从刑法教义学的角度回答这一问题,以期能够拨开事后抢劫罪的理论迷雾。

二、事后抢劫罪的法益新释

我国刑法理论通说认为抢劫罪侵犯的客体是公私财产所有权和人身权。[5]学者陈子平认为,“事后抢劫本质上也属于抢劫罪的一种,虽然其行为顺序与抢劫行为颠倒,但并不影响其行为性质和不法程度的认定”。然而,将拟制的事后抢劫罪等同于抢劫罪进而得出二者保护法益相同的结论,这一过程本身即值得质疑。“值得刑罚处罚的行为类型,不可能在一起一个‘刑法典’中被形式的加以确定”[6],因而必须站在实质主义刑法观的立场,首先论证事后抢劫存在处罚之必要性,然后进一步明确事后抢劫罪所要保护的具体法益。

(一)事后抢劫行为的处罚必要性

学界关于事后抢劫罪的处罚必要性,存在两种观点。一是“保护人身

[3] 《韩国刑法典》第335条规定了“盗窃者以抗拒夺回财物、逃避追捕或者销毁罪证为目的,实施暴力或者胁迫的,依照前款罪(特殊强盗)处罚”;《德国刑法典》第252条规定“盗窃时被当场发现,为使自己保持对所窃取财物的占有而对人使用暴力或者以对身体或生命的现时危险相胁迫的,等同于抢劫处罚”;日本刑法规定了盗窃转化为抢劫和使人昏醉后转化为抢劫的两种情况,前者称为准抢劫,后者称为昏醉抢劫;俄罗斯刑法和加拿大刑法虽然没有在刑法中规定这一犯罪形态,但是刑法理论均认为盗窃后抗拒抓捕对于失主当场实施暴力或者以暴力相威胁,应当构成强盗罪(抢劫罪)。

[4] 张明楷:《法益保护与比例原则》,载《中国社会科学》2017年第7期。

[5] 参见高铭暄、马克昌主编:《刑法学》(第10版),北京大学出版社、高等教育出版社2022年版,第498页。

[6] 周光权:《刑法客观主义与方法论》(第2版),法律出版社2020年版,第18页。

说”,持该学说的学者认为“盗窃犯逃跑之时很多时候会实施暴力、胁迫行为,着眼于刑事法学上的这一实际情况,从保护人身的角度来看,有必要对此类行为与抢劫行为作同样处断”〔7〕。二是“暴力取财说”,持该学说的学者认为盗窃犯在窃得财产后,“为了确保已盗得的财物而实施暴力、胁迫行为的,这种行为实质上可以被评价为通过暴力、胁迫行为获取了财物,认为事后抢劫罪是针对财物的一般抢劫罪的扩张类型”〔8〕。前一种观点基于预防盗窃过程中随时发生的暴力行为,为事后抢劫罪的处罚提供了依据,后一种观点将暴力、胁迫行为作为盗窃犯取得财物的手段,概括地将盗窃和暴力行为评价为暴力取财手段。

“保护人身说”基于预防的必要性对行为人可能采取的暴力、威胁行为进行规制,无疑最有利于保护被害人。然而,为了预防没有到来的法益侵害而进行刑事立法,会造成处罚范围过宽。对于实施了盗窃、诈骗、抢夺行为的行为人,本来计划实施暴力、胁迫手段窝藏赃物,但是并未实施的情况,按照“保护人身说”已经构成了事后抢劫罪(至少是预备行为),司法实践中会导致罚过其罪,这并不可取。而“暴力取财说”概括地评价暴力行为,虽然能够弥补“保护人身说”处罚范围过宽的不足,但影响事后抢劫罪成立未遂的范围。按照《刑法》第269条的规定,是否意味着盗窃既遂后只要实施暴力行为,就构成事后抢劫罪?

例1:盗窃既遂以后,甲另起犯意,出于抢劫的故意实施了暴力、胁迫行为但并未获取财物,而后又出于逃跑目的实施了暴力反抗行为。

例2:盗窃既遂以后,乙实施了暴力胁迫而逃走。

按照“暴力取财说”的观点:例1中甲盗窃既遂成立盗窃罪,而后另起犯意实施暴力手段但未获取财物构成抢劫罪未遂。甲成立盗窃罪既遂和抢劫罪未遂数罪并罚,而例2乙盗窃既遂以后,仅仅实施了暴力胁迫逃走的行为却构成事后抢劫罪既遂。甲实施了盗窃行为、暴力取财、暴力反抗等三个行为,罪名评价为盗窃既遂和抢劫罪未遂,乙仅仅实施了盗窃行为、暴力反抗两个行为,却被

〔7〕 [日]大谷实:《刑法讲义各论》(第2版),黎宏译,中国人民大学出版社2008年版,第218页。

〔8〕 [日]山口厚:《刑法各论》(第2版),王昭武译,中国人民大学出版社2011年版,第265页。

评价为抢劫罪既遂。司法实践中可以通过对甲采取数罪并罚从而在量刑上与乙相均衡,但在罪名认定上对甲乙的评价不够合理。

本文对于事后抢劫罪处罚进路所持的立场是建立在"暴力取财说"基础上的"因果关系的暴力取财说",也可称之为"限定的暴力取财说"。质言之,对于前面的盗窃行为和后面的暴力、胁迫等手段,原则上应当综合评价为为了取财而整体实施的暴力行为。对于暴力手段与前行为盗窃手段应当进行因果关系的综合判断,因果关系的关联性体现在引起和被引起的关系上,即后续的暴力行为是基于先前的取财行为引起,而不能机械地判断只要存在暴力行为,就一概认定为一罪。

例1中,如表1所示,甲另起犯意就应当认定为盗窃罪的既遂和事后抢劫罪的既遂,从而评价为事后抢劫罪的既遂。可以将为了逃跑而实施的暴力行为理解为行为人为了紧密控制前述盗窃而占有的财物,因为甲本质上实施暴力胁迫行为逃跑的目的仍旧是为了确保盗窃的财物不被追回,暴力和先前的盗窃行为具有引起和被引起的关系。而例1中出于抢劫的犯意实施了暴力、胁迫等行为单独评价为抢劫罪的未遂,符合抢劫罪的构成要件。换言之,甲实施的两个暴力行为,第一个暴力胁迫行为并没有取得新的财物,后续第二个暴力行为是为了防止盗窃占有的财物被追回。第一个暴力胁迫行为是基于新的犯意而实施的不法行为,与成立事后抢劫罪无关,将其单独评价为抢劫罪的未遂,既能够得出合理的结论,又能够与例2的处罚相均衡。如果例1中甲盗窃既遂以后出于抢劫的故意最终取得了财物,则构成抢劫罪,将盗窃罪既遂和第二个暴力行为综合评价事后的抢劫罪,最终以抢劫罪定罪处罚。例1中第一个抢劫行为是否既遂不影响甲是否成立事后抢劫罪。

表1 暴力取财说和限定的暴力取财说对于例1得出的不同结论

学说	行为进程	结论
暴力取财说	盗窃—暴力未取财—暴力逃跑 (行为1—行为2—行为3)	盗窃罪既遂+抢劫罪未遂+抢劫罪未遂 (行为1—行为2—行为3)
限定的暴力取财说	盗窃—暴力未取财—暴力逃跑 (行为1—行为2—行为3)	抢劫罪既遂+抢劫罪未遂 (行为1+行为3、行为2)

(二)事后抢劫罪的保护法益是人身安全

犯罪的本质是对法益的侵害,那么实质上区分此罪和彼罪的标准就是法益。"刑法构成要件发挥了双重功能。它既说明了制裁规范,又通过消极描述的方法说明了行为规范的前提条件,而行为规范就是为了保护法益。”[9]例如,《刑法》中对于盗窃罪规定了数额起点,通过数额较大、数额巨大、数额特别巨大规定了不同的法定刑幅度,实际上反映的就是法益受到侵害程度的不同。在侵犯同种法益的犯罪构成内部,事实上根据侵犯法益程度的不同也对应着不同的处罚措施。

“由于刑法的任务与目的是保护法益,所以,犯罪的本质或者说违法性的实质是法益侵害。”[10]刑法所预设的保护目的,直接通过确证的法益概念规定违法判断的实际内容以及违法要素的组成。对于法益的概念,存在形式的法益概念和实质的法益概念两种观点。形式的法益概念从解释论的视角出发,对于现行《刑法》保护的法益进行说明,而实质的法益概念往往从立法论的视角出发,强调需要根据刑法的保护增设新罪。[11]“实质的法益概念能够有效的指导刑事立法的过程,明确处罚范围,从立法和司法(法律解释)两个角度限制国家刑罚的运用。”[12]由此不难看出,实质的法益概念通过增设新罪更好地保护法益。[13]我国刑法理论通说的观点是事后抢劫与一般抢劫保护的法益均是复杂客体,既包括人身权利,也包括财产权,这是从形式的法益角度认定犯罪成立得出的结论。但是,通过法律拟制的立法技术将事后抢劫拟制为一般抢劫本质上就说明了两罪侵犯的法益不完全相同。将原本不是抢劫罪的行为拟制为抢劫罪是实质的法益概念在立法层面的折射。因此,必须从实质的法益角度认定事后抢劫罪的成立。

本文认为,事后抢劫罪保护的法益是人身权利,财产权并不是事后抢劫罪保护的法益。张明楷教授认为:“事后抢劫罪也具有财产犯罪的性质,如果某种行为不能评价为侵犯财产的盗窃、诈骗、抢夺罪时,就不能成立事后抢劫罪。”[14]这一观点重视盗窃、诈骗和抢夺罪财产犯罪的属性,进而论证事后抢劫

---

〔9〕[德]乌尔斯·金德霍伊泽尔:《法益保护与规范效力的保障——论刑法的目的》,陈璇译,载《中外法学》2015年第2期。

〔10〕张明楷:《法益保护与比例原则》,载《中国社会科学》2017年第7期。

〔11〕参见张明楷:《论实质的法益概念——对法益概念的立法批判机能的肯定》,载《法学家》2021年第1期。

〔12〕[日]井田良:《讲义刑法学·总论》(第2版),有斐阁2018年版,第20页。

〔13〕在持实质的法益概念的论者看来,法律拟制调整的罪名与增设新罪不存在本质区别,都是通过调整罪名进一步周延地保护法益。

〔14〕张明楷:《事后抢劫罪的成立条件》,载《法学家》2013年第5期。

罪也属于财产犯罪,应当说值得商榷。

首先,该观点论证事后抢劫罪的法益包括财产法益存在逻辑上的错误。“从犯罪成立的条件来看,应当是先确立某一犯罪侵犯的法益,然后再以此为根据确立犯罪形态的认定标准。”〔15〕

例3:甲盗窃既遂后,与被害者乙进行反抗,反抗过程中被害人乙的财物被夺回,甲趁机逃跑。

日本有学者的观点认为:“即便盗窃达到了既遂,如果财物最终被追回,有可能成立事后抢劫罪的未遂。”〔16〕例3中甲盗窃的财物被受害者乙重新夺回,乙并没有产生财产损失的实害后果,应当认定甲为事后抢劫罪的未遂。之所以会得出这样的观点,就是因为将财产权作为事后抢劫罪的保护法益。例3中甲盗窃既遂以后,已经构成了盗窃罪,符合事后抢劫罪成立的前提条件,其后使用暴力手段进行反抗的实行行为就已经转化成为抢劫罪。转化的起点就是暴力行为的开始实施的时间节点,最后没有取得财物并不影响对于事后抢劫罪的认定,因为该暴力行为的目的是控制自己盗窃的财物,暴力行为一旦出现就认为构成了《刑法》第269条为窝藏赃物而当场使用暴力或以暴力相威胁的情形,至于后续是否取得财物在所不论。如果认为最后必须要取得财物才能构成事后抢劫罪,就突破了《刑法》第269条文义解释所能达到的限度。

其次,《刑法》第269条“窝藏赃物、抗拒抓捕、毁灭罪证”的三个目的表明事后抢劫罪不是财产犯罪。行为人“抗拒抓捕、毁灭罪证”的目的并不是控制先前取得的财物。“犯盗窃、诈骗、抢夺罪”明确表示行为人先前行为已经构成了刑法意义上的犯罪,这三个犯罪都属于财产犯罪,这个时候对于财产的侵犯已经完成,而“抗拒抓捕、毁灭罪证”仅仅是行为人使用暴力手段尽快脱身的目的。《刑法》将“抗拒抓捕、毁灭罪证”作为手段规定事后抢劫罪这一条文,不是为了鼓励被害人及时夺回财物,而是为了警告行为人不要对被害人实施暴力行为,暴力行为的目的不限于“窝藏赃物”,包括“抗拒抓捕、毁灭证据”。关于“窝藏赃物”这一目的的理解,从限定的暴力取财说立场出发考量,后续的暴力行为只

〔15〕 姚培培:《论事后抢劫罪的共犯》,载陈兴良主编:《刑事法判解》第20卷,北京大学出版社2019年版。

〔16〕 [日]西田典之著,桥爪隆补订:《日本刑法各论》(第7版),王昭武、刘明祥译,法律出版社2020年版,第212页。

是为了继续占有盗窃所得财物，窝藏赃物的行为是前述非法取得财物的不法状态的延续，暴力反抗行为是认定事后抢劫罪的依据。

再次，从体系解释的角度来看存在合理性。或有论者认为抢劫罪和事后抢劫罪均规定在《刑法》分则侵犯财产罪一章，从而认为事后抢劫罪保护财产法益。如果从整个《刑法》分则的体系来看，抢劫罪是《刑法》分则第四章侵犯公民人身权利、民主权利罪结束后的第一个罪名，具有人身犯罪和财产犯罪的双重属性。周光权教授指出，抢劫罪的行为样态对于人身法益具有高度危险性，这是其与其他侵犯财产罪相区别的重要标志。[17] 但对于事后抢劫罪而言，犯罪进程是由于取财行为引起了后续的暴力行为，财产性仅仅体现在犯罪开端之中，《刑法》着重强调的是事后抢劫罪的暴力行为，规定在侵犯财产罪一章具有以下两个益处：一是能够较好的说明本罪与抢劫罪之间的关系，取得体系上的协调性；二是体现出本罪中暴力行为与财产犯罪之间的关联性。

最后，事后抢劫罪保护的法益属于人身安全得到了司法机关的支持。根据最高人民法院《关于审理抢劫、抢夺刑事案件适用法律若干问题的意见》（以下简称《两抢意见》）第 5 条的规定，对于未达到"数额较大"，但符合有关规定的以抢劫罪定罪处罚。该规定列举的"使用暴力致人轻微伤以上后果的"和"使用凶器或以凶器相威胁的"两种情形说明即使前述行为没有构成盗窃罪，但只要暴力致人轻微伤或者以凶器相威胁均可以构成事后抢劫罪，在司法机关看来，本罪保护的法益是人身安全，在财产权没有受到侵犯的前提下也要适用较重的抢劫罪。或有论者认为《两抢意见》第 5 条第 1 项规定的盗窃、诈骗、抢夺接近"数额较大"的标准能够说明本罪的设立保护财产法益，因为即使没有达到"数额较大"，司法实务中也通过接近"数额较大"的这一标准认定事后抢劫罪。本文认为该观点难以成立，一是司法解释该条的前提是事后抢劫罪前提犯罪不符合数额较大，这实际上说明了财产的数额在事后抢劫罪的认定上不是主要参考依据，本罪设立所要保护的法益是人身安全。二是通过司法解释进一步说明了并非成立盗窃、诈骗、抢夺罪才能成立事后抢劫。

三、前提犯罪的规范认定

（一）犯盗窃、诈骗、抢夺罪

毫无疑问，成立盗窃、诈骗、抢夺罪完全符合事后抢劫的前提犯罪。问题在

[17] 参见周光权：《刑法各论》（第 4 版），中国人民大学出版社 2021 年版，第 118 页。

于行为人盗窃、诈骗、抢夺行为是否一定要成立《刑法》规定的盗窃、诈骗、抢夺罪才能符合事后抢劫罪的前提条件？具体而言,存在两种情形:一是盗窃(仅包括一般盗窃)、诈骗、抢夺行为数额较小没有达到入罪数额要求时能否构成事后抢劫罪要求的前提条件？二是特殊盗窃、抢夺、诈骗能否成立事后抢劫罪？

例4:甲盗窃轻微财物未遂,基于抗拒抓捕的目的使用轻微暴力。

对于第一个问题的回答,理论上存在两种完全不同的观点。第一种观点,即日本的判例和通说均认为事后抢劫罪的未遂是指盗窃的未遂,该条规定的"窃盗"就意味着"盗窃既遂犯"。[18] 按照该观点盗窃数额较少的行为不可能构成事后抢劫罪。但是,这种观点存在疑问。首先,其忽视了抢劫罪的保护法益是人身安全。盗窃罪是完全针对财产的犯罪,通过盗窃罪的既未遂来判断事后抢劫的既未遂,事实上是用前行为的性质来决定后行为的性质,如果按照财产法益的观点,《刑法》没有必要规定事后抢劫罪。其次,如果将该观点贯彻到底,势必会出现对于例4中甲的行为无法进行处罚的漏洞,即对盗窃轻微财物和使用轻微暴力的行为无法依照事后抢劫罪进行处罚,这不符合立法者的初衷。《刑法》之所以设立事后抢劫罪,旨在严惩盗窃、诈骗、抢夺这三类侵犯公私财产权利犯罪的暴力转化行为,[19] 例4中甲实施了暴力转化行为就应当以事后抢劫罪论处。最后,对于暴力的程度,《两抢意见》界定为使用暴力致人轻微伤即可,充分说明事后抢劫罪的成立对于暴力程度要求很低,其目的是保护受害人的人身安全。

第二种观点认为,事后抢劫罪的成立不要求先前的盗窃行为达到数额较大的要求,不要求先前的盗窃行为构成犯罪,盗窃少量财物的行为采取暴力或以暴力相威胁也可能成立事后抢劫罪。[20] 这种观点看到了抢劫罪保护的法益是人身权利,本文原则上赞成第二种观点。首先,刑法既然将此类行为拟制为事后抢劫罪,那么其就和《刑法》第263条规定的抢劫罪所要保护的核心法益相同。而抢劫罪并没有要求抢劫数额较大,所以并不要求先前的犯罪行为构成犯

[18] 参见[日]西田典之著,桥爪隆补订:《日本刑法各论》(第7版),王昭武、刘明祥译,法律出版社2020年版,第208页。

[19] 参见王爱立主编:《中华人民共和国刑法条文说明、立法理由及相关规定》,北京大学出版社2021年版,第1006页。

[20] 参见郑泽善:《转化型抢劫罪新探》,载《当代法学》2013年第2期。

罪,即使盗窃少量财物也能够成立事后抢劫罪。其次,事后抢劫罪的保护法益是人身权利,其本质是为了惩治犯盗窃、诈骗、抢夺罪(不考虑该“罪”既遂或者未遂)这一犯罪动态过程中可能出现的暴力行为。再次,司法机关在司法实践中已经接纳了这一观点。2016 年最高人民法院《关于审理抢劫刑事案件适用法律若干问题的指导意见》(以下简称《抢劫案件指导意见》)中关于转化型抢劫犯罪的认定明确指出:“犯盗窃、诈骗、抢夺罪”,主要是指行为人已经着手实施盗窃、诈骗、抢夺行为,一般不考察盗窃、诈骗、抢夺行为是否既遂。质言之,只要先前行为是盗窃、诈骗、抢夺行为,均有可能成立事后抢劫罪。对于这一问题,司法机关采取了“罪行说”而不是“罪名说”的立场,是从实质上理解《刑法》第 269 条规定得出的当然结论。最后,采用这一观点能够做到罪责刑相适应。如果认为例 4 中盗窃数额必须要达到数额较大的标准时,行为人甲单纯的暴力行为造成轻微伤后果不能进行刑事处罚,甲一般盗窃的行为没有达到入罪数额要求的也不能进行刑事处罚,甲不构成任何犯罪。得出这一结论的原因显然是认为事后抢劫罪保护的法益是财产法益,没有考虑到立法者设立本罪的立法背景。

对于第二个问题的回答从实质的刑法立场出发考量更为妥善。“任何刑法法规都不是形式的行为框架,而是蕴含了实质的内容,即某种行为是否构成犯罪或者适用某种刑法法规应从处罚的必要性和合理性的角度进行判断。”〔21〕本文认为,就处罚的必要性和合理性而言,特殊盗窃、诈骗、抢夺的先行行为可以成立事后抢劫罪。

首先,特殊盗窃、诈骗、抢夺成立事后抢劫罪符合《刑法》第 269 条的目的。《刑法》第 269 条的目的是严惩行为人非法取财后的暴力行为,对于非暴力取财行为到暴力行为的转变,实质上可以综合评价为暴力取财的行为,暴力取财侵害的法益与一般盗窃、诈骗、抢夺具有等值性。“在处理普通盗窃、诈骗、抢夺与特殊盗窃、诈骗、抢夺罪时,不能仅仅固执于二者构成要件的具体不同,而应该看到它们之间在侵犯法益和客观行为上的相同点。”〔22〕这种场合和以暴力或者以暴力胁迫为手段而强取财物,最终什么也没有得到的情况极为相似,很有必

〔21〕 刘艳红:《走向实质解释的刑法学——刑法方法论的发端、发展与发达》,载《中国法学》2006 年第 5 期。

〔22〕 刘艳红:《转化型抢劫罪前提条件范围的实质解释》,载《刑法论丛》2008 年第 1 卷。

要作为抢劫罪加以处罚。[23] 其次,立法者已经将特殊盗窃、诈骗、抢夺行为评价为盗窃、诈骗、抢夺罪,将其认定为事后抢劫罪的前提条件不存在任何法律适用的障碍,是对罪刑法定原则的坚守。最后,符合罪责刑相适应原则。特殊盗窃、诈骗、抢夺行为适用的法定刑与普通盗窃、诈骗、抢夺行为相一致,即便是成立事后抢劫罪,也不会因为处罚不均衡导致罪刑差距过大。

(二)盗窃、诈骗、抢夺罪的犯罪形态

如前所述,一般盗窃、诈骗、抢夺和特殊盗窃、诈骗、抢夺行为均可以成立事后抢劫罪的前提行为。进一步值得讨论的问题就是:前提行为的犯罪形态是否会影响事后抢劫罪的犯罪形态?这涉及对于事后抢劫罪实行行为的理解。理论上存在两种观点,一是“结合犯说”,该说认为事后抢劫罪是盗窃罪与暴行罪、胁迫罪的一种结合犯。“事后抢劫罪是针对财物的犯罪,所以事后抢劫罪的既遂和未遂取决于盗窃罪的既遂和未遂。”[24]二是“身份犯说”,该说认为“事后抢劫是以盗窃犯为主体的身份犯,判断本罪的既遂与未遂的依据是行为人有无夺取财物”[25]。所谓的“身份”就是指实施了这一实行行为的行为人。该学说的内部存在真正身份犯和不真正身份犯的争论。真正身份犯认为事后抢劫罪构成要件的适用前提是“行为人具有满足盗窃罪构成要件的行为人身份”[26]。不真正身份犯认为该行为只是影响刑罚高低的加减身份,盗窃犯和抢夺犯是由于特殊身份从而导致其比单纯的使用暴力行为受到更重的处罚。学者陈子平认为,“无身份者成立不真正身份犯的普通犯罪,有身份犯者构成加重或者减轻刑罚的身份犯”。本文认为,“真正身份犯说”更为合理。从本罪保护的法益即人身权利出发进行实质考虑,只要前一行为符合盗窃行为,至于是否成立盗窃罪在所不论,暴力行为侵犯了事后抢劫罪保护的人身法益,理论上就可以构成本罪。

1.“结合犯说”之批判

“结合犯说”将事后抢劫罪的保护法益理解为财产和人身安全,认为盗窃和暴力、胁迫行为同时具备才能够成立事后抢劫罪,同时认为盗窃行为的既、未遂决定事后抢劫罪的既、未遂。本文认为这种观点难以成立。

---

[23] 参见黎宏:《结果本位刑法观的展开》,法律出版社2015年版,第323页。

[24] [日]山口厚:《刑法各论》(第2版),王昭武译,中国人民大学出版社2011年版,第272页。

[25] [日]前田雅英:《刑法各论讲义》,董璠舆译,台北,五南图书出版公司2001年版,第211页。

[26] 郑泽善:《转化型抢劫罪新探》,载《当代法学》2013年第2期。

第一，不符合事后抢劫罪的保护法益。“结合犯说”认为作为财产犯罪的盗窃罪既、未遂决定事后抢劫罪的既、未遂，本质上忽视了事后抢劫罪的保护法益是人身安全，而是将财产法益作为核心法益进行保护。这一立场实际上消解了抢劫罪同时侵犯了人身安全和财产法益的观念。持“结合犯说”观点的学者通过财产法益区分事后抢劫罪的既、未遂状态，沿着这一立场继续分析，不难得出在一般抢劫的问题上，其所持的立场也是通过暴力取财行为中获得财物的既、未遂来判断一般抢劫的成立与否。如此一来，暴力、胁迫的手段行为在抢劫罪的构成要件要素中就会被排除，因为实际上暴力行为对于犯罪形态毫无影响，关键在于是否取得财物，这一结论令人惊诧。

第二，不符合事后抢劫罪的构成要件。我国《刑法》中并未单独设立暴行罪，根据现行《刑法》的规定，单纯的暴力、胁迫行为，没有造成轻伤及以上后果的不成立任何犯罪。就是在存在暴行罪的日本，“结合犯说”的观点也不尽合理。行为人甲盗窃既遂以后，为了窝藏赃物、抗拒抓捕或毁灭证据的特殊目的而实施的暴力，要单独判断事后抢劫的暴力、胁迫行为是否足以压制被害人反抗，如果暴行、胁迫行为可以压制被害人反抗，则成立事后抢劫罪。然而，“《日本刑法》第 208 条规定的暴行罪所要求的暴行的程度，与事后抢劫罪要求的暴力程度并不等同，成立暴行罪的暴力程度不仅要求足以压制被害人的反抗，还要求具有具体的暴力行为”[27]。如果甲的行为的暴力程度没有达到暴行罪要求的暴行，但是达到了事后抢劫罪要求的暴力。机械地理解为结合犯，就会出现暴力手段达到事后抢劫罪要求的程度，但在结合犯立场下却不构成事后抢劫罪的逻辑悖论。

例 5：甲盗窃既遂，后被受害者张三发觉，乙临时加入与甲共同实施暴力反抗行为得以逃脱。

第三，不能解决共同犯罪的问题。如果采取“结合犯说”的观点，在承继的共犯的场合，就难以认定后行行为人的罪责。如果后行行为人单纯实施暴力、胁迫行为，按照责任主义的原则，仅对后行行为实施的暴力胁迫行为负责。如例 5 中，甲毫无疑问成立事后抢劫罪，按照“结合犯说”的观点只能追究乙暴行罪的罪责。而乙临时加入通过暴力帮助甲逃脱的行为在犯罪进程转化的过程中起到了突出作用，按照“结合犯说”刑法并不能对于乙单纯暴力、胁迫行为给

---

〔27〕 李立众：《暴行入罪论》，载《政法论坛》2020 年第 6 期。

出恰当的非难评价。可能有观点认为,没有参与盗窃、诈骗、抢夺行为的后行为人不承担事后抢劫的共犯的责任,只能根据情况承担窝藏罪、伤害罪、杀人罪的责任。[28] 这一观点将后行为与前行为割裂看待,否认了事后抢劫罪的转化过程。在乙的暴力行为没有导致受害者轻伤、甲盗窃行为未遂的前提下不能成立故意伤害罪、窝藏罪,有轻纵犯罪之嫌。

2. "不真正身份犯说"之批判

提倡"不真正身份犯说"的日本学者阿部纯二教授认为:"不具有盗窃犯人身份者实施暴力、胁迫行为,只可能构成暴行罪、胁迫罪,其罪质与事后抢劫罪不同,并且暴行罪、胁迫罪不能说是事后抢劫罪的普通类型,其法定刑也不是事后抢劫罪的'通常之刑'。"[29] 不真正身份犯中的身份所起的作用是加重或者减轻刑罚的身份,而没有身份完全有可能构成其他犯罪,实际上不真正身份犯专指量刑身份,行为人单纯实施暴力、胁迫行为只能构成日本刑法所规定的暴力、胁迫罪。从而说明因为盗窃等现行行为具有的加重身份,仅仅是在成立暴行罪的情形下加重处罚。"而我国立法并没有对之做出一种关于如何量刑即从重或加重量刑的规定,所以在我国也不是量刑意义上的身份犯。"[30]

3. "真正身份犯说"之提倡

本文的观点是采取真正身份犯说。事后抢劫罪所要保护的法益是人身安全,但是这种对于人身安全的侵犯,实际上是由于行为人先行盗窃行为而具有的"身份",在具有该身份的前提下,通过转化的暴力、胁迫手段对于人身安全产生现实紧迫的威胁。对于真正身份犯中的"身份"应当理解为不法层面的身份,即只要实行了盗窃行为,而后又采取了暴力、胁迫手段逃脱,就可以成立《刑法》第 269 条规定的事后抢劫罪。

例 6:甲实施盗窃,被被害人抓捕,乙得知真相后与甲共同实施暴力、胁迫行为。

首先,这一观点能够妥善处理承继的共犯问题。"先行为人着手实行犯罪

---

〔28〕 参见陈洪兵:《承继共犯否定论:从因果共犯论视角的论证》,载陈兴良主编:《刑事法评论》第 25 卷,北京大学出版社 2009 年版。

〔29〕 刘明祥:《事后抢劫问题比较研究》,载《中国刑事法杂志》2001 年第 3 期。

〔30〕 马荣春、张红梅:《论事后抢劫的三个关联问题》,载《中国人民公安大学学报(社会科学版)》2016 年第 3 期。

之后,后行为人知情参与的,后行为人是否对包括自己参与之前由先行为人所引起的事实在内的所有犯罪事实,承担共犯(共同正犯或者帮助犯)罪责,属于是否成立承继的共犯的问题。"[31] 例 6 中,认定甲的行为为事后抢劫罪不存在疑问,问题在于如何认定乙的罪责? 如果采取"加减身份犯"的观点,将身份作为加重量刑的依据。那么就会对乙的行为得出构成"暴行罪""胁迫罪"的结论,按照我国《刑法》的现行规定,乙不构成犯罪,这种观点显然不可采。而按照"真正身份犯说"的观点能够解决乙的刑事责任问题。乙虽然不具有盗窃的前行行为或者说"身份",但其与具有"身份"的甲共同实施暴力、胁迫行为的犯罪时,也可以成立事后抢劫罪的共犯。可能会有学者提出疑问:上述案件中的乙没有身份,其所参加的暴力、胁迫本身不是犯罪,所以,乙的结局是无罪。[32] 对于这个疑问的回答,关键在于如何认定"身份"。本文认为应当从实质的角度认定身份。实施了盗窃行为的甲具有不法意义上的身份,而乙明知甲盗窃仍然帮助甲共同实施暴力、胁迫的行为,就表明了犯罪进程方向的转变。第一,乙使用暴力胁迫手段侵犯了事后抢劫罪保护的法益;第二,明知这一要素表明乙已经对于前行为采取了默示加入的意思表示。更为关键的是,暴力、胁迫这一实行行为至少表明了两重故意,一是帮助甲脱逃的故意,二是对于甲的前行盗窃行为持认可、接纳的态度,对特殊身份承担责任的故意。这个意义上,事后抢劫罪就是"特殊身份 + 暴力、胁迫",乙具有了不法层面的特殊身份。乙与甲身份唯一的不同就在于,甲通过盗窃的实行行为而具有了身份,乙通过观念的认可及事后暴力胁迫的行为对于该身份进行了追认。

其次,能够合理区分抢劫罪、盗窃罪、故意伤害罪。"行为人在身份上的特殊性,是与普通人相比较而言的,普通人是确定身份的参照物。"[33] 之所以认为转化的抢劫罪不属于结合犯和加减身份犯一个重要原因就是这会模糊抢劫罪、盗窃罪、故意伤害罪的界限。按照结合犯的立场可以表述为"盗窃罪 + 暴行罪 = 抢劫罪",将前行为和后行为分别判断就忽略了事后抢劫罪在犯罪进程中的有机转化,是机械刑法的思维方式。按照加减身份犯的立场只要采取了暴力、胁迫手段就可以构成事后抢劫罪,这一观点将盗窃手段作为一种加重量刑情节给予评价,混淆了暴行罪和事后抢劫罪的区别。采取身份犯说,能够通过事后抢劫罪所要保护的法益将该罪与盗窃罪、故意伤害罪进行区别。成立事后抢劫

---

〔31〕 [日]山口厚:《承继的共犯理论之新发展》,王昭武译,载《法学》2017 年第 3 期。

〔32〕 参见张明楷:《侵犯人身罪与侵犯财产罪》,北京大学出版社 2021 年版,第 271 页。

〔33〕 阎二鹏:《共犯与身份》,中国检察出版社 2007 年版,第 36 页。

罪仅需要盗窃这一不法行为而具有的身份,至于是否成立盗窃罪在所不问。事后抢劫罪与故意伤害罪的区别即犯罪意图和犯罪进程存在区别。就犯罪意图而言,事后抢劫罪存在盗窃—暴力手段的转变,而故意伤害罪没有犯罪意图的转化。就犯罪进程而言,事后抢劫罪的犯罪进程一定是进行了由盗窃财物到使用暴力的转化,而故意伤害罪的犯罪进程则没有进行类似特殊的转化。

四、"当场使用暴力或以暴力相威胁"的教义学展开

(一)对于"当场"的认定

事后抢劫罪要求当场使用暴力或者以暴力相威胁,如何理解此处规定的"当场"就成了一个值得研究的问题。

我国刑法理论的通说认为:"'当场'是指实施盗窃、诈骗、抢夺罪的现场,或者刚一逃离现场即被人发现和追捕的过程,可以被视为现场的延伸。"[34]通说的观点可以概括为"当场说",即将时间限定在实施盗窃、诈骗、抢夺行为的现场或者处于紧密追赶的过程之中。有学者认为,通说的观点认识到了"时间、场所上的密接性"和"认定过程中的灵活性",具有可取性"[35]。《抢劫案件指导意见》第3条将当场界定为:"在盗窃、诈骗、抢夺的现场以及行为人刚离开现场即被他人发现并抓捕的情形。"实际上是通说观点在司法实践上的反映。本文认为:通说的观点不当地限制了"当场"的范围。只将"处于紧密追赶的过程之中"的情形考虑为"当场"的延伸,否认了时间间隔较长的情况下成立事后抢劫的可能,不利于严惩事后抢劫罪中的暴力转化行为。此外,"当通告恶害的时间与所通告的实现恶害的时间之间比较短暂时,也应当认定为当场"[36]。

例7:甲盗窃乙的财物30分钟后,在相隔乙1公里的地方,为窝藏赃物对乙实施了暴力。

在例7中,从通说的立场难以得出甲构成事后抢劫罪。因为甲盗窃结束后30分钟,已经中断了时间上的密接性,在空间上甲距离乙1公里,也不能认定场所上具有密接性。乙此时没有对甲进行追赶,也不符合"处于紧密的追赶过程

---

[34] 高铭暄主编:《新中国刑法学》(下册),中国人民大学出版社1998年版,第768页。
[35] 刘明祥:《财产罪专论》,中国人民大学出版社2019年版,第75页。
[36] 张明楷:《刑法学》(第6版),法律出版社2021年版,第1270页。

之中”的情形。日本刑法学界对于“当场”的认定普遍采取了“持续说”,即“盗窃犯与被害人处于相互对抗、较量的状态的盗窃现场或者盗窃机会的持续过程中实施的暴力、胁迫行为均认定为当场使用暴力”〔37〕。对于盗窃机会的认定标准又有四种判断标准:一是时间的持续性,二是空间的持续性,三是处于追赶事实的进程之中,四是与盗窃机会具有关联性。前三个标准与我国通说一致不存在争议,盗窃机会的关联性判断成为我国与日本刑法理论对于“当场”认定的主要区别。例7中甲的行为在日本被认定为事后抢劫罪。〔38〕“持续说”能够弥补通说不当限制“当场”范围的弊端,有一定可取之处。但是对于“关联性”标准的把握也存在疑问,如果间隔时间过长,空间存在分离,但是仍然与盗窃行为具有关联性,是否属于当场的范围?本文的立场是要结合时间、地点的因素进行综合判断,不仅仅要考察暴力、胁迫手段与盗窃行为之间的关联性,而且这种关联性要达到一定程度,才能够认定为当场。

(二)暴力或胁迫的程度

事后抢劫罪对于暴力、胁迫的程度是否与抢劫罪一致,即是否需要达到压制被害人的反抗?理论上存在不同观点。周光权教授认为为了严格限制事后抢劫罪的成立,暴力、胁迫的程度必须和抢劫罪的暴力、胁迫程度相当,都必须达到足以压制被害人反抗的程度。〔39〕持类似观点的学者从法律拟制规定进行分析,认为“事后抢劫罪作为法律拟制的规定,就意味着与一般抢劫罪在违法性程度上相当,事后抢劫的实行行为应当与抢劫罪的实行行为互相比拟”〔40〕。也有观点认为对于抢劫罪而言,“将‘足以压制被害人的反抗’作为认定标准,会导致罚过其罪,缺乏可操作性”〔41〕。该观点间接地否认了将“足以压制被害人反抗”作为认定事后抢劫罪的依据。本文认为,不必要求事后抢劫罪和抢劫罪的暴力、胁迫程度相同。

首先,事后抢劫罪与抢劫罪的保护法益存在不同。抢劫罪的保护法益是财产法益和人身法益,使用暴力、胁迫的手段所侵害的法益亦即双重法益,因此暴力胁迫的程度只要达到足以压迫被害人反抗就对法益造成了具有紧迫

〔37〕[日]西田典之著,桥爪隆补订:《日本刑法各论》(第7版),王昭武、刘明祥译,法律出版社2020年版,第209页。

〔38〕参见金泽刚、张正新:《抢劫罪详论》,知识产权出版社2013年版,第460页。

〔39〕参见周光权:《刑法各论》(第4版),中国人民大学出版社2021年版,第122页。

〔40〕娄永涛:《法教义学视域下的转化型抢劫新探》,载《岭南学刊》2017年第6期。

〔41〕郭晓红:《抢劫罪手段行为的界定:实务考察与标准重塑》,载《法学家》2021年第5期。

性的现实侵害,达到了值得刑法科以处罚的程度,即"行为人只要当场实施强暴胁迫,即为已足,不必如普通强盗罪的强暴或胁迫行为,必须致使他人不能抗拒的程度"[42]。而事后抢劫罪侵害的法益为人身权利,如果认为暴力、胁迫的手段与抢劫罪一致,即"足以压制被害人反抗",那么就会在理论和实践上引起混乱。刑法对于侵犯了单个法益的行为手段的非难,与侵犯了双重法益的行为手段的非难相同,这在刑法理论上存在矛盾进而会导致罪刑难以均衡。

例 8:行为人 A 在盗窃过程中为了抗拒抓捕而使用了足以压制被害人反抗的暴力。

例 9:行为人 B 基于抢劫的故意使用了足以压制被害人反抗的暴力手段强取财物。

在例 8 和例 9 中,A 和 B 采取的暴力、胁迫手段相同,但 A 的暴力行为是发生在盗窃行为之后,是为了逃离现场而被迫使用,而 B 在强取财物之前,已经做好了使用暴力的准备。B 的人身危险性要远远大于 A 的人身危险性,对 B 进行特殊预防的必要性也远远大于 A,如果对 A 和 B 处以相同的刑罚,在刑法的适用问题上就会存在差异,有违反刑法面前人人平等原则的嫌疑。

其次,对于事后抢劫罪暴力、胁迫的程度而言,应当明确为"足以压制被害人的反抗且有造成被害人轻微伤以上的可能"。之所以对于暴力程度作出这样的限定,主要基于以下考虑:

第一,遵循了事后抢劫罪的保护法益。有学者指出,对于抢劫罪的暴力手段进行考察时,应当从存在论和规范论两个层面出发。"先考察存在论即事实上对于被害人的身体或者生命是否具有危险性,而后考虑规范论即是否侵害了被害人的财产处分自由。"[43]事后抢劫罪的保护法益是被害人的人身安全,而不包括财产处分自由。那么,就没有必要考虑规范论层面的财产关联性要素。要对抢劫罪和事后抢劫罪作出同样的处罚,在规范论层面减轻了事后抢劫罪的暴力要素,就势必要提高暴力手段对存在论层面上的人身要素侵犯程度。值得注意的是,无论是存在论层面还是规范论层面都是对于暴力概念的内部调节,并没有逾越暴力手段的限定。在存在论层面提高暴力手段,不仅要求暴力、胁迫程度达到"足以压制被害人的反抗",至少还需要造成轻微伤的实害结果。

---

〔42〕 林山田:《刑法各罪论(上册)》(修订 5 版),北京大学出版社 2012 年版,第 272 页。

〔43〕 马寅翔:《抢劫罪中暴力概念的精神化及其限定》,载《法学》2021 年第 6 期。

第二,与抢劫罪的罪刑相适应。“量刑时不能因为一般预防必要性大而增加预防刑,意味着只能将特殊预防必要性小作为减少预防刑的情节。”〔44〕例8和例9中,对行为人A的特殊预防必要性要小于行为人B的特殊预防必要性,这一点从暴力、胁迫行为产生的时间不难看出。抢劫罪是危害行为极其严重的犯罪,各国也普遍规定了较高的法定刑。而事后抢劫罪使用暴力、胁迫的行为,是在犯罪进程中基于窝藏赃物、抗拒抓捕、毁灭罪证的特殊目的临时产生,暴力的产生具有前提条件,进行特殊预防的必要性在刑罚裁量层面小于抢劫罪。只有规定事后抢劫罪使用的暴力、胁迫程度高于抢劫罪的暴力、胁迫程度,才能从行为手段上证成对于事后抢劫罪适用较重的抢劫罪的刑罚正当性。这不仅仅要达到抢劫罪的“压制被害人反抗”还需要具有造成轻微伤以上实害后果的可能性,表明了对于行为人进行特殊预防的必要性。

第三,符合司法裁判者的观点。《抢劫案件指导意见》第3条关于事后抢劫罪规定:对于以摆脱的方式逃避抓捕,暴力强度较小,未造成轻伤以上后果的,可不认定为“使用暴力”,不以抢劫罪论处。“对于被动摆脱性的暴力,不仅要求暴力程度要达到一定标准,还要求造成具有轻伤以上的实害结果才能构成事后抢劫罪。我国的一些判决书中也时有提到,‘如果暴力强度很小,情节显著轻微,或无加害他人意图,只是为了挣脱抓捕冲撞他人未造成严重后果的,可不认为是使用暴力,不以抢劫罪论处’。”〔45〕《抢劫案件指导意见》和司法实践中的部分判例实际上否认了部分学者们极力提倡的暴力、胁迫“足以压制被害人反抗”的观点。“暴力+实害后果可能性”的规定能够较好的均衡事后抢劫罪的罪责刑,在司法实践中具有可操作性。

五、结　语

事后抢劫罪与抢劫罪的区别不是行为顺序的简单颠倒,而是在保护法益上存在本质区别。现有的“保护人身说”和“暴力取财说”在理论和实践上都存在一定问题,由此出发认定事后抢劫罪不尽合理。因此,从实质解释的进路出发,本文认为,事后抢劫罪的保护法益不包括财产权。刑法设立事后抢劫罪是为了严惩暴力转化行为,承认特殊盗窃、诈骗、抢夺能够成立事后抢劫罪能更好地保护法益,实现立法目的。“结合犯说”和“不真正身份犯说”不能规范地认定前

---

〔44〕 张明楷:《论预防刑的裁量》,载《现代法学》2015年第1期。

〔45〕 陈兴良:《判例刑法学(下卷)》(第2版),中国人民大学出版社2017年版,第428页。

提犯罪,“真正身份犯说”在解决承继的共犯和罪名区分上具有优越性。认定事后抢劫罪的成立,要准确判断暴力胁迫手段与盗窃行为之间的关联性。对于“暴力、胁迫的限度”要在暴力手段内部进行调节,除了要求达到“足以压制被害人的反抗”还要求“有造成被害人轻微伤以上的可能”。

责任编辑:刘志鹏

论非法转移第三方支付平台资金的行为性质
——以支付宝为例

蔡尚钊*

摘要:

根据来源和性质不同,支付宝平台资金可分为支付宝账户资金、绑定的信用卡账户资金和余额宝资金。前两者属于用户的银行债权,后者属于用户的基金管理公司债权。债权属于刑法保护的“财产”,债权人对于债权成立刑法意义上的占有。支付宝平台无法实质判断行为人真实身份,不具有认识能力不能被骗。此外,预设同意说由于对“同意”范围的解释失当,难以论证支付宝平台在转移账户资金时具有处分意识和处分权限,因而并不可取。此类侵财犯罪行为,违背被害人意志秘密转移了其占有的债权,应以盗窃罪统一认定。

关键词:

支付宝;第三方支付;非法转移;诈骗罪;盗窃罪

一、问题的提出

随着互联网技术的发展,社会经济活动中的主流支付方式由现实货币支付,过渡到如今的第三方支付。“第三方支付”,是指非金融中介机构的支付,即收款人和付款人之间通过互联网技术在第三方中介机构进行资金转移的支付方式。[1] 第三方支付平台如微信、支付宝等迅速崛起,[2]虽然为人们带来了极

---

* 作者蔡尚钊,中山大学 2020 级硕士研究生,现为贵港市中级人民法院政治部四级法官助理,研究领域为中国刑法学。

〔1〕 参见何松琦、周天林、石峰主编:《互联网金融:中国实践的法律透视》,上海远东出版社 2015 年版,第 312 页。

〔2〕 为叙述方便,本文所称“第三方支付平台”均特指支付宝平台;所称“第三方支付账户”,指“支付宝账户”、“绑定支付宝的银行账户”和“余额宝账户”三类账户的统称。

大的便利,但也为犯罪分子提供了实施侵财犯罪的新手段。根据被侵犯资金的来源与性质不同,利用支付宝非法取财的行为,[3]可分为三类:(1)非法转移他人支付宝账户资金;(2)非法转移他人支付宝平台关联的信用卡资金;(3)非法转移他人余额宝账户资金。

如何对各类非法转移支付宝平台资金侵财行为进行准确定性,争论很大。学界分别从盗窃与诈骗的界定[4]、扩大信用卡诈骗罪的适用范围等角度[5]进行了研究,但在不同程度上存在一定缺陷。而在司法实践中,法院的判决观点往往在盗窃和诈骗类犯罪之间游移不定,常出现同案不同判的现象。

后文将在分析司法实践规制现状及其误区的基础上,明确各方主体之间的法律关系,界定各类账户资金的法律性质及其占有和所有归属情况,通过对第三方支付平台指令智能程序的探究,判定其能否成立处分行为,并在此基础上,论证各类非法转移第三方支付平台资金的行为,均构成盗窃罪。

二、第三方支付方式下非法转移资金的规制现状及误区

网络的虚拟性模糊了第三方支付方式下各类资金的法律属性和流转程序,导致学界及司法实践对行为人非法转移不同账户类型的资金,在法律判断上产生诸多误区。

(一)非法转移支付宝账户资金的规制现状及误区

徐某芳诈骗案中,某公司下发手机给员工使用,徐某偶然发觉下发给他的手机里仍登录着秦某的支付宝账户。后来徐某设法获悉其密码,转移了该账户里的5万余元资金。检察院公诉徐某触犯盗窃罪,法院一审判决徐某诈骗罪,检察院认为法院定罪错误,提起抗诉,最后,二审法院维持原判。[6]

针对此类行为,实践中争议焦点有二:(1)支付宝平台是否具有认识能力和

---

[3] 非法转移他人支付宝平台资金的方式有很多。本文所讨论的,主要是没有被其他犯罪行为所涵盖的,在被害人不知情、未参与的情况下,非法转移他人支付宝平台资金的行为。

[4] 参见蔡桂生:《新型支付方式下诈骗与盗窃的界限》,载《法学》2018年第1期;马寅翔:《限缩与扩张:财产性利益盗窃与诈骗的界分之道》,载《法学》2018年第3期。

[5] 参见刘宪权:《论新型支付方式下网络侵财犯罪的定性》,载《法学评论》2017年第5期。

[6] 参见浙江省宁波市中级人民法院(2015)浙甬刑二终字第497号刑事判决书。

处分行为;(2)支付宝等第三方支付账户是否属于信用卡账户。对于这两个争议焦点的解释不同,法院的判决主要分为“盗窃罪”和“诈骗类犯罪”两类观点。而学界主要又有信用卡诈骗罪、诈骗罪等论述路径,但其论证过程均不无缺陷:

第一,信用卡诈骗说。该观点将第三方支付账户视为银行账户的延伸,并将第三方支付方式视为信用卡支付的类型之一。因此,认为该种侵财行为成立信用卡诈骗罪。[7] 然而,此种观点至少有以下问题难以解释:首先,两类账户的发行主体不同。根据《非银行支付机构网络支付业务管理办法》的规定,为用户开立账户的第三方支付机构必须为非银行金融机构。然而,信用卡的开立机构却必须为银行等金融机构。因此,由第三方支付机构设立的第三方支付账户,当然不应等同于银行等金融机构发行的“信用卡”。其次,该观点只是在“类推解释”的基础上,适用于非法转移支付宝账户资金或绑定的信用卡账户资金的情形,无法周延为非法转移余额宝资金的行为提供解释,因为后者并不涉及信用卡管理秩序,不可能成立信用卡诈骗罪。

第二,诈骗说。该类观点认为,第三方支付平台是具有认识能力和处分行为的“智能机器人”,可以被骗。[8] 然而,该观点存在一定的说理缺陷。一是,虽然《关于拾得他人信用卡并在自动柜员机(ATM)上使用的行为如何定性问题的批复》规定,拾得他人信用卡并在ATM上使用的行为,构成信用卡诈骗罪,但这属于法律拟制,不具有当然推出第三方支付平台可以成为被骗对象的解释效力。二是,该观点的论据为第三方支付平台已经具备了类似人脑的认识能力和处分意识,因此其智能程度与法律定位脱离了作为权利客体的物,可以被骗。[9] 然而,第三方支付平台仅是依靠设计好的程序识别支付账户、密码等形式的正确性,就此认为其“具有类似人脑的认识能力和处分意识”,理由尚显牵强。

(二)非法转移他人支付宝账户绑定信用卡资金的规制现状及误区

李某信用卡诈骗案中,姚某曾使用过的手机号被李某购买,李某发觉这个手机号仍关联着姚某的支付宝账户和信用卡,遂利用手机号重新设定姚某的信

---

〔7〕 参见刘宪权:《论新型支付方式下网络侵财犯罪的定性》,载《法学评论》2017年第5期。

〔8〕 参见杨志琼:《利用第三方支付非法取财的刑法规制误区及其匡正》,载《政治与法律》2018年第12期。

〔9〕 参见杨志琼:《利用第三方支付非法取财的刑法规制误区及其匡正》,载《政治与法律》2018年第12期。

用卡和支付宝的账户密码,转移姚某的支付宝账户和信用卡资金,共计14,918.2元。法院判决李某构成信用卡诈骗罪。[10]

对该类侵财行为,持信用卡诈骗罪的观点居多,主要有两方面理由:一是可解释为窃取信用卡信息资料并在互联网使用的“冒用型”信用卡诈骗罪;二是认为该行为同时侵害了财产权和信用卡管理秩序。然而,本文认为这两种观点均难以自洽。

根据《银行卡磁条信息格式和使用规范》和《银行卡发卡行标识代码及卡号》的规定,信用卡信息资料是发卡银行写入信用卡磁条中用以辨识的合法数据,包含主账号和自定义位以及个人标识代码等,而第三方支付平台的账户、支付密码等信息,显然不属于该范畴。此外,信用卡虽然绑定于第三方支付平台,但信用卡信息资料并不会在第三方支付平台显现,行为人既无法得知,更不可能进行非法冒用。

另外,信用卡诈骗罪的客体包括公私财产所有权和信用卡管理制度。[11] 然而,信用卡管理制度并没有被该行为所扰乱。根据中国人民银行《非银行支付机构客户备付金存管办法》规定,用户第三方支付平台支付密码的审核非由银行进行,而是由第三方支付平台完成。其在验证支付密码无误后,即向银行发出支付指令,银行仅负责形式审核支付指令的真伪,不必也无法核实每一笔资金划拨是否为非法转移。同时,“由于用户早先已完成关联信用卡的操作,而非行为人非法实施,并且行为人也未直接面向银行发出指令,所以没有妨害银行卡的管理秩序”[12]。

(三)非法转移他人余额宝资金的规制现状及误区

张某盗窃案中,张某拾到一款手机,发现该手机里的支付宝App余额宝账户有资金75,076.6元。张某用自己的手机号绑定该支付宝账户,将余额宝资金全部转出。法院判决认为张某应构成盗窃罪。[13]

针对该类侵财行为,法院判决多数认为其属于秘密转移他人财物的行为,构成盗窃罪。但法院在裁判时,大多将余额宝资金与其他账户资金混为一谈,然而,如果不对余额宝资金的法律属性进行探析,就无法对余额宝资金属于用

---

〔10〕 参见上海市金山区人民法院(2013)金刑初字第52号刑事判决书。

〔11〕 参见马克昌主编:《经济犯罪新论》,武汉大学出版社1998年版,第379页。

〔12〕 鲍键、张怡铭:《秘密转移第三方支付平台资金类行为的认定》,载《人民检察》2019年第8期。

〔13〕 参见河北省枣强县人民法院(2017)冀1121刑初256号刑事判决书。

户的何种财产性利益进行准确界定。目前，学界主要有货币基金说、电子货币说和第三方支付平台账户余额说。这些学说虽不乏创新之处，但在不同程度上均有一定的说理缺陷：

第一，货币基金说。该学说认为，余额宝是开放式基金份额变动及结余情况的记录，界面数据体现货币基金的价值。[14] 本文认为这一学说未能反映余额宝的全部特征。首先，余额宝具有支付、消费的功能，这是与传统货币基金的最大不同。其次，余额宝资金与支付宝账户资金及绑定的信用卡内资金，同时被第三方支付平台调拨，若各自法律属性的解释无法统一，易造成与生活经验相冲突的解释困境。例如，在使用支付宝进行支付时，选择“余额宝”付款方式，如果余额宝内资金不足，可以选择“组合付款”方式，即同时使用三类资金联合进行付款。若将其中一部分款项解释为“货币基金”，又将另一部分款项解释为其他财产，易导致不符常理的解释困境。因此，本文认为将余额宝解释为纯粹的货币基金，既无法全面地反映这一第三方支付技术衍生下的金融产品全部特性，也无法为三类非法转移第三方支付平台资金的侵财犯罪，提供统一的解释路径。

第二，电子货币说。该学说认为，余额宝在支付宝 App 界面以电子数据的形式表征财产的多少，与用户现实中拥有的财产完全对等，因此余额宝资金应解释为电子货币。[15] 首先，关于发行电子货币的主体资格的争论，各国尚未统一认识，将余额宝资金解释为“电子货币”的理论基础是否成熟，值得怀疑。其次，根据货币法定原则，要将电子货币纳入市面流通的货币种类，需经国家法律予以认定，然而我国法律尚未对此作出统一界定。最后，从我国实际出发，即使要界定电子货币的发行主体，也应当由中国人民银行进行。据此，将其解释为第三方支付平台发行或存储的电子货币，显然欠妥。

第三，第三方支付资金说。该观点对于非法转移支付宝账户资金和余额宝资金的行为，进行了统一认定。然而，二者属性相异，所代表的法律关系不同：余额宝资金具有基金份额属性，反映投资人与基金管理公司的法律关系，且可能涉及市场基金管理秩序；而用户的支付宝账户资金，是暂存于第三方支付平台的专用专户名下，由支付宝公司进行保管的预付价值。

---

〔14〕 参见杨志琼：《利用第三方支付非法取财的刑法规制误区及其匡正》，载《政治与法律》2018 年第 12 期。

〔15〕 参见赵辉、罗晓楠：《非法转移他人支付宝账户内资金行为的定性》，载魏昌东、顾肖荣主编：《经济刑法》第 18 辑，上海社会科学院出版社 2018 年版。

总之,余额宝资金既是基金种类之一,同时也具备支付、消费的货币功能,与支付宝账户资金、绑定的信用卡账户资金相同,在账户人绝对支配之下。

综上所述,在探析各类非法转移支付宝平台资金行为的定性时,大多数观点欠缺对于它们共同特征的探讨。而在司法实践中,行为人往往同时侵犯多种类型的账户资金。如果将侵犯同一数额的不同账户资金的行为,分别予以认定不同罪名,不仅无法统一裁判标准,且容易导致刑罚漏洞或量刑失当。另外,针对不同资金的侵犯,还可能涉及不同法益秩序的侵犯。因此,后文将在厘清各方法律关系及资金性质的基础上,探究三类侵财行为共同特征,为它们的定罪处罚归纳出明确、统一的解释路径。

三、第三方支付方式下各方法律关系及资金性质的厘清

当前,支付宝平台推动了网络理财、基金等业务的发展,逐渐转型为多功能的账户体系,参与主体亦变得愈加多元。[16] 讨论非法转移支付宝平台资金行为构成何种犯罪,先要厘清用户、支付宝平台与金融机构之间的法律关系,界定支付宝平台不同账户资金的法律性质。

(一)用户、支付宝、银行和基金管理公司之间的法律关系

1. 用户、银行与支付宝公司之间的法律关系探析

在支付宝账户及关联信用卡交易模式下,用户、支付宝与银行之间主要形成三组法律关系:(1)用户与银行之间的关系;(2)用户与支付宝之间的关系;(3)支付宝与银行之间的关系。

首先,存款人将资金存入银行,银行开具信用卡给存款人,存款人即与银行成立存款合同关系。存款人以信用卡为权利凭证,享有向银行请求支付本金和利息的债权请求权。存款合同属于民法中的消费寄托合同,即为了保管替代物,保管人接受寄托人对标的物所有权的移转,并于约定时期内返还标的物,该标的物需与原寄托物同种类、数量和品质。

其次,用户与支付宝签订《支付宝服务协议》,开立支付宝账户。用户提供本人身份信息完成核验,支付宝则为用户提供代为收取或代为支付的资金转移服务,双方形成的是委托收付款的服务合同关系。该法律关系包含两个内容:

---

〔16〕 参见韩莉、傅巧灵、张峰:《第三方支付法律风险的监管现状与问题研究》,载《金融发展研究》2016 年第 3 期。

其一,资金保管法律关系;其二,代为收付款的服务合同关系。[17] 简言之,用户将资金存储于支付宝账户中,有权请求支付宝平台保管和转移。

最后,支付宝公司通过签订备付金协议,在银行中开立备付金账户,通过这些账户,支付宝与各银行可以交换和共享数据信息,从而为资金在各银行之间的流转提供通道。[18] 《电子支付指引(第一号)》第 33 条规定:"支付机构作为银行支付业务的外部承包商,应按照银行委托负责资金的转账服务。"因此,支付宝将客户备付金全额缴存至备付金账户中,由银行管理和监督。同时,支付宝有权根据用户的指令,向银行发出划转客户备付金或客户的银行账户资金的支付指令。在这过程中,支付宝代替银行完成账户人身份确认、支付密码比对的资料核验工作,银行则负有义务对支付指令进行审核,然后办理资金划转。

综上,用户与银行之间的法律关系为存款合同关系;用户与支付宝公司、支付宝公司与银行之间,就资金在不同银行、支付宝账户之间的保管和转移,形成的是委托服务合同关系。

2. 用户、基金管理公司和支付宝之间的法律关系探析

余额宝资金交易模式下,用户、支付宝和基金公司之间主要存在两个法律关系:一是用户与基金管理公司的关系;二是支付宝公司与基金管理公司的关系。

传统基金投资中,各方需共同签订基金合同,当基金份额款项被基金投资人认购时,基金合同成立。余额宝是由支付宝公司和天弘基金公司共同推出的活期基金理财项目。投资人以支付宝账户的身份,在支付宝界面签订《余额宝服务协议》,将支付宝账户资金或其绑定的信用卡资金转入余额宝,基金即被认购,基金合同成立。基金公司对基金进行管理,用户有权收取每天基金分配的收益。当支付宝用户将余额宝资金转出用于购物、消费等支付时,视为回赎基金。

另外,根据《证券投资基金销售机构通过第三方电子商务平台开展业务管理暂行规定》,支付机构有义务向基金投资人和基金管理公司提供信息系统相关支付的支持服务。同时,《余额宝服务协议》第 2 条第 6 项明确规定,支付宝公司及其关联公司仅提供支付渠道给投资者,非基金购买协议的参与者。

---

〔17〕 参见罗培新、吴韬:《非授权交易中第三方支付机构的法律责任》,载《华东政法大学学报》2017 年第 3 期。

〔18〕 参见顾海鸿:《互联网金融创新发展中的刑事犯罪风险及司法防控对策》,载魏昌东、顾肖荣主编:《经济刑法》第 17 辑,上海社会科学院出版社 2017 年版。

综上,用户与天弘基金公司,天弘基金公司与支付宝公司之间,就余额宝资金的充值、划转,形成的分别是基金购销合同关系和资金转移的委托服务合同关系。

(二)支付宝平台的各类账户资金之法律性质厘清

1.银行账户存款的法律性质

存款之于存款人的法律性质,学界普遍认为应从"存款现金"和"存款债权"两种不同意义上去理解。但对于"存款占有归属"的认定仍存争议,目前主要有"存款人占有说"[19]"银行与存款人共同占有说"[20]"存款人占有存款债权,银行占有存款现金说"[21]三种观点。本文认为,存款人享有对银行的存款债权,银行占有并所有存款现金。

首先,存款合同是一种消费寄托合同。寄托物(现金)属于可替代的种类物,且寄托物的所有权由寄托人移转给保管人。并且,由于现金无法在交易中识别同一性,因而应奉行"占有即所有"的基本法则,亦即谁占有了现金即推定其为所有权人。[22] 由此,存款人将存款存入银行以后,存款现金占有和所有的主体应界定为银行。

其次,存入存款后,存款人在事实上失去了对其支配和控制的物权。这与存款人在身上持有现金,存款人可对现金随时支配和处分的情形不同。存款现金存入银行后,该笔现金即不再由存款人控制,而成为银行资产的一部分,对其支配及处分的所有权主体为银行,而非存款人。

最后,存款人将存款存入银行以后,即与银行成立存款合同关系,存款人享有的是存款债权。因此,对于存款的性质,应从两个角度去理解,一是银行占有及所有存入银行的现金;二是存款人享有对于银行的存款债权,可依据债权凭证进行取现和转账。质言之,存款人能予以自由支配、控制的"财产",所指的应

---

〔19〕 黎宏:《论存款的占有》,载《人民检察》2008年第15期;黎宏:《论财产犯中的占有》,载《中国法学》2009年第1期。

〔20〕 陈洪兵:《中国语境下存款占有及错误汇款的刑法分析》,载《当代法学》2013年第5期。

〔21〕 张明楷:《刑法学(下)》(第6版),法律出版社2021年版,第1234页。

〔22〕 参见钱叶六:《存款占有的归属与财产犯罪的界限》,载《中国法学》2019年第2期。

是“债权”这一财产性利益，而非“现金”本身。[23]

2. 支付宝账户资金的法律性质

学界对该问题有“数字化财物说”[24]“等价货币说”[25]等观点的纷争。本文认为支付宝账户资金是用户的银行债权。理由如下：

首先，支付宝账户的资金非由支付宝占有和所有。根据《非金融机构支付服务管理办法》和《非银行支付机构客户备付金存管办法》的规定，支付机构必须将预付款全额存入在银行开立的备付金账户。备付金账户资金虽然由客户委托支付机构保管，但所有合法权利均属于客户。

其次，有观点认为，“客户将钱款充入支付宝后，钱款就由支付平台管理且所有，这样客户拥有向支付平台提款的债权”[26]。该观点并不准确，《非银行支付机构客户备付金存管办法》明确规定，用户的备付金并非第三方支付平台的财产，禁止机构以任何形式占有、挪用和借用。由于备付金统一存储于银行的备付金账户，根据货币“占有即所有”的法则，应是由银行占有及所有。支付宝只对用户的支付账户资金（客户备付金），负有按用户指令向银行发出支付指令的义务。因此，用户就资金债权面向的债务主体应界定为银行。

最后，支付宝账户资金的蓄水池为银行，与银行存款之于用户的区别仅在于：前者储蓄在备付金账户；后者缴存于用户自身开立的银行账户。无论是支付宝账户资金还是银行存款，最终都要存储在指定的银行账户，均由银行占有及所有。因此，支付宝账户资金属于账户人之于银行的债权。

3. 余额宝资金的法律性质

非法转移他人余额宝资金的行为，侵犯了他人何种法律性质的财产性利益，如前文所述，理论界存有不同观点的争议。本文认为，余额宝资金在该类侵财案件中，其财产属性应从支付宝账户人（投资人）对基金公司的债权性利益的角度进行解释。

首先，余额宝资金主要有两种来源渠道：支付宝账户和信用卡账户。相比

[23] 参见钱叶六：《存款占有的归属与财产犯罪的界限》，载《中国法学》2019年第2期。

[24] 孟春红、来尧静：《网络虚拟货币对现实金融体系的影响》，载《海峡科学》2007年第5期。

[25] 秦新承：《支付方式的演进对诈骗犯罪的影响研究》，上海社会科学院出版社2012年版，第30页。

[26] 蔡桂生：《新型支付方式下诈骗与盗窃的界限》，载《法学》2018年第1期。

传统基金,它可由投资人绝对支配,用于线上支付、网络缴费等。在这个意义上,余额宝基金实际上被赋予了"货币"功能。其次,从法律关系上看,投资人在将资金转入余额宝,认购相应的基金份额时,基金合同成立。与支付宝账户余额由银行占有及所有类似,该笔转入余额宝账户内的资金,由余额宝基金公司占有及所有,成为其资产管理的一部分。相应地,投资人依据基金合同,享有向基金公司回赎基金的债权请求权。

据此,对于余额宝资金的法律性质,应从"基金"和"债权性利益"两种意义上去理解:作为一种理财方式,它属于天弘基金公司发行的基金产品;作为具有货币功能的财产,它属于用户之于基金公司的债权。有观点认为,非法转移余额宝资金行为侵犯的客体还包括基金管理秩序。然而,相对于被害人直接的财产损失,这所谓"侵害",可忽略不计,不应作为本罪客体。截至2020年12月31日,已有6.9亿多户持有余额宝基金份额,其中个人投资者占总份额达到了99.99%的比例。[27] 在日常生活中,几乎每时每刻都发生着余额宝资金的划入和转出。余额宝基金管理公司不可能针对每一基金份额的认购和回赎进行监督,偶有发生的非法转移余额宝资金的行为,对于整体基金管理秩序几乎没有影响。

综上可知,虽然支付宝资金、绑定的信用卡资金和余额宝资金的法律性质及代表的各方主体之间的法律关系不尽相同,但它们的共性在于,均为用户享有和支配的债权性利益。因此,行为人非法转移各类第三方支付账户资金,实际上都是侵犯了用户的债权。

(三)债权性质的刑法规范认定

我国《刑法》分则第五章"侵犯财产罪"中各类侵财犯罪的行为对象基本都使用"财物"的表述。可见,我国刑法中的"财产"和"财物"基本是在同一规范意义上使用。本文认为,财产性利益应纳入刑法中"财产(财物)"的解释范畴,而合同债权属于财产性利益的一种,是盗窃罪的行为对象。

首先,《刑法》分则"侵犯财产罪"一章中规定的"财物(财产)"概念包括财产性利益。财产性利益,是指狭义(普通)财物以外的财产上的利益,包括积极财产的增加与消极财产的减少。[28] 在我国刑法条文中,未如德日等国,将"财物"和"财产性利益"作为并列概念,更未将"财物"的内涵限于有体物。我国

---

〔27〕 参见《天弘余额宝货币市场基金2020年年度报告》,载中财网,http://gg.cfi.cn/DetailsInfo2.aspx?dm=jjdm&type=cb&id=670507245064,2021年7月15日最后访问。

〔28〕 参见张明楷:《刑法学》(第6版),法律出版社2021年版,第1213页。

《刑法》第92条第4项明确,公民私人财产包括股票、股份、债券,这些表征财产性利益的凭证,就不属于财产实物。另外,其第1项规定了"储蓄"。从民法上看,"储蓄"只是个人所享有的对于金融机构的债权,即请求金融机构归还本金、支付利息的请求权。[29] 这就表明,刑法上的"财产"包括了无形的财产性利益。

其次,财产性利益本质上是一种财产权,其经济价值属性需要通过法律赋予当事人之间的权利义务来实现。换言之,"财产性利益"在事实层面的"利益"获取,源于在规范层面的"权利"取得。[30] 如前所述,支付宝账户资金、绑定的信用卡账户资金和余额宝资金,均为用户基于合同而享有的债权。这属于民法上的原权性意定之债,规定在《民法典》合同编中。在财产犯罪中,行为人取得被害人财产性利益,不仅侵害财产本身,同时也侵害了被害人的财产处分自由。可见,财产性利益具有贴合主体的自由意思之特征,这一点与原权性意定之债相契合。因此,原权性意定之债也是刑法中最为典型、几乎无争议的财产性利益。[31]

最后,并非所有类型的财产性利益都能成为盗窃罪的行为对象。考虑到我国《刑法》的具体规定以及司法实践,即使认为财产性利益能够成为盗窃罪的行为对象,也应对财产性利益的范围作适当限制,其需具备普通财物的管理可能性、转移可能性和价值性的特征,而用户享有的第三方支付账户资金债权,具有了上述所有特征。第一,账户人可将之用于提现、充值等,具有管理可能性。第二,用户可将其转移为自己或他人所有,具有转移可能性。第三,它对应着一定额度的金钱及利息,具有价值性。此外,债权可成为盗窃罪的对象,在实定法中早已有依据。《刑法》第196条关于"使用盗窃而来的信用卡的,依照盗窃罪定罪处罚"的规定,就是一种将存款债权纳入盗窃罪保护范围的特别规定,盗窃信用卡的行为与使用行为合并在一起的整体构成了对被害人存款债权的侵害。[32] 当今中国是世界最大的第三方支付国,大量债权等财产性利益在网络空间中存储和流转,且没有设置计算机诈骗罪。盗窃罪的对象范围如能将合同债权等财产性利益纳入,则既可以保持各罪名之间的协调,也

---

〔29〕 参见黎宏、陈少青:《论财产犯中的财产性利益》,载《交大法学》2022年第5期。

〔30〕 参见李强:《财产犯中财产性利益的界定》,载《法学》2017年第12期。

〔31〕 参见李强:《财产犯中财产性利益的界定》,载《法学》2017年第12期。

〔32〕 参见徐凌波:《存款占有的解构与重建——以传统侵犯财产犯罪的解释为中心》,中国法制出版社2018年版,第373页。

可以避免刑罚上的空隙。

四、非法转移第三方支付平台账户资金行为的罪质认定

由前文可知,第三方支付平台账户资金的法律性质之于用户而言,均属于其享有的债权,而债权同属盗窃罪和诈骗罪的行为对象。尽管盗窃罪和诈骗罪均为财产犯罪,但它们在刑罚体系中的地位、起刑点以及实行行为等方面均有不同,准确定性该类侵财行为具有重要的实践价值。区分诈骗罪和盗窃罪关键在于犯罪行为中有没有错误认识与处分行为的构成要件。[33] "盗窃说"和"诈骗说"两种解释路径的争议焦点可归纳为:(1)第三方支付机构是否产生了认识错误;(2)第三方支付机构能否成立处分行为。

(一)第三方支付机构认识能力的厘清:不存在认识错误

在第三方支付结构中,用户与银行、基金公司并不直接发生交易,而是授权支付宝平台发出转移资金的支付指令。因此,如果说存在因陷入错误认识而"受骗者",只能是支付宝平台,银行和基金公司不存在是否受骗的问题。该问题实质是"机器能否被骗"论争的延续。有学者认为机器按智能化程度可分成三个层级,支付宝具有高度智慧性和独立行动能力,具备认识能力可以被骗。[34] 还有的学者主张,"在非法转移第三方支付账户资金的场合,被骗的并不是第三方支付平台,而是其背后的操作人员,因此并不存在机器是否被骗的问题"[35]。然而,本文认为无论是支付宝平台还是背后的设置者,都不能被骗。

首先,支付宝平台不具备权利主体的认识能力。在民法中,人作为民事主体具有相应的认识能力和行为能力,而不具有精神、意思的物,属于权利客体。认识能力是指人脑分析、处理信息的能力,是人的主观意识对客观世界的能动反映。如果承认第三方支付平台具备权利主体的认识能力和处分财产的行为能力,无异于将机器脱离权利客体,赋予其行使民事行为的法律主体资格,将与民法等前置法相悖。

其次,支付宝平台不区分"授权转移"和"非法转移",无法进行实质判断。

---

[33] 参见王钢:《盗窃与诈骗的区分——围绕最高人民法院第27号指导案例的展开》,载《政治与法律》2015年第4期。

[34] 参见刘宪权:《论新型支付方式下网络侵财犯罪的定性》,载《法学评论》2017年第5期。

[35] 姜涛:《网络型诈骗罪的拟制处分行为》,载《中外法学》2019年第3期。

根据《支付宝服务协议》第 4 条第 2 项规定,只要使用用户的身份要素进行操作一律视为本人做出。这意味着支付宝仅负责判断支付密码等是否正确的形式审核,对于行为人的真实身份则无法实质辨认,且在该条后半部分同时规定了免责条款,即支付宝不对用户泄露账户、密码导致他人非法冒用所造成的损失承担任何责任。这也从反面证明了这点:正因为支付宝平台不具备认识能力,无法进行实质辨认,所以当然阻却其对他人"形式符合"的非法冒用行为承担过错责任。这与"密码输入正确即通过"的智能锁等在识别功能上并无本质区别,其仍然不能在"形式符合"的基础上更进一步,即不依靠事先设计的程序,独立做出是否处分的判断。质言之,无法区分同时符合条件的"授权转移"和"非法转移"。因此,冒用行为人只要输入正确的支付密码,支付宝即向银行发出支付指令,在"形式符合"的基础上别无选择,也就不存在认识正确与错误的区别。

最后,第三方支付平台背后的工作人员没有被骗。在诈骗罪的结构中,行为人利用虚假事实和隐瞒事实欺骗对方,在逻辑上有两种结果,被害人(受骗人)要么被骗,要么没有被骗。工作人员仅负责平台的技术维护工作,在账户资金转移过程中,事先设定的程序才是双方交易的桥梁,无论行为人是谁,只要输入的支付密码正确,系统即发出支付指令,工作人员不存在辨认的可能性,也无所谓认识正确或错误。因此,背后的工作人员也不存在诈骗罪意义上"被骗"的问题。

(二)"预设同意"理论引入检视:不成立处分行为

另有诈骗说的观点,为论证第三方支付平台转移账户资金的过程成立处分行为,通过引入德国"预设同意"理论,建构"拟制处分行为"的概念。拟制处分行为,是指因预设同意而获得处分权限的第三方支付平台,在行为人输入支付密码时,根据假定的处分意识转移财产性利益之占有的处分行为。[36] 然而,除了对于"假定处分意识"和"拟制处分行为"两个概念的类推解释尚需回应是否有违罪刑法定之质疑以外,该观点本身包含的诸多要素亦存在难以自圆其说之嫌。

按照该学说,在行为人非法转移第三方支付平台账户资金的场合,第三方支付平台的处分权限及"假定的处分意识",都因获得程序设置者和用户的"预设同意"而产生,进而成立处分行为。预设同意,指的是财产的占有转移满足事先规定的前提条件的,可推定为占有人同意。[37] 如何判断是否满足机器设置者

---

〔36〕 参见姜涛:《网络型诈骗罪的拟制处分行为》,载《中外法学》2019 年第 3 期。

〔37〕 参见马寅翔:《限缩与扩张:财产性利益盗窃与诈骗的界分之道》,载《法学》2018 年第 3 期。

预设同意的前提条件?一般认为:一方面,同意的前提条件必须是客观且可以识别的;另一方面,机器设计者在机器的内部结构中客观地反映了此类同意的条件。

然而,即使按照预设同意理论,第三方支付程序的设置者和用户预设同意的前提也仅限于本人的合法支付操作,不包括非法转移行为。其一,根据《支付宝服务协议》第4条第2项规定,任何使用用户的身份要素发出的支付指令,均视为本人做出。所谓"视为本人做出",包含两种实际情形:一是本人做出;二是他人做出。"他人做出"具体而言,又分为两种:一种是经过本人同意的情形;另一种是他人非法冒用的情形。具体是哪种情形,如前文所言,由于支付宝平台不具有认识能力,所以不得已才一律"视为本人做出"。然而,"视为本人做出"的声明,恰表明只有本人使用身份要素的情形,才是程序设定者和用户"预设同意"的前提,如果他人使用本人身份要素亦属于"预设同意"的范围,[38]那么也就不必特意强调"视为本人做出",而是"任何人只要使用正确的身份要素进行操作,均符合要求"。其二,除数字密码支付外,支付宝还尽可能提供人脸识别、指纹支付等高级别核验方式,进行严格审查,并客观化为外部程序。可见,无论是协议条文的内涵,还是客观化的程序设定,都表明了程序设置者及用户"预设同意"的范围不可能包括非法转移的行为。反对观点提出,既然行为人非法输入的支付密码符合要求,就应该将其视为符合"预设同意"的行为。[39]该种观点无疑有违一般社会认知,且将被害人占有意志的表达推向极端。按照该观点,小偷打开保险箱取财的行为,是否因其使用了正确的密码,而推定获得被害人的"预设同意"?这显然增加公民财产权归属的客观化表达成本,不利于刑法对财产法益的保护。

(三)非法转移第三方支付平台资金侵财行为的共同特征:盗窃罪之证成

由前文可知,在非法转移支付宝平台资金的场合,无论是从支付宝平台认识能力的角度,还是从引入"预设同意"理论对处分行为进行拟制的论证路径,都难以证明支付宝平台成立基于错误认识而做出财产处分的行为,因此不构成诈骗罪。本文认为,该类侵财行为应统一认定为盗窃罪。

用户对于各类资金的债权成立刑法意义上的占有。事实要素和规范要素同时被包含于刑法上的"占有"概念之中。"事实上的占有"是指占有人对财物

[38] 在用户同意他人转移账户资金的场合,虽不符合"预设同意",但因其已获得授权,未违背权利人的意志,不具有违法性。

[39] 参见马寅翔:《限缩与扩张:财产性利益盗窃与诈骗的界分之道》,载《法学》2018年第3期。

的物理性支配和现实控制;“规范性的占有”是指虽然财物脱离占有者的物理支配,但依一般社会观念可推定该财物处于为占有者控制的状态。例如,不慎掉落楼下的戒指,虽暂时脱离占有人掌控,但可依一般社会观念推定其占有。但传统刑法上的“占有”,主要还是针对有体物,类似于债权这类非实体的财产性利益,是否成立刑法意义上的占有,尚存争议,本文对此持肯定观点。民法学通论认为,对物拥有实际管领力的人和行使权利的人并无区别,法律保护事实上对于物有管领力者,但同时也有必要保护事实上行使某种权利之人。对于行使其权利但不占有其物的财产权,称为准占有。[40]

由前文可知,支付宝各类账户资金本质上为用户的“债权请求权”,属于一种财产权利。刑法学界早已开始将“准占有”的概念引入财产犯罪构成要件的建构当中。有学者认为,存款人事实支配的请求银行支付存款的债权请求权即为占有的内容。[41] 本文亦认为,不仅要肯定对有体物的占有,还应肯定对于债权等由权利人支配的财产性利益的刑法“占有”。

此外,该类侵财行为具备盗窃罪“占有转移”的特征。把被害人占有、所有的财产转移为自己(或第三人)所占有,是盗窃行为的本质特征。有观点针对窃取财产性利益的行为,主张建构一套有别于盗窃普通财物的新行为构造,称为“僭权理论”。根据该理论,消灭由被害人所有的财产性利益并创造新的财产性利益为自己或第三人所有,是为财产性利益盗窃的实行行为。简言之,即权利的消灭与再造。[42] 该观点认为财产性利益由于不具有实体,既不能成立占有,也不能在空间之中被“拿走”,所以不符合盗窃普通财物“占有转移”的特征。然而,该观点的误区在于对“占有”含义的刻板解释。由前述可知,刑法上的“占有”包含事实和规范两方面的评价要素,规范要素是事实要素的补强。行为人对于债权享有自由支配、处分的权利,将其评价为刑法规范上的“占有”,与普通财物之物理占有的内涵并不冲突,因为二者均是由所有人享有的、事实支配的经济价值,正如有学者所言,“不管是从事实上还是从法律上,存款人都占有(享有了)债权”[43]。另外,根据《刑法》第265条的规定,窃取他人的电信服务应构成盗窃罪。显然,电信服务属于一种财产性利益而非狭义有体财物。在刑法规

---

〔40〕 参见梁慧星、陈华彬:《物权法》,法律出版社2010年版,第413页。

〔41〕 参见黑静洁:《存款的占有新论》,载《中国刑事法杂志》2012年第1期。

〔42〕 参见马寅翔:《限缩与扩张:财产性利益盗窃与诈骗的界分之道》,载《法学》2018年第3期。

〔43〕 张明楷:《刑法学(下)》(第6版),法律出版社2021年版,第1234页。

范上可解释为,行为人采用窃取手段将被害人对财产性利益的占有转移为自己占有。如果不承认类似情形中财产性利益的"占有转移",将会导致许多窃取经济价值的犯罪无法解释为盗窃罪,不仅与实定法精神背道而驰,且易造成司法定罪的进退失据。最后,在非法转移第三方支付平台账户资金债权的场合,被害人失去对该笔资金债权的占有,与行为人获得的债权具有同一性,亦不符合"僭权理论"中所谓"创设了新的财产性利益"。因此,原有盗窃罪占有转移的行为构造,完全可适用于解释盗窃财产性利益的场合,没有必要专门创设新的犯罪构造,使得同一罪名的定性失去统一标准。

综上所述,行为人非法转移支付宝平台其中一种或几种账户类型的资金,均是秘密转移占有被害人债权的行为,应统一认定为盗窃罪。

五、结　　论

支付宝账户资金、银行账户资金和余额宝资金,虽然牵涉法律关系不尽相同,但对于用户而言,均属于其享有的债权。具体而言,银行账户资金和支付宝账户资金属于账户人的银行债权,而余额宝账户资金表征账户人之于基金公司的债权。债权作为财产性利益的一种,无论是依据实定法还是刑法解释规范,均可将其纳入刑法意义上的"财产",并且债权人对于在其绝对支配之下的债权,可成立刑法意义上的占有。针对非法转移支付宝账户资金的行为,由于支付宝等第三方支付机构不属于金融机构,支付宝平台账户不应等同于银行账户,第三方支付方式亦有别于信用卡支付,因此不构成信用卡诈骗罪。支付宝平台的账户、支付密码等也不属于法律规定的"信用卡信息资料"范畴。因此,利用支付宝的平台非法转移绑定的信用卡资金的行为,也不属于"冒用信用卡信息资料"的信用卡诈骗罪。支付宝等第三方支付平台,由于其预定程序识别的仅是支付密码等形式条件,无法对操作人的真实身份进行实质判断,没有作为法律主体的认识能力,不能被骗。而且,"预设同意"说对程序设置者和用户"同意"范围的解释失当,难以证明支付宝平台成立处分行为。由此,非法转移支付宝各类账户资金的行为,均不应认定为诈骗罪。最后,该类侵财行为均是以秘密手段打破被害人对于第三方支付账户资金债权的占有,并建立自己的占有,侵犯了用户的财产性利益,应以盗窃罪统一认定。这一结论或许可以为司法实践处理该类案件,提供明确、统一的裁判解释路径。

责任编辑:彭婧茹

法 理 精 析

《民法典》中商事外观主义的解释论：规范与类型

王　翔*

摘要：

民商合一的《民法典》下，商事外观主义并非单纯的“学理上的概括”，还尚有实证法上的依据。这并非单单基于民商合一这一形式理由，更有“权利外观程度的不同而须在责任构成上作区分处理”这一实质理由。《民法典》第10条、第11条作为商法渊源本身存在瑕疵，且较宽泛，难以作为商事外观主义的法律依据。法典化的体系效应，使第86条得以将商事规范引入《民法典》中，成为商事外观主义的转介条款。具体适用上，宜以权利外观为标准，将商事外观划分为“法定化外观事实”与“自然的外观事实”。在类型之下，由于各商事外观的可信赖程度不同，其责任构成呈现出动态化的特征。

关键词：

商事外观主义；权利外观；转介条款；可归责性

一、问题的提出

商法中的外观主义，系指“以交易当事人行为的外观为准而认定其行为所发生的效果”〔1〕。其内容上涵盖了越权代表、善意取得等商事特别责任，尽管这与民法中信赖保护责任的外延〔2〕多有交叉，却不宜等同视之。最高人民法院发布的《全国法院民商事审判工作会议纪要》（也称“九民纪要”）中曾提出，“特别注意外观主义系民商法上的学理概括，并非现行法律规定的原则”，并认为

---

* 作者王翔，华东政法大学法律学院硕士研究生，研究领域为债法、公司法。

〔1〕 施天涛：《商法学》（第5版），法律出版社2018年版，第23页。

〔2〕 民法信赖保护责任包含不动产登记、动产占有、代理权授权通知等。参见朱广新：《信赖保护原则及其在民法中的构造》，中国人民大学出版社2013年版，第93～94页。

“审判实务中要准确把握外观主义的适用边界,避免泛化和滥用”[3]。这一观点或未能顾及民商之区分,系将民事中外观主义[4]的适用边界,也应用于商事外观主义,而一并采取“谨慎处理”的态度。

然而,即使在民商合一的法典背景下,也仍然存在专门针对商事交易的特别规范,这使商法仍旧需要被看作民法的特别法。那么一并看待外观主义,而不区分民商事的观点,便值得进一步商榷。因为至少从归责原则的层面而言,商事外观主义便超越了民法中的“信赖”,而走向了风险原则。[5] 在民事法律关系中着重探究真实关系,或具有正当性,但在侧重交易效率与安全的商事关系中,如此则可能不当地限制商事外观主义的适用。例如,一则涉及商事表见代理的建设施工合同纠纷中,二审法院首先肯定了构成要件成立即可适用表见代理,但随之却提出“表见代理是外观主义的具体规则,在具体案件中,其可以适用并不意味着必须适用、优先适用甚至凌驾于真实法律关系之上”。该说理引用了“九民纪要”之表述,却未就构成要件是否成立作出论证,最终认为,一审对外观主义的适用,“系对外观主义价值取向的曲解和其适用边界的逾越”[6]。然而,法效果所以“有其适用”,系在于构成要件之实现,二审摒弃规范语言应有的适用逻辑,反提出了“并不必然适用”这一观点,若不能完成因此所致之论证义务,则其限制商事外观主义适用之结论恐难信服。

那么,商事外观主义是否仅仅只是所谓的“学理概括”?如果不是,且尚有实证法的支撑,则法律规范应得优先适用,上述问题亦可迎刃而解。但仍有一个在先的问题值得讨论,即民商合一的《民法典》语境下,商事外观主义有否充分的理由,使其与民事信赖保护责任在适用边界上区分讨论?若充分,便得进

---

〔3〕《全国法院民商事审判工作会议纪要》(法〔2019〕254号),2019年11月8日发布。

〔4〕需说明的是,“民事中外观主义”之表述不甚严谨,外观主义在民法中对应“权利表见责任”,而文中为引申“九民纪要”,避免前后表述不同引发歧义,故有此用,但欲表达者,却仍为“民法信赖保护责任”。当然,在权利外观理论下,外观主义与信赖保护责任的概念区隔并不明显,有论者就将民事善意取得也列于外观主义中,参见崔建远:《论外观主义的运用边界》,载《清华法学》2019年第5期。

〔5〕参见张雅辉:《论商法外观主义对其民法理论基础的超越》,载《中国政法大学学报》2019年第6期。所谓风险原则,亦称风险主义,即谁能更好地承担风险,谁便应当承担信赖责任,参见杨代雄:《民法总论专题》,清华大学出版社2012年版,第49~50页。

〔6〕宁德市钳固建材有限责任公司、郑某太买卖合同纠纷案,福建省宁德市中级人民法院(2020)闽09民终1336号民事判决书。

一步考虑,商事外观主义在《民法典》中的“实证法支撑”应为何,其适用又应如何。故下文试从解释论的角度进行论证,以求教于读者。

二、《民法典》中商事外观主义区分适用的实质理由

基于形式论证可认为,商法应在具体规则上独立于民法而处理(大前提),从而,作为商法之一部分的商事外观主义(小前提),也很有可能需要与民事规则区分适用(结论)。但需注意的是,“很有可能”一词意味着,这一形式化论证无法充分证明“商事外观主义需要区分于民事规则”,而是有待进一步证实。申言之,就商事外观主义,还有必要为其寻找应当与相关民事规则区分适用的实质理由。考虑到表见代理与善意取得分别都存在于民事规范与商事规范中,不同规范间具有对比性,在外观主义的问题上又具有代表性,故下文试以表见代理与善意取得为例,分别论证外观主义在民商事领域的区分适用。

(一)《民法典》中表见代理的民商事区分适用

民法中的代理制度在商法中称为商事代理,系指商事代理人以商事被代理人名义从事的商行为,因具有营业性的特征,相较于民事代理,商事代理“承载着不同的法律价值和功能”[7]。因此,在表见代理的问题上,尤其是外观责任构成中的本人可归责性方面,一般也存在民商事的区分适用。梅迪库斯便认为,德国民法中表见代理在构成上,要求本人对外观的形成有过错,而在商法中,则仅需要以可归责于自己的方式引起表见,因此在信赖保护上要更进一步。[8] 日本民法上也存在类似的处理,关于《日本民法典》第109条、第110条以及第112条规定的三种类型的表见代理,近江幸治即认为,归责应以本人过错为必要,[9]而相应地,在《日本商法典》中,与表见代理对应的“表见支配人”规则,却加强了对第三人的保护,对本人的可归责性要求较低。[10]

我国《民法典》第172条之表见代理,文义上难以看出民商事之区分,在是

---

〔7〕 曾大鹏:《民法典编纂中商事代理的制度构造》,载《法学》2017年第8期。

〔8〕 参见[德]迪特尔·梅迪库斯:《德国民法总论》,邵建东译,法律出版社2000年版,第734页。

〔9〕 参见[日]近江幸治:《民法讲义Ⅰ:民法总则》(第6版补订),渠涛等译,北京大学出版社2015年版,第261页。

〔10〕 参见郭远:《商法与民法在外观主义原则适用上的差异性》,载《商业研究》2020年第1期。

否需要本人过错的问题上,立法机关也倾向于否定,即在归责原则问题上采取了风险主义。[11] 其可能的解释论理由,或许是基于第170条的体系解释。因为,《民法典》第170条关于职务代理的规定,并不完善,法律适用中必须借助第172条,来解决商事交易中的表见代理问题,而第170条若要实现其职务代理的立法目的,就难免需要在外观主义上贯彻商法的要求——通过商事登记所确定的代理权来维护交易安全,[12] 从而适用第172条的表见法理。

然而,上述可能的体系解释,出发点却偏向于商事代理,从而其风险主义的结论也难免偏颇。结合当然解释来看,应当认为,民事领域中,同为权利外观责任的善意取得,在权利外观程度更高的情形下,也仅仅是在本人方面适用了可归责性较低的风险主义,[13] 表见代理的权利外观程度不如善意取得,而仍欲适用风险主义,或难以自圆其说。申言之,针对民事表见代理,在本人可归责的要件上至少不应以风险主义为必要。这是因为,以营业性为特征的商事代理,所以采风险原则,乃在于风险常与营利相伴,"在风险之中才可以发现营利的机会,所以风险责任是契合商法体系逻辑的归责原则"[14]。然而,民事代理却未必追求营利,这种情况下若再使其承担风险,则将缺失正当理由。

那么,民事代理在本人主观要件上应采何种归责原则为宜?信赖责任的归责原则中,除了风险主义,尚有与因主义与过错主义,[15] 这意味着,与因主义或过错主义将是可能的答案。至于与因主义,其作为信赖责任的合理性在很大程度上被外观的信赖度以及与因和交易事故之间的因果关系所左右,即便存在与因也可能否认归责,从而很难作为一种真正的归责原则。[16] 因此,只能考虑过

---

[11] 参见黄薇主编:《中华人民共和国民法典总则编解读》,中国法制出版社2020年版,第563页。

[12] 参见郑泰安、钟凯:《民法总则与商事立法:共识、问题及选项——以商事代理为例》,载《现代法学》2018年第2期。

[13] 占有或登记具有公信力,相较于表见代理中的权利外观,更足以作为责任成立的正当理由。参见纪海龙:《解构动产公示、公信原则》,载《中外法学》2014年第3期。

[14] 张雅辉:《论商法外观主义对其民法理论基础的超越》,载《中国政法大学学报》2019年第6期。

[15] 与因主义系将构成信赖客观基础的外观之发生与存续,作为实体权利人负担不利益的根据,而过错主义系于其基础上,增加了过错要件。参见孙鹏:《民法上信赖保护制度及其法的构成——在静的安全与交易安全之间》,载《西南民族大学学报(人文社科版)》2005年第7期。

[16] 孙鹏:《民法上的信赖保护制度及其法的构成——以归责要件为中心》,载《私法》2005年第2期。

错主义是否适用。从正面论证的角度，这可以得到肯定的回答，因为民法以过错责任为原则，所以，若无法证明存在例外情况，民事代理亦适用过错责任。司法实践中便有支持过错主义的观点，在一则储蓄合同纠纷中，法院认为“原告本应妥善保管自己的身份证件、存折以及对存款设定的密码作好保密措施，但原告并没有履行该项义务”，从而认定其存在明显过错，并对他人“冒领行为”认定为表见代理。〔17〕

综上，民事领域中表见代理的归责原则，或为风险主义与过错主义的中间样态，或为完全的过错主义，无论如何，其与商事代理所采的风险主义，都存在差别。进一步可得出，作为外观主义的表见代理制度，对民商事进行区分适用，在《民法典》下具有解释论上的实质理由，即归责原则上的区分适用。

（二）《民法典》中善意取得的民商事区分适用

民法中的善意取得原则上只保护对所有权表象的信赖，而商法中的善意取得，则扩展至对处分权的信赖。申言之，商法中善意取得的权利外观，除了占有或登记，“作为补充权利外观依据的还有商人身份”〔18〕。此外，商事善意取得的规范意旨不同于民事善意取得，乃在于保护动的财产安全而非静的财产安全。〔19〕

因此，在权利外观责任的构成上，二者或应有所区分。针对民法上善意取得对本人的可归责性要求，有学者认为，所有权人在交出所有物时，并不必然有过错，因而不适用过错原则，相反，所有权人相比于第三人更容易控制无权处分的风险，从而应当适用风险原则。〔20〕 这一观点可资赞同，结合表见代理部分的分析来看，善意取得的权利外观具有使外观责任成立的更充分的理由，因此在本人可归责问题上，要求应当低于表见代理。依这一思路，在商法更加追求交易安全与效率的背景下，商事善意取得对本人的归责性要求，相较于民事善意取得，也有必要降低。〔21〕 或者至少认为，依“不同情况不同处理”的解释原则，

---

〔17〕 参见李某雄诉广州黄埔农业信用合作社联合社储蓄合同纠纷案，广东省广州市黄埔区人民法院（2004）黄民一初字第492号民事判决书。

〔18〕 ［德］C.W.卡纳里斯：《德国商法》，杨继译，法律出版社2006年版，第642～643页。

〔19〕 参见曾大鹏：《商法上的善意取得制度研究——比较法的启示与中国法的完善》，载《时代法学》2011年第5期。

〔20〕 参见纪海龙：《解构动产公示、公信原则》，载《中外法学》2014年第3期。

〔21〕 这种降低可能表现为不需要可归责性。参见孙鹏：《民法上信赖保护制度及其法的构成——在静的安全与交易安全之间》，载《西南民族大学学报（人文社科版）》2005年第7期。

不宜对其作同等评价。

不过,《民法典》第311条之善意取得,却难以看出其针对民商事的区分适用。公司法司法解释三第25条之股权善意取得的“参照”一词,或有区分之意,却不能推广至其他类型的商事善意取得。那么,民商合一下的《民法典》第311条,是否有针对商事善意取得的区分适用,则需深入讨论。

一个切入点在于,如何解释脱手物的善意取得。一般认为,脱手物不适用于善意取得,不过,这一论断也并非绝对,因为《民法典》第312条仍然规定了回复请求权,并且在处分人为经营者时,所有权人还须补偿对价。就此,《德国民法典》第935条第2款规定得更为明确,即“前款规定,不适用于金钱、无记名证券及以公开拍卖之方法或依九百七十九条第一款之一规定拍卖而让与之动产”。而由于证券交易与拍卖交易是典型的商事交易,因此有研究认为该条为“实质的商法规范”[22]。那么,《民法典》第312条第2句的第2分句,即向经营者善意地购买脱手物,是否也能够解释出如《德国民法典》第935条第2款一般的处理呢?若能够,便可以说明《民法典》中也存在商事善意取得。

就此须进一步考察,回复请求权的2年期间内,脱手物的所有权归属于谁?若所有权仍在原所有权人处,则未发生善意取得,便也不存在如《德国民法典》中例外地在商事交易中适用善意取得的情形;而若所有权在取得人处,则可以认为,我国也存在商事交易中例外地承认善意取得情形。对此学说上有占有人归属说、原权利人归属说以及折中说三种观点。[23] 至于《民法典》第312条之归属问题,或可从该条第2句的前半分句得出。该分句规定了损害赔偿与回复请求权两种法效果,并以“或”字并列之,可见2年期间内,两种法效果可择一实现。若原权利人未丧失所有权,便无损害,亦无损害赔偿,从而损害赔偿之规定或无从适用,即便肯定权利人能够在未丧失所有权的情形下获得损害赔偿,却也无法解释2年期间内,权利人是否同时享有损害赔偿与所有权上的相关收益,若否,则所有权是否因损害赔偿之债的清偿,而移转至善意受让人?如此追问下去,原权利人归属说难免存在缺漏。因此,至少可以认为,由于经营者无权处分时需要有偿回复,故物之所有权人宜为取得人。

由此,《民法典》第312条第2句的第2分句,可依《德国民法典》第935条

---

〔22〕 曾大鹏:《商法上的善意取得制度研究——比较法的启示与中国法的完善》,载《时代法学》2011年第5期。

〔23〕 参见谢在全:《民法物权论(下册)》(第5版),中国政法大学出版社2011年版,第1189页。

作类似处理,例外地允许脱手物在商事交易中适用善意取得。进一步也不难发现,按照民法中善意取得采风险主义的观点,脱手物本不在风险范围内,但却能在商事交易中例外地适用善意取得,这就可以印证本小节开篇提出的,商事善意取得的成立,相比民事领域中的善意取得,对本人的可归责性要求更低。因此,结合前述学说与我国《民法典》来看,善意取得同表见代理一样存在民商事的区分适用,基于民商事权利外观程度的不同,适用区别最终也反映在本人的可归责性要件上。这进一步说明,《民法典》对商事外观主义适用的实质理由在于,民法中的外观主义和商事外观主义,其权利外观程度不同,从而依“不同情况不同对待”的法理,在本人的可归责性要件上,同一规范在民事中的可归责性要求一般较高,商事中则相反。

三、《民法典》中商事外观主义的实证法依据

既然肯定商事外观主义在《民法典》中的适用具有法理上的正当性,那么如开篇所提,其实证法依据又如何呢?一般认为,《民法典》第10条、第11条确立了民商法渊源体系,对民商法的适用位阶,采“商事特别法—民法—习惯”的顺序。[24] 或许这一规范作为商事法律渊源是较为现实的选择,不过,能否同时也适于作为商事外观主义的法律渊源,则有待进一步检讨。

(一)难以作为商事外观主义法律依据的《民法典》第10条与第11条

支持“商事特别法—民法—习惯”之适用位阶的观点虽主张“商事法律在性质上属于民事特别法,在商事法律没有就相关问题作出特别规定时相关纠纷适用民事基本法的一般规则”[25]。但是,商事习惯本身作为商事法律渊源,其适用位阶不见得必须位于民法之后。反对观点就坚持“商法—商事习惯—民法”的位阶,因为商事习惯相较于民法规范,更能够贯彻和尊重商事主体的意思自治。[26] 那么,若欲避免这一问题,一种可能的处理是将第10条的“习惯”扩张解释为习惯和习惯法,因为商事习惯法按照第11条可以优先于民法适用,从而,商事习

---

〔24〕 参见李建伟:《〈民法总则〉民商合一中国模式之检讨》,载《中国法学》2019年第3期。

〔25〕 王利明:《民商合一体例下我国民法典总则的制定》,载《法商研究》2015年第4期。

〔26〕 参见李建伟:《〈民法总则〉民商合一中国模式之检讨》,载《中国法学》2019年第3期。此外,更有观点指出,填补商法漏洞本质上属于商法范畴,若不加区分地适用民法的一般规定,是抹杀了商法漏洞的特别法属性。参见钱玉林:《商法漏洞的特别法属性及其填补规则》,载《中国社会科学》2018年第12期。

惯的位阶得以提升。但遗憾的是,这种解释的前提,是降低商事习惯的认定标准,即习惯法的确立需要"客观习惯"与"法的确信"两个标准,此处仅以"客观习惯"为必要,实际上系将商事习惯看作为商事习惯法。[27] 而为何能够降低商事习惯法的认定标准,却尚无结论。

因此,第10条、第11条对商事习惯的处理,尚未能找出更加圆满的解释方案以满足民法与商法之间的应然联系,因而其作为商法一般渊源,本身就存在一定缺漏,更毋论作为商事外观主义的一般渊源了。此外,即使暂且肯定其一般渊源的地位,并将第10条、第11条作为商事外观主义的一般渊源,也可能存在过于宽泛的问题。这是因为,商事外观主义仅仅是商法中"维护交易安全原则"的具体内容之一,而第10条、第11条,作为商法的一般渊源,显然难以承受商事外观主义这一"王冠之重",强加这一解释负担的结果,可能导致该条因为其构成要件与法律效果都过于宽泛,最终难以在实践中得到适用。既如此,欲寻找《民法典》中商事外观主义的一般规范,还有必要另谋出路。

(二)《民法典》第86条对商事外观主义的转介

在正式展开对《民法典》第86条的论述之前,容先就转介条款作简要介绍。转介条款的一般情形为《德国民法典》第823条关于侵权行为的第2款:"违反保护他人的法律",瓦格纳(Wagner)形象地称之为"传送带",认为此规定能够将数量上持续增长的公法规范中的行为标准,延伸至民法中,并据此课以侵权责任。[28] 除此之外,苏永钦还将《德国民法典》违反强制性法律规定无效之第71条、所有权排他性之第765条,共同作为三个水平转介条款,[29] 并将其形象地比喻为"特洛伊木马"——公法规范犹如木马里的雄兵涌入了民法的特洛伊城。[30] 由于这一特性,转介条款可以使《民法典》中条文不变,而民事责任,尤指侵权责任,却可以根据需要进行调整。除公法可以被转介之外,有研究也认

---

[27] 参见张谷:《从民商关系角度谈〈民法总则〉的理解与适用》,载《中国应用法学》2017年第4期。

[28] 参见朱虎:《规制性规范、侵权法和转介条款》,载《中共浙江省委党校学报》2014年第3期。

[29] 参见苏永钦:《从动态法规范体系的角度看公私法的调和》,载《月旦民商法杂志》2003年3月。

[30] 参见苏永钦:《走入新世纪的私法自治》,台北,元照出版有限公司2002年版,第9页。

为,特别私法同样是可以转介的对象。[31]

不难发现,转介条款的特征在于构建部门法之间的“沟通桥梁”,不过,这绝不等于引用性规范,按照苏永钦的理解,转介条款应当是概括条款,即“概括地转介某个社会伦理或公法规定,对于它在私法领域的具体适用,如何与私法自治的价值适度调和,都还未作成决定”,具体需要交由法官加以裁断。[32] 那么,若《民法典》中同样存在这样一条概括条款,并又转介了商事外观主义这一特别私法的原则,那么便能够作为《民法典》中商事外观主义的转介条款。

目前而言,《民法典》第 86 条或许承载了这一功能。该条规定:“营利法人从事经营活动,应当遵守商业道德,维护交易安全,接受政府和社会的监督,承担社会责任。”从文义上来看,该条的“维护交易安全”应等同于商法中的“维护交易安全原则”。不过,此“维护”的主语是营利法人,文义上无法涵盖商合伙、商个人等商事主体,那么,是否会因此存在不周延的现象以致无法作为商法原则呢?对此,应能通过主观目的解释或类推适用予以解决。2016 年 7 月 5 日发布的《民法总则》(草案)第 6 条第 2 款规定:“民事主体从事民事活动,应当自觉维护交易安全”,而二审稿以后,该表述被移至营利法人一章,即为现在《民法典》第 86 条。对此,立法机关首先肯定了“维护交易安全”这一商法基本原则,但是认为交易安全主要适用于商事活动,故有此调整。[33] 因而,从立法目的来看,虽然“维护交易安全”调整后仅以“营利法人”为主语,但解释上却宜认为,其原则上适用全部商事主体。退一步而言,即便上述解释不能成立,亦可转而考虑类推适用。《民法典》未就商个人、商合伙等是否需要维护交易安全作出规定,但作为商主体,其原则上需要遵守商法基本原则,那么,此时可以认为存在法律漏洞从而类推适用第 86 条关于另一类商事主体的规定。因此,第 86 条作为商法基本原则,应不存在主体不周延的问题。

由于商事外观主义又包含在“维护交易安全原则”中,第 86 条也就表达了商事外观主义这一特别私法原则。进一步需要追问,这种表达,是否就意味着是“转介”?如前所述,转介条款的重要特征在于其本身是“概括条款”,法官被

---

〔31〕 参见方新军主编:《侵权责任法学》,北京大学出版社 2013 年版,第 71 ~ 72 页。

〔32〕 参见苏永钦:《从动态法规范体系的角度看公私法的调和》,载《月旦民商法杂志》2003 年 3 月。

〔33〕 参见《全国人民代表大会法律委员会关于〈中华人民共和国民法总则(草案)〉修改情况的汇报》(2016 年 10 月 31 日第十二届全国人民代表大会常务委员会第二十四次会议)。

授权就条文的具体适用,自行作出裁断。而第86条恰恰为商事主体的行为规范,作出了概括性规定——遵守商业道德、维护交易安全,至于具体什么是商业道德、什么是交易安全,又需要从商法中寻找答案。因此,商法中关于商业道德、交易安全的规范,便通过第86条,得到了适用。具体到商事外观主义来讲,在就“交易安全”这一法典概念进行解释时,将不得不涉及各类商事外观主义的商法规范与案型。那么,当法院引用第86条说理时,商事外观主义便因此得到了应用。

试以本文重点讨论的商事表见代理为例,作进一步说明。在判断某一个商事代理是否构成表见代理时,关键在于其是否存在可以信赖的权利外观,以及该权利外观的形成是否可以归责于本人。而这一要件成立的标准,如前文所述,需要就民商事作区分考量,商事代理中这一要件更易于成立。但是,这一考量的法律依据何在?如前所述,第10条、第11条或难以得到适用,若暂且也不考虑第86条,那么可能的方案应当是对《民法典》第172条之“相对人有理由相信行为人有代理权的”,作目的论扩张解释,认为这种“有理由”不仅包括存在代理的表象,还应当在部分情形中存在商事外观,或为“经理身份”,或为“职业代理人身份”,相应地,在本人可归责问题上,需采风险原则。否则在过错主义的理解下,本人不满足过错条件而仍欲成立表见代理的,将不得不使相对人在交易中承担过重的查询义务,从而不符合商事交易的效率需求,也与民商区分适用的基本观点相悖。因此,需要扩张“有理由”的情形,并相应地采风险主义的归责原则。

不过上述解释仍然存在有待补强之处,即扩张引入“经理身份”“职业代理人身份”等商事外观,并采风险原则处理本人可归责性问题,是否有法律依据?若没有,上述解释或略显无力。对此,需要寻找一条总揽交易安全的概括性条文,或者仅仅针对代理的、维护交易安全的特别规定。由于在《民法典》总则编关于代理的第7章中,难以寻得一条特别规定,那么可能的选择便是作为概括性条款的第86条。前已述及,该条应当为商法中“维护交易安全原则”的实质性规范,那么对该条“遵守商业道德、维护交易安全”之解释,就需要从商法中寻找答案,而非拘泥于条文本身或《民法典》其他条文。至此,该条便实现了其沟通《民法典》与商事外观主义的桥梁功能,使商事外观主义隐藏于这一“特洛伊木马”中,并涌入《民法典》的“特洛伊城”。从而,商事外观主义从商法学说,转身一变成为《民法典》中的规范内容,而不再单单是所谓“学理上的概括”。

四、基于第86条的商事外观主义类型化与责任构成动态化

在确认商事外观主义通过第86条的转介进入《民法典》后,需要考虑的是如何避免作为商事外观主义一般条款的第86条因不够细致而被架空。就此类适用问题,黄茂荣认为,类型兼具抽象化与具体化的作用,是法律体系之应用最为常见且有效的方法。[34] 从前文对商事表见代理和商事善意取得的讨论来看,二者在责任构成上,尤其是本人可归责性方面,存在较明显的差异。那么,对《民法典》中商事外观主义的适用情形作类型化整理,或有助于对第86条的深化理解。

(一)类型的构建标准与形式

类型的建立需要基于一定的标准,就本文的商事外观主义而言,该以何种标准划分类型?诚如前述,各商事外观主义制度在责任构成上存在差异,系因权利外观程度的不同,从而在本人可归责的问题上亦不相同。那么,类型划分的标准,至少可以考虑的是责任构成。

商事外观主义一般由权利外观之存在、权利外观存在的可归责性以及相对人的善意构成其要件。[35] 就权利外观存在的可归责性而言,其一般受权利外观程度的影响,从而相比之下,作类型划分时宜以权利外观为标准,而非可归责性。而至于相对人善意,其本身可能会存在需要类型化的考虑。具体来说,《民法典》第311条善意取得的善意,仅需要相对人无重大过失,[36] 而第172条表见代理中的善意,却需要相对人无轻过失,[37] 如此则善意或可作为划分标准。不过,表见代理之所以需要相对人无轻过失,系在于相较于善意取得之公信力,表见代理较弱的权利外观使相对人得更谨慎理性地审查代理权。[38] 可见,相对人善意亦受权利外观的影响,同可归责性一样,仍应就权利外观进行讨论。

---

〔34〕 参见黄茂荣:《法学方法与现代民法》,中国政法大学出版社2001年版,第473页。

〔35〕 参见[德]C. W. 卡纳里斯:《德国商法》,杨继译,法律出版社2006年版,第147~151页。

〔36〕 参见孙宪忠、朱广新编:《民法典评注物权编2》,中国法制出版社2020年版,第455页。

〔37〕 参见杨代雄:《表见代理的特别构成要件》,载《法学》2013年第2期。

〔38〕 参见杨代雄:《表见代理的特别构成要件》,载《法学》2013年第2期。

而以权利外观为标准就外观主义进行的区分讨论,既有研究或值得借鉴。莫里茨·韦尔施帕赫(Moritz Wellspacher)将权利外观的法律事实区分为“人为的外观事实构成”和“自然的外观事实构成”。[39] 前者完全取决于法律规定,多为法定的登记,如不动产登记簿、商事登记簿等;而后者系法律对人的行为的认可,需要结合意思表示的解释、诚实信用原则、商业习惯等进行个案认定,如动产占有、代理权授权证书、债权让与通知等。“人为的外观事实构成”和“自然的外观事实构成”,在类型区分的意义上,除权利外观事实本身的判断之外,还在于责任成立是否需要可归责性。孙鹏便认为,作为“人为的外部事实”,尤其是不动产登记,由于有国家机关的参与并为信赖构成要件的正确性提供了特别的保证,从而甚至被作为需要可归责性的例外来处理。[40]

综上来看,以外观事实为标准对外观主义所作的区分,虽各有其称谓,但实际上均以外观事实的可信赖程度为基准。从而,在责任构成上,归责性要件如何配置,将视可信赖程度的强弱情况而定。这一结论,亦印证了前文提出的权利外观对本人可归责性的影响问题。因此,下文将结合上述标准,就《民法典》第86条的商事外观主义,作类型化讨论。

(二)法定化外观事实与自然的外观事实的类型划分

虽然既定的“人为的外观事实构成”和“自然的外观事实构成”这一类型划分已经较为完备,但在理论的引入上,或宜结合《民法典》再做考量。例如,占有作为“自然的外观事实构成”,在我国或许难以得到实证法上的支撑,即《民法典》第311条在解释论上,系将动产与不动产统一于公信力之下,[41] 占有本身是法律具体规定的权利表征方式,在分类上更宜以“人为的外观事实构成”为是,而非“自然的外观事实构成”。此外,即使是商事外观主义下的“人为的外观事实构成”,也并非一并都不需要可归责性,在占有被归入这一类时,不动产登记和动产占有,二者在适用善意取得的问题上,权利外观显然不同,[42] 而若一并不要求可归责性,显然又不符合“不同情况不同处理”的原则。由此便产生了理

〔39〕 参见朱广新:《信赖保护原则及其在民法中的构造》,中国人民大学出版社2013年版,第93页。

〔40〕 参见孙鹏:《民法上信赖保护制度及其法的构成——在静的安全与交易安全之间》,载《西南民族大学学报(人文社科版)》2005年第7期。

〔41〕 参见叶金强:《物权法第106条解释论之基础》,载《法学研究》2010年第6期。

〔42〕 商事善意取得中,商人的承运人、仓储人身份甚至可以推翻对动产占有的信赖。参见[德]C. W. 卡纳里斯:《德国商法》,杨继译,法律出版社2006年版,第650页。

论引入的矛盾,因而或有必要结合《民法典》加以改造。

在类型化的效果上,结合前文关于表见代理与善意取得的讨论来看,类型化的效果——尤指本人的可归责性,或许不应当是非黑即白的问题,而宜根据权利外观的程度,动态地呈现其要求的强弱。申言之,类型化的意义应当在于使这种动态化的效果在法律适用中具有指引性。因此,改造宜首先体现在类型化的效果上,采取"若……可归责性要求就高低"的形式,以替代绝对化的效果。

根据这一效果目的,再来倒推具体的类型。"自然的外观事实"在内涵和外延上,并无改造之必要性,应予保留,仅动产占有不宜纳入其中。而"人为的外观事实"大多须经法定公示程序,经由制定法的强化,相比于一般"自然的外观事实"具有更强的表征能力,甚至在不动产登记中具有权利拟制存在或不存在的效果。既然特别的外观事实经法定化而获得更强的表征能力,则宜将其改称为"法定化外观事实",以扩展其内涵,也得以将动产占有纳入其中。

(三)类型的外延与责任构成的动态化

至此,以第 86 条的商事外观主义为中心,可以根据权利外观事实划分为"法定化外观事实"与"自然的外观事实"。不过,追求类型的"共同特征"并不意味着完全放弃个别处理,诚如前述,类型化的重要功能在于个案中降低劳动强度,其着眼点仍然在于区分而非统合。对本文的讨论而言,这一特征尤其需要得到重视。因而,虽然类型上作了划分,但必要的工作还在于如何确定类型的外延,以在类型化的基础上,更进一步明确《民法典》中各类商事外观主义的适用。

首先,就"法定化外观事实"这一类型,其外延应当包括《民法典》第 65 条的法人登记、第 311 条善意取得中的不动产登记与动产占有。毫无疑问的是,三者均系法律明定的权利外观,不过,其内部关系是否如上文所述还需要作个别处理,需进一步论证。就第 65 条而言,其一般被认为是商事登记在《民法典》中的体现。〔43〕 商事登记在《德国商法典》中,同时具有"消极公开"与"积极公开"的拟制效力,〔44〕而《民法典》第 65 条体现出来的商事登记,似乎更侧重于对抗,

---

〔43〕 参见李建伟:《〈民法总则〉民商合一中国模式之检讨》,载《中国法学》2019 年第 3 期。

〔44〕 参见[德]C. W. 卡纳里斯:《德国商法》,杨继译,法律出版社 2006 年版,第 78 ~ 109 页。

即登记义务人和善意相对人之间,“谁得以登记事实对抗另一方”。[45] 并且,第65条商事登记的表征能力,也会因商事主体的不同而有所差别,例如上市公司的登记信息比非上市公司的登记信息,可信赖程度更高。[46] 那么,在可归责性问题上,或许并非单一的与因主义或风险主义,而应当经由不同登记外观而有所体现。这一情形,《民法典》第311条善意取得中或体现得更为明显。依《民法典》第209条以下的规定,不动产登记有着严格的程序要求,第216条甚至明确规定“不动产登记簿是物权归属和内容的根据”,而《民法典》第224条以下却未能给动产以相当的待遇。

其次,就“自然的外观事实”这一类型,其外延应当包括《民法典》第140条的单纯沉默、第61条的表见代表、第170条的职务表征事实,以及第172条的代理权事实。就第140条的沉默而言,其商法意义在于所谓的商事确认函,即依照商事习惯,对口头达成的、接近订约状态的发出确认函,相对方未及时提出异议的,合同依此商事确认函成立。[47] 而这一商法意义是否在第140条中得以适用,需要考虑我国是否也同时存在这一交易习惯。这是因为,商事习惯构成了解释的因素,从而商事确认函规则得以在德国的学说及判例中发展成形。[48] 而相关研究恰恰指出,我国交易实践中,存在与《民法典》第469条的“合同书”相区别的确认书,且这种确认书同样不需要承诺。[49] 由此,可依《民法典》第10条,将其作为习惯,对第140条作补充解释,认为沉默同样可以适用于商事交易中的确认书。至于第61条的表见代表与第170条的职务代理,则需将其与第172条的表见代理结合考察,而第172条应当有商事代理的适用,并且可以细分为职务代理和职业代理,在外观事实上或表现为特定授权证书、或表现为特定身份。[50] 第61条表见代表的外观事实便为特定身份,这种身份一般来自商事登记错误,也可能会来自错误的书面证明,其构造仍然是表见法理,因此,体系

---

[45] 参见邹学庚:《〈民法典〉第65条商事登记公示效力研究》,载《国家检察官学院学报》2021年第1期。

[46] 参见石一峰:《私法中善意认定的规则体系》,载《法学研究》2020年第4期。

[47] 参见杨代雄:《意思表示理论中的沉默与拟制》,载《比较法研究》2016年第6期。

[48] 参见石一峰:《沉默在民商事交往中的意义——私人自治的多层次平衡》,载《法学家》2017年第6期。

[49] 参见罗昆:《缔约方式发展与民法典缔约制度完善》,载《清华法学》2018年第6期。

[50] 参见王焜:《积极的信赖保护:权利外观责任研究》,法律出版社2010年版,第110~114页。

上宜将其纳入表见代理之下。同理,第170条的职务代理也宜作相同处理,自不待言。最后,需要考虑的是,前述4种商事外观主义的情形中,何者的权利外观程度更高?有研究对于登记之外具有交易上意义的外观事实,在可信赖程度上从强到弱排序为"书面言词、可推断行为、口头言词"[51]。据此标准,表见代表一般作为商事登记的外观事实,其可信赖程度应最高;职务代理或为授权证书或为特定身份,属于书面言词或可推断行为,其可信赖程度应次之;而商事确认书中的沉默为可推断行为,其可信赖程度又次之。表见代理作为一般规定,上下浮动的空间较大。那么,在本人可归责问题上,表见代表下的登记外观因次于不动产登记的缘故,至少不宜认为无需可归责性,但又有商事登记的特征,故原则上考虑风险主义;而职务代理与商事确认书由于不具有法定化的外观,需要结合商事习惯加以考量,故不宜与不动产登记等作同类处理,因此原则上考虑适用过错主义。不过,"自然的外观事实"这一类型划分,在此仍然具有统一的意义,也即在本人可归责问题上,仍需结合个案中的外观事实加以判断。这是因为,自然的外观事实在本身的认定上,便需要通过经验与常理加以认定,其可信赖程度或弱或强,无有定数,而可信赖程度又会影响直接影响可归责性。

综上,在"法定化外观事实"与"自然的外观事实"的类型划分下,可以将《民法典》第65条、第311条,与第61条、第140条、第170条、第172条分别纳入其中。并且,由于各类商事外观主义本身需要个别处理,因此,类型统合下仍需注意区分。这一区分将直接反映在责任构成中的本人可归责问题上:同一类型下归责原则可能会有不同,如表见代表和职务代理;而同一类型下的某一表现在其内部的归责原则也可能不同,如不同主体的商事登记。由此,在责任构成问题上,权利外观程度强,则可归责性要求低,从而使得责任构成呈现出动态化特征。总而言之,对于"法定化外观事实",本人的可归责性要求低,而部分情况下甚至可能无需可归责性;对于"自然的外观事实",本人的可归责性要求高。在可归责性要求低时,应当首先考虑风险原则;在可归责性要求高时,则应当首先考虑过错原则。为期明了,特图示如下(见图1):

[51] 石一峰:《私法中善意认定的规则体系》,载《法学研究》2020年第4期。

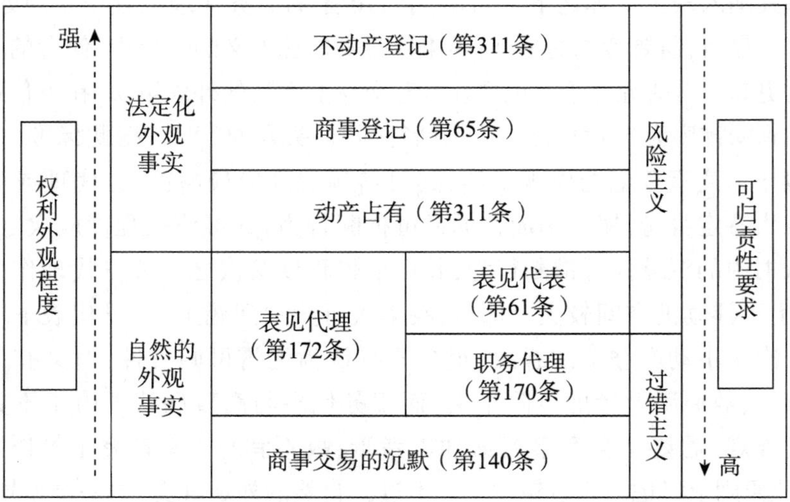

图 1 《民法典》商事外观主义动态责任构成之概览

五、结　　论

至此可得,权利外观的可信赖程度,是构成外观主义在民商事中区分适用的实质理由,从而也需要为民商合一下的《民法典》寻得商事外观主义的法律依据,即第 86 条这一概括性条款。或许这并非立法的本意,但经由法律解释,第 86 条得以承载“维护商事交易安全”这一商法原则的重任。因而,第 86 条实质上具有转介功能,将作为特别私法的“商法规范”,通过该条纳入《民法典》,从而使其得以成为可以被适用、也应当被适用的法律依据。进一步地,对《民法典》中的商事外观,可按权利外观的可信赖程度,划分为“法定化外观事实”与“自然的外观事实”,而在责任构成上,则大体呈现动态化特征:权利外观的可信赖程度高时,本人可归责性要求就低;反之,可归责性要求就高。

责任编辑:辛懿琪

诉讼时效语境下同一债权的类型化分析

刘珂铫*

摘要：

基于对债权人的保护与部分主张即可推定为对整体债权行使权利的观点，司法解释赋予了主张同一债权中的部分债权行为对剩余未主张债权的时效中断效力。该规则的适用前提是已主张的部分债权与剩余债权受到同一诉讼时效限制。由于诉讼时效，诉讼标的与请求权三者具有一一对应的关系，且诉讼时效的客体是请求权，所以应以请求权是否唯一来判断诉讼时效是否唯一进而判断是否属于同一债权。其中请求权是否唯一可以通过被损害之基础权利、导致请求权产生之事实与请求权的类型是否同时唯一来判断。

关键词：

同一债权；部分请求；诉讼时效中断；剩余债权

在某些情况下，当事人选择在诉讼或其他方式中仅主张债权的一部分，往往是当事人出于理性考量而不得已为之，[1]比如债权数额较大但债务人只有部分清偿能力。在华药公司诉全洲药业案中，债权人在回答法庭提问时就陈述道："由于考虑到诉讼费问题，只是起诉了部分欠款，但我们没有放弃其他的数额。"[2]又如债权人在主张债权时损失数额尚不确定，于是选择先主张其中部分债权，在全部损失实际发生后再主张剩余部分债权。[3] 抑或债权人已在旧诉

---

* 作者刘珂铫，伦敦大学学院（UCL）法学院2021级法学硕士研究生（LLM）。作者感谢澳门科技大学法学院谢耿亮助理教授对本文的指导。

〔1〕 参见严仁群：《既判力客观范围之新进展》，载《中外法学》2017年第2期。

〔2〕 石家庄市中级人民法院（2013）石民三初字第00275号民事判决书。

〔3〕 参见新疆庆安建设工程有限公司、詹某志等与卡特彼勒（中国）融资租赁有限公司融资租赁合同纠纷案，新疆维吾尔自治区高级人民法院（2020）新民终35号民事判决书。

中主张货款,但查看出库单后发现遗漏了部分货款而提出新诉等情形。[4]

当债权人在前述情况下就剩余的部分债权提起新的诉讼或仲裁,除经常遇到既判力抗辩外,也容易遇到时效抗辩。就这两项抗辩,日本最高法院的司法判例似乎呈现一种“左手予右手夺”的困境,即“左手”允许当事人不受既判力的限制对剩余债权提起再诉,而“右手”却以消灭时效完成驳回再诉请求。[5]

与日本最高法院“右手夺”的裁判立场相反,我国最高人民法院2008年发布的《关于审理民事案件适用诉讼时效制度若干问题的规定》(以下简称《时效规定》,法释〔2008〕11号)第11条规定:“权利人对同一债权中的部分债权主张权利,诉讼时效中断的效力及于剩余债权,但权利人明确表示放弃剩余债权的情形除外。”该规则在经过2020年的《时效规定》修正后从原本的第11条调整到了第9条。这一规则旨在探究如何解释部分主张这一意思表示,最高人民法院认为部分主张的事实已然能够证明债权人并非怠于行使权利,[6]所以无论权利人主张了同一债权中的多少数量的债权,都应当推定权利人就整个债权行使了权利。[7]

可能会有质疑者认为,如果将部分主张拟制为全部主张,那么对剩余债权提起后诉可能会构成重复起诉,诉讼时效问题也就没有了讨论的必要。学界对于部分请求是否违反一事不再理原则(即“左手予”)已有颇多深入的研究,限于篇幅本文将不会展开讨论。但是从诉讼时效制度的角度出发,权利人完全可以通过催告、申请执行等非诉讼方式来主张部分债权,从而中断整个债权的时效。

自同一债权规则设立以来,实践中出现了大量的类似案件不同处理现象。然而学界鲜有较为系统的研究。本文将在第一部分列举两组类似案件不同处理的例子并总结司法实践中的认定标准及其中所存在的问题,然后在第二部分提出本文所主张的认定同一债权的方法,最后将在第三部分针对同一债权在实践中的多元化样态进行类型化分析。

---

〔4〕 参见江苏华泰装饰工程有限公司与贺某英买卖合同纠纷案,北京市第三中级人民法院(2014)三中民终字第08171号民事判决书。

〔5〕 参见[日]高桥宏志:《民事诉讼法制度与理论的深层分析》,林剑锋译,法律出版社2003年版,第99页。

〔6〕 参见最高人民法院民事审判第二庭编著:《最高人民法院关于民事案件诉讼时效司法解释理解与适用》(第2版),人民法院出版社2015年版,第219页。

〔7〕 参见王利明:《民法总则研究》(第3版),中国人民大学出版社2018年版,第793页。

一、司法实践中的类似案件不同处理现象及其成因

(一)司法实践中的类似案件不同处理现象

一个诉讼时效语境下同一债权的典型例子是倍嘉实业诉三元达通讯案,该案中债权人先对其所享有债权的40%主张权利,已经主张的40%债权与剩余在后主张的60%债权构成同一债权。[8] 但是在实践中,同一债权的认定却较为复杂,例如以下两组案例。

第一组案例的争议点在于合同中约定的债权与合同履行过程中因违约发生的损害赔偿是否构成同一债权。在新红塔公司诉朗润公司案中,由于朗润公司给付延迟导致其负有支付合同所约定的违约金的责任,蚌埠市中院认为虽然新红塔公司仅主张过工程款,但工程款与违约金构成同一债权。[9] 相反,在苏州一建诉玉满天下公司案中由于玉满天下公司的不完全给付导致了工程延误。苏州一建在前案中主张了工程款,后又向法院请求误工损失。南京市中院认为工程款与误工损失不构成同一债权。[10]

第二组案例是关于债权人和债务人均唯一的不良资产包中的各项债权是否构成同一债权。在融海地产诉德保县糖厂案中,最高人民法院认为主张不良资产中10%的债权可以中断剩余部分的时效。[11] 而在中信达诉粮油公司案中,辽宁省高院却认为中信达所受让的银行对粮油公司的债权系由42笔独立贷款合同组成,其合同签订时间、贷款金额、期限、利息、诉讼时效起点均不相同,各为独立的单一之债。[12]

除以上列举的两组例子外,司法实践中还存在大量的类似案件不同处理现象,找到这种现象产生的原因是非常重要的。

(二)司法实践所采标准以及其中存在的问题

2020年《时效规定》第9条的适用前提是已主张债权与剩余债权构成同一债权关系。那么何谓同一债权?实践中《最高人民法院关于民事案件诉讼时效

[8] 参见重庆市高级人民法院(2013)渝高法民终字第00254号民事判决书。

[9] 参见安徽省蚌埠市中级人民法院(2020)皖03民终1722号民事判决书。

[10] 参见南京市中级人民法院(2019)苏01民终5998号民事判决书。

[11] 参见人民法院出版社法规编辑中心编:《民事诉讼时效司法解释及司法观点全编》,人民法院出版社2019年版,第195页。

[12] 参见辽宁省高级人民法院(2009)辽民二终字第63号民事判决书。

司法解释理解与适用》(以下简称《理解与适用》)一书中的两个定义常被法院援引,作为认定同一债权的依据,同时也有很多法院选择不引用定义,直接对同一债权做出解释。所以同一债权概念的不确定性导致了实践中大量的类似案件不同处理现象。其中定义1认为:"所谓同一笔债务,是指该债务在合同订立之时即已经确定,债权的内容和范围不随着时间的经过而变化,受到时间因素影响的只是履行的方式。"[13] 比如在海源机械诉桐昆公司案中嘉兴市中院就援引了定义1。[14] 定义2认为:"同一债权是指债权债务主体唯一、债权债务唯一的单一之债。"[15] 定义2也被法院广泛援引,如三江口水利诉中原水利案[16]。

定义1源自《理解与适用》对于2008年《时效规定》第5条(现《民法典》第189条)的解释。该条规定:"当事人约定同一债务分期履行的,诉讼时效期间从最后一期履行期限届满之日起计算。"本文发现《理解与适用》对分期履行的同一笔债务的定义(定义1)与王泽鉴先生在讨论分期履行为一时之债还是继续性之债的论述十分相似,[17] 且《理解与适用》作出该解释的原本目的便是定义同一笔债务分期履行并与继续性之债进行区分。[18] 所以定义1与诉讼时效语境下的同一债权没有关联,实践中法院援引该定义系对定义的误用。

定义2来自《理解与适用》对于2008年《时效规定》第11条的解释,这自然是立法者的规范立场。但是如何理解该定义中的债权债务唯一要件?本文认为,该定义下的债权债务唯一要件可作债的内容唯一之理解。所谓债的内容是指债权关系中双方的权利与义务,于权利人而言是债权,于义务人则为债务。但是对债的内容是否唯一的判断似乎还得回到债权是否唯一上,故无论法院引用《理解与适用》中的定义还是选择直接解释同一债权这个概念,均会面临对债权这个概念的解释问题。可是债权这一民法中的基石概念却有着较为广泛的

---

[13] 最高人民法院民事审判第二庭编著:《最高人民法院关于民事案件诉讼时效司法解释理解与适用》(第2版),人民法院出版社2015年版,第105页。

[14] 参见浙江省嘉兴市中级人民法院(2014)浙嘉商终字第386号民事判决书。

[15] 最高人民法院民事审判第二庭编著:《最高人民法院关于民事案件诉讼时效司法解释理解与适用》(第2版),人民法院出版社2015年版,第219页。

[16] 参见重庆市高级人民法院(2015)渝高法民终字第00508号民事判决书。

[17] 参见王泽鉴:《民法学说与判例研究》(重排合订本),北京大学出版社2015年版,第375页。

[18] 参见最高人民法院民事审判第二庭编著:《最高人民法院关于民事案件诉讼时效司法解释理解与适用》(第2版),人民法院出版社2015年版,第102~105页。

解释空间,由此便为适用中的分歧埋下了隐患。比如广义之债,狭义之债与债的同一性理论等解释路径均在债权的文义射程之内。同时,直接解释同一债权在民法中也不乏先例。比如《理解与适用》认为连带之债中的同一债权的判断标准即是数个债权之间是否具有共同目的。[19]

就同一债权的认定,除了定义2,学界提出的唯一认定标准是法律原因的同一性标准。该标准认为,基于同一法律关系产生的各项债权即使在事实上可分,其也具有同一性与整体性,所以构成同一债权。[20] 从以上表述可以看出,法律原因的同一性标准实质上是将债权解释为了广义之债。与狭义之债或其他解释路径相比较,该标准为认定同一债权设定了一个较低的门槛。所以一个合理的猜测是,实践中法院多选择广义之债路径是基于倾向保护债权人的考量。正如最高人民法院民二庭就《时效规定》答记者问时所说,由于诉讼时效中断的立法目的在于保护债权人,所以在对时效中断进行法律解释时应尽量做有利于债权人的理解。[21] 虽然这个标准被法院广泛引用,但下文将证明其存在潜在的缺陷。

二、解决之道:以请求权唯一作为解释核心

首先本节将提出同一债权的认定标准应是请求权唯一而非债权唯一这一观点,从而对定义2进行重构。随后本节将讨论判断请求权是否唯一的细分标准。

(一)以请求权唯一作为认定标准

1. 以请求权唯一作为认定标准的正当性

虽然在适用时效中断规则时应当尽量做有利于债权人的解释,但是基本法理仍是其解释的边界。从基本法理的角度观之,如果部分主张可以中断全部债权的诉讼时效,则说明已主张的部分债权与未主张的债权应当受到同一个时效期间的限制。这是因为,如果已主张部分的债权与未主张的债权分别受多个独立的诉讼时效期间限制,那么一段独立的诉讼时效期间中断不应当对另一段独

---

〔19〕 参见最高人民法院民事审判第二庭编著:《最高人民法院关于民事案件诉讼时效司法解释理解与适用》(第2版),人民法院出版社2015年版,第280页。

〔20〕 参见杨巍:《〈民法典〉第195条评注之一(诉讼外请求、义务承认)》,载《法学家》2021年第4期。

〔21〕 参见最高人民法院民事审判第二庭编著:《最高人民法院关于民事案件诉讼时效司法解释理解与适用》(第2版),人民法院出版社2015年版,第10页。

立的诉讼时效产生影响。所以在讨论同一债权的认定标准时,首先应当认识到这并非讨论多个债权是否同一,即并非认定债之单复数的问题,而在于认定已经主张的部分债权与未主张的剩余债权是否受到同一个时效限制的问题。

本文认为,诉讼时效期间是否唯一应当通过请求权是否唯一来进行认定。原因在于,首先,《民法典》第188条建立了诉讼标的与诉讼时效的一一对应关系,[22]易言之,对诉讼时效是否唯一的判断等同于对诉讼标的是否唯一的判断。从《民法典》第186条可以发现,对于诉讼标的的识别,我国的通说是旧实体法说,即给付之诉中有多少个请求权就有多少个诉讼标的。[23] 但是我国司法实践对旧实体法说的理解比较粗糙,法院笼统地认为诉讼标的就是法律关系与权利,甚至仅表述为法律关系。[24] 这一认识可能是大量法院适用广义之债路径来认定同一债权的原因。然而给付之诉的诉讼标的本质上还是权利人基于某种法律关系所产生的某种请求权,其核心是请求权而非法律关系。随着我国实务界对旧实体法说理解的不断深入,诉讼标的识别标准正从民事法律关系回归请求权,[25]同样地,同一债权的认定标准亦应与诉讼标的一样发生从法律关系到请求权的转变。其次,《民法典》明确了诉讼时效的客体为请求权,在诉讼时效的客体不同的情况下,诉讼时效自然也不同,因此可以认为诉讼时效的数目即等同于请求权的数目。

2. 以请求权唯一替换债权唯一作为解释核心的必要性

在讨论是否有必要将债权唯一替换为请求权唯一作为解释核心前,首先应当探究债权与请求权是不是同一个概念。德国学者梅迪库斯(Dieter Medicus)认同拉伦茨(Karl Larenz)的观点,即请求权与狭义之债没有实质上的区别,因为两者在法条中的定义极为相似。[26] 王泽鉴先生虽师承拉伦茨先生,但他却主张请求权只是债权的表现。[27] 这一观点被我国学者广泛接受。王利明先生则

---

〔22〕 参见任重:《论我国民事诉讼标的与诉讼请求的关系》,载《中国法学》2021年第2期。

〔23〕 参见王福华:《论民事判决的遮断效力》,载《中国法学》2021年第3期。

〔24〕 参见严仁群:《既判力客观范围之新进展》,载《中外法学》2017年第2期。

〔25〕 参见任重:《论我国民事诉讼标的与诉讼请求的关系》,载《中国法学》2021年第2期。

〔26〕 参见[德]迪特尔·梅迪库斯:《德国民法总论》,邵建东译,法律出版社2000年版,第68~69页。

〔27〕 参见王泽鉴:《民法概要》(第2版),北京大学出版社2011年版,第34页。

更进一步指出请求权并非仅存在于债法,而且两者在权能以及是否受时效限制等方面存在诸多不同。[28] 梁慧星先生也有类似的看法。[29] 所以请求权与债权应是两个不同的概念。

可能会有质疑者认为,虽然债权与请求权在本质上并不相同,但是如果两者在数量上一一对应的话,似乎也没有将债权替换为请求权的必要。应当指出,尽管在很多情况下请求权的数目的确等于债权的数目,但这两者在数量上并非总是相等。对于请求权数目与债权数目的关系,有解读认为史尚宽先生通过对选择之债的性质的分析论述了债之单复数的划分。史尚宽先生认为根据特殊债权说,选择之债是"标的虽不确定,然为于数宗给付中依选择而得确定一个之特殊债权"[30]。该解读根据这个论述推导出债的数目等于给付请求权的数目。[31] 但是史尚宽先生的分析似乎仅表明选择之债为一个独立的债权且在选择之债中债务人能且仅能选择一项请求权,这并不意味着选择之债所具有的债权与请求权一一对应的特征可以推广适用于所有类型的债权。所以正如黄茂荣先生所言,债权不等于请求权,基于一个债权也可以产生数个请求权。[32]

以债权作为解释核心最大的问题在于,首先债权这一概念有着宽泛的解释空间,而潜在的不同解释将会导致类似案件不同处理的风险。其次在基于一个债权产生了数个请求权的情况下,若认定该债权为同一债权,则默认了不同的请求权所对应的不同诉讼时效期间可以互相影响,这与基本法理不符。

3. 法律原因的同一性标准的不足

由于以下的三个原因,法律原因的同一性标准可能存在问题。

第一,该标准最早被提出用以判断某一履行行为是否可以构成原《合同法》第 72 条(现《民法典》第 531 条)所规范之债务的部分履行,[33] 而非用以判断诉讼时效下的同一债权。

第二,该标准于 2007 年被提出,在过去的十余年里该标准所依据的基本理

〔28〕 参见王利明:《论债权请求权的若干问题》,载《法律适用》2008 年第 9 期。

〔29〕 参见梁慧星:《民法总论》(第 6 版),法律出版社 2021 年版,第 76 页。

〔30〕 史尚宽:《债法总论》,中国政法大学出版社 2000 年版,第 265 页。

〔31〕 参见袁琳:《部分请求的类型化及合法性研究》,载《当代法学》2017 年第 2 期。

〔32〕 参见黄茂荣:《债法总论》(第 1 册),中国政法大学出版社 2003 年版,第 38 页。

〔33〕 参见薛军:《部分履行的法律问题研究——〈合同法〉第 72 条的法解释论》,载《中国法学》2007 年第 2 期。

论可能已经有了新的发展。前文已经讨论过我国法院笼统地将诉讼标的理解为法律关系,而法律原因的同一性标准的核心也在于判断法律关系是否唯一,所以实践中很多法院运用法律原因的同一性标准解释同一债权可能是建立在对旧实体法说的不正确认识上。

第三,与债权唯一标准可能面临的困境一样,即使各项债权是基于同一法律关系产生的,各项债权的请求权亦有可能不同。一个很好的例子是下文将会讨论的保险理赔的情形。法律原因的同一性标准认为基于同一合同或侵权行为所产生的所有债权具有整体性,因此在同一保险合同的有效期内因两起不同交通事故而产生之保险金请求权属于同一债权。但是以基本法理的角度观之,这两项理赔请求权的产生时间并不相同。在两项请求权分别计算时效的情况下,两个独立的时效期间之间自然不应互相产生影响。最高人民法院的判例似乎也不支持法律原因的同一性标准。在李某诉中关村商城公司案中,因中关村商城公司的拆除行为导致李某产生了房屋损失、暖房安置费用、设备搬迁费等。李某在前诉中主张了前两者,在后诉中主张了后者,最高人民法院认为前后诉中所主张债权非同一债权。[34] 本文认同最高人民法院的观点,这些损失虽然均由同一拆除行为产生,符合法律的同一性标准,但是由于损害了不同的基础权利即不同的财产权,所以是不同的请求权,不构成同一债权。

4. 同一债权之再定义

综上,应以请求权是否唯一作为识别标准来判断诉讼时效是否唯一,而诉讼时效是否唯一是判断是否构成同一债权的关键。因此本文主张将定义2中的债权债务唯一要件替换为或者解释为请求权唯一,从而对定义2进行重构。去掉重复的构成要件后,定义2即可概括为同一债权是请求权唯一的单一之债。由此可以得到同一债权的两个构成要件,首先是债权债务人唯一,其次是请求权唯一。前者根据案件事实非常容易判断,而后者在认定上却比较困难。

(二)判断请求权是否唯一的细分标准

本文认为,请求权是否唯一,可以通过请求权之类型、导致请求权产生之事实与被损害的请求权的基础权利是否同时唯一来进行判断。

第一,请求权在类型上可以分为契约上的给付请求权、返还请求权与损害赔偿请求权等。契约上的给付请求权又可分为履行请求权与次契约请求权,其

---

〔34〕 参见最高人民法院(2013)民申字第554号民事裁定书。

中后者包括违约损害赔偿,解除恢复原状与瑕疵担保等请求权。[35] 若请求权具有不同的类型,其自然便是不同的请求权。例如,上文在“类似案件不同处理现象”处列举的第一组案例则均不构成同一债权,因为合同中约定的工程款与因违约发生的违约金或误工损失分别属于契约上的给付请求权与债务不完全履行或延迟履行的损害赔偿请求权。这两类请求权的区别已经被学者所注意,有学者就认为同一租船合同项下的运费与滞期费分属两个不同的请求权,因为前者系继续履行请求权,而后者为损害赔偿请求权。[36] 与此类似的是,在实强公司诉力腾公司案中,建设工程合同由于力腾公司将工程转包给案外人而被解除。实强公司在结算协议中先向力腾公司主张了材料、用水等事项的差价,随后又向法院诉请力腾公司赔偿因合同解除而造成的设备等撤场损失。最高人民法院认为材料和用水等事项的差价与撤场损失构成同一债权。[37] 本文不认同最高人民法院的观点。恢复原状可以分为实物形态的与价值形态的。用水和材料的差价属于合同解除后价值形态的恢复原状请求权,恢复原状仅仅要求当事人返还对方所为之给付,而不涵盖利益受损情况下的救济。撤场损失则属于损害赔偿请求权,是合同解除后的违约责任。所以恢复原状请求权与损害赔偿请求权是两种不同类型的请求权,不能构成同一债权。

第二,若请求权基于不同的事实而产生,则这些请求权也不可能同一。本文第一部分所举的两个不良资产案例中,由于不良资产包是由一笔笔独立借款合同组成的,这意味着各笔借款中的各项请求权实质上基于不同的借款合同产生,所以不能构成同一债权。

第三,每一个请求权均对应一个基础权利。若对应的基础权利不同,则请求权亦不唯一。如在曹某诉中国人保案中,天津市二中院认为曹某在前诉中主张的人身损害赔偿与在本诉中提出的因同一交通事故造成的财产损害赔偿不构成同一债权。[38] 本文同样认为,该案中的财产损害与人身损害虽基于同一侵权行为产生,但请求权的基础权利分别是健康权和财产权,所以被侵害之基础权利不同,请求权自然也不同,不能构成同一债权。前文所举最高人民法院再审的李某诉中关村商城公司案亦能说明这个观点。

---

〔35〕 参见王泽鉴:《民法思维:请求权基础理论体系》,北京大学出版社 2009 年版,第 55 ~ 69 页。

〔36〕 参见袁琳:《部分请求的类型化及合法性研究》,载《当代法学》2017 年第 2 期。

〔37〕 参见最高人民法院(2017)最高法民申 2623 号民事裁定书。

〔38〕 参见天津市第二中级人民法院(2020)津 02 民终 127 号民事判决书。

三、同一债权认定标准之类型化分析

在司法实务中,除债的拆分主张(如上文所述的先主张货款的 40%,然后再主张剩余的货款)这一典型的类型外,还有很多其他的类型。截至 2022 年 9 月 23 日,截取司法解释原文“权利人对同一债权中的部分债权主张权利”作为关键词通过北大法宝平台进行全文检索,可以检索到 1910 篇判例援引了该规则。通过阅读全部的 21 篇最高人民法院判例以及随机选取的近百篇中级、高级人民法院案例,再根据所归纳出的案例特征将该司法解释片段结合租赁、资产管理公司等关键词进行精确检索进一步研究相关类型,本文发现针对同一债权的认定主要可以分为两个大类:第一类在学理上有着比较清晰的内涵与外延,包括同一笔债务分期履行、继续性之债、本息之债,其中本息之债是最常见的情形。第二类则呈现非常多样化的样态,无法确定其内涵,故只能从不同情形中提取最大公约数进行类型化分析。第二类主要包括同一请求权下不同名目的请求和不同合同项下的同一性质债权。同时,法院常常需要就以上归纳的两种或更多种类型的混合案情进行裁决。比如在华信公司诉中建六局案中法院需要判断继续性之债的各项给付之间以及继续性之债与违约金之间是否构成同一债权。[39]

(一)同一请求权下不同名目的请求

同一个请求权有时候可以拆分为不同的名目或者不同的费用,在满足债权债务人唯一的情况下可以构成同一债权。此种类型应当注意区分多项给付义务属于不同名目的费用还是不同的请求权。在华某军诉一汽大众一案中,华某军因产品缺陷受到了人身损害。华某军在前诉中主张了前期医疗费,在后诉中又主张后期医疗费、残疾赔偿金与营养费等费用,无锡市中院认为以上的费用均构成同一债权。[40] 然而在侯某怀诉韩某案中,山西省高院则认为残疾赔偿金与医疗费等费用在性质上属于不同的项目,非同一债权。[41] 本文认为,虽然两案中前诉与后诉所主张的各种费用的名目不同,但是均是基于同一侵犯健康权(基础权利唯一)之行为(产生请求权之事实唯一)所产生的损害赔偿请求权(请求权的类型唯一),构成同一债权。

---

〔39〕 参见厦门市中级人民法院(2020)闽 02 民终 2310 号民事判决书。

〔40〕 参见江苏省无锡市中级人民法院(2019)苏 02 民终 3457 号民事判决书。

〔41〕 参见山西省高级人民法院(2018)晋民申 46 号民事裁定书。

（二）同一笔债务分期履行

《理解与适用》认为同一笔债务分期履行实质为同一债务，具有唯一性，故只主张某一期或者某几期债权的，时效中断的效力也应及于剩余债权，但前提是剩余债权已开始计算时效期间。[42] 本文赞同同一笔债务分期履行的各期债权构成同一债权，但是剩余债权开始计算时效不应作为适用同一债权规则的前提。原因在于，首先，若承认了这个条件，就等于默认了同一笔债务分期履行中存在多个独立的诉讼时效，然而如果存在多个时效，这些不同时效之间不应当互相影响。其次，就体系解释而言，自 2008 年《时效规定》第 5 条沿袭而来的《民法典》第 189 条规定，同一笔债务分期履行的时效自最后一期债权履行期限届满时计算。该条也说明同一笔债务分期履行只受一个时效影响。

应当注意的是，分期履行之债与同一笔债务的分期履行并非同一概念。分期履行之债包括同一笔债务的分期履行与同一合同项下的定期给付之债，后者主要表现为继续性合同。由于继续性之债不得适用同一笔债务分期履行的相关规定，所以问题在于，要探究继续性之债中各项给付背后的请求权是否唯一。

（三）继续性之债

1. 学界对于继续性之债时效起算点的争议

通过上文的分析，可以得出结论，诉讼时效起算点之数目是否唯一决定了是否能够构成同一债权。学界与实务界对于继续性之债的时效起算点有着三种态度。第一种观点认为主张继续性之债中的部分债权可以中断全部债权的时效，[43] 因为如果分开计算诉讼时效会面临整个合同关系的完整性被割裂的问题。[44] 第二种观点同意崔建远先生的看法，[45] 即继续性合同中各项个别债权在经济上和法律上具有某种程度的独立性，所以各项个别债权可以分别适用诉

---

〔42〕 参见最高人民法院民事审判第二庭编著：《最高人民法院关于民事案件诉讼时效司法解释理解与适用》（第 2 版），人民法院出版社 2015 年版，第 221 页。

〔43〕 参见中房京贸房地产开发有限公司与中国电子进出口有限公司商品房预售合同纠纷案，最高人民法院（2020）最高法民终 611 号民事判决书。

〔44〕 参见秦皇岛华侨大酒店与秦皇岛市海港区工商行政管理局租赁合同纠纷案，最高人民法院（2011）民提字第 304 号民事判决书。

〔45〕 参见舒城县自然资源和规划局建设用地使用权出让合同纠纷案，最高人民法院（2019）最高法民申 6048 号民事裁定书。

讼时效。[46] 第三种观点认为,当继续性之债的整体性大于独立性时,诉讼时效自最后一期履行期限届满时开始计算,反之则应就每一期履行期限届满时计算,而整体性是否大于独立性可以通过是否由同一合同进行约定、给付性质是否唯一、履行期限是否较短以及当事人是否对合同具有整体性的合理信赖等标准因素来进行判断。[47] 本文认同第三种观点。继续性之债一般可分为继续性供给合同和固有的继续性合同,以下将根据第三种观点分别进行判断。

2. 继续性供给合同

在巨牛商贸公司诉铁路服务中心案中双方约定出卖人根据买受人的采购需求随时供货,但是铁路服务中心在协议存续期间仅给付了部分货款。最高人民法院认为巨牛商贸公司请求支付的货款形成于2008年至2012年间,因双方之间属于持续存在的买卖合同关系所以构成同一债权。[48] 厦门市中院在华信公司诉中建六局案中也认为继续性供给合同中的每期对账明细均产生中断全部债权时效的效力。[49]

本文同样认同继续性供给合同中的各项给付构成同一债权,除非合同履行期限过长。原因在于,首先,从整体性与独立性角度判断,继续性供给合同中的给付由于当事人的再协商呈现继续性,所以继续性供给合同仍是一个单一的合同,而非数个合同的集合。[50] 鉴于只签订了一个合同且标的物的种类唯一,一般大众均会将其视为一个整体,所以各项给付的整体性大于独立性。例外的情况是履行期限过长的情况下应当是独立性大于整体性,因为此种情形下可能存在举证困难和为债务人施加过重负担等风险。

其次,从诉讼时效的立法目的角度观之,第一,债权人仅主张到期债权中的部分债权是基于对该笔债权具有整体性的合理信赖而做出的维持双方良好交易关系的行为。这个观点源于学者对同一笔债务分期履行的诉讼时效应当从

---

〔46〕 参见崔建远:《继续性债权与诉讼时效》,载中国法院网,https://www.chinacourt.org/article/detail/2003/06/id/66043.shtml。

〔47〕 参见张雪楳:《诉讼时效审判实务与疑难问题解析——以〈民法总则〉诉讼时效制度及司法解释为核心》,人民法院出版社2019年版,第217~219页。

〔48〕 参见最高人民法院(2015)民申字第253号民事裁定书。

〔49〕 参见厦门市中级人民法院(2020)闽02民终2310号民事判决书。

〔50〕 参见王泽鉴:《债法原理》,北京大学出版社2009年版,第103页。

最后一期起算的立法目的分析。[51] 本文认为,这一分析同样适用于继续性供给合同,因为后者对交易双方的信任与维持良好交易关系的意愿的要求甚至比同一笔债务分期履行更高,更需要得到时效制度的保护。同一笔债务分期履行中的给付自合同订立时便已经确定,而继续性供给合同中的给付则取决于合同持续时间的长短。因此在继续性供给合同中,一个理性的债权人在一方未完全履行债务的情况下,可以选择主张权利或轻易地使此段交易关系归于消灭。但是债权人援引同一债权规则对抗债务人的时效届满抗辩的事实便足以说明,权利人在债务人未依约履行债务的情况下仍然未丧失对债务人的信任并选择了维持交易关系,这样的施惠与维护交易关系的行为是民法所应当保护与鼓励的。相反,如果割裂继续性供给合同中的各项给付,则其便与下文将讨论的在一段时间内重复订立的协议没有区别。

第二,如果分别计算诉讼时效,则会迫使债务人担心诉讼时效期间届满而频繁主张权利,这不利于债之关系的稳定,并会损害双方的互信与友好合作关系。[52]

第三,在合同存续期间债务人在履行债务时往往存在一定的随意性。比如在一个继续性供货合同中,支付价款的一方有时会在非约定付款日支付比约定金额更多或更少的价款,如果认为继续性供给合同中各项给付独自计算诉讼时效,则需要查清每次支付的款项对应哪一笔债务,引起哪一笔债务诉讼时效中断,这增加了诉讼时效计算的复杂性与法院审理难度。[53]

第四,由于在合同订立时,双方就认识到了该合同关系是长期且持续的,债权人仍可期待债务人在合同终止双方进行清算时清偿所有债务,而这样的期待或者信赖需要被法律保护。综上,继续性供给合同中的各项给付均为同一合同权利,其请求权唯一,可以构成同一债权。

我国学界通常将水、电、气供应合同视为特殊的继续性合同。一般来说,消费者与这些企业之间并不存在维护良好交易关系的必要或可能,所以不存在认定同一债权的问题。

---

〔51〕 参见张雪楳:《诉讼时效审判实务与疑难问题解析——以〈民法总则〉诉讼时效制度及司法解释为核心》,人民法院出版社 2019 年版,第 214 页。

〔52〕 参见最高人民法院民事审判第二庭编著:《最高人民法院关于民事案件诉讼时效司法解释理解与适用》(第 2 版),人民法院出版社 2015 年版,第 104 页。

〔53〕 参见郑某某诉魏某债权纠纷案,宁波市中级人民法院(2011)浙甬民二终字第 472 号民事判决书。

3. 固有的继续性合同

固有的继续性合同如租赁、物业合同因其继续性给付在性质上不可分,所以本不存在构成同一债权的可能。但是固有的继续性合同的对待给付之间可能构成同一债权。在固有的继续合同中,判断各项对待给付的整体性是否大于独立性,除了要判断合同履行期限是否过长,还应当特别关注各项给付是不是基于同一事实而发生。本文将通过两组案例予以说明。

第一组案例。在津戎物业诉张某案中,大连市中院认为物业管理费按月收取,每个月的物业管理费互相独立没有关联,因此不构成同一债权。[54] 而在艾明物业诉刘某案中,眉山市中院认为物业公司对拖欠物业费行为容忍度较大,且各期物业费基于同一合同产生,具有整体性,构成同一债权。[55]

第二组案例。在李某诉永安保险公司案中,李某在永安保险公司处投保的汽车在保险期间内分别发生了两次交通事故,李某在时效期间内仅主张了其中一次事故的理赔。青岛市中院认为基于同一保险合同在同一保险期内发生的两个保险金请求权属于同一债权。[56] 而在柳某诉某船运公司案中,北京市一中院认为,2008年能获得奖金不代表2009年必然能获得,因此后诉主张的2009年度奖金与先前主张的2008年度奖金等请求在债的发生时间与原因上均不相同,不构成同一债权。[57]

以上两组案例的不同在于,第一组案例均是基于唯一的事实产生的唯一的请求权,第二组案例均是基于多个事实产生的多个请求权。第一组案例中,由于物业合同中的各期物业费的数额与支付时间等事项均由唯一的合同在先约定,在此意义上其与继续性供给合同并无太大差异。因此第一类的情况下各项给付构成同一债权。而第二类情形下的多项不同的保险理赔金与奖金债权均产生于不同的时间,有不同的时效起算点。同时各项保险金与奖金的产生取决于合同约定的条件是否成就,若存在多项保险理赔金与奖金请求权,便说明发生了多次约定的特定法律事实。所以第二类中的请求权基于不同的事实产生,各项请求权的独立性大于整体性,不能构成同一债权。

除以上两类典型的继续性之债外,按日累计的违约金等情形也可能被认定为继续性之债。这些特殊类型的继续性之债是否可以构成同一债权亦应根据其中债权的独立性与整体性的相对大小进行判断。

---

[54] 参见辽宁省大连市中级人民法院(2020)辽02民终1331号民事判决书。

[55] 参见四川省眉山市中级人民法院(2020)川14民终608号民事判决书。

[56] 参见青岛市中级人民法院(2011)青民四商终字第76号民事判决书。

[57] 参见王忠:《劳动争议仲裁时效中断的法律判断》,载《中国社会保障》2012年第1期。

(四)不同合同项下的同一性质债权

继续性合同可以被抽象为同一合同项下产生的同一性质的债权。但在审判实践中还存在不同合同项下产生的同一性质的债权。这一类债权在表面上与继续性合同十分相似,容易造成混淆,却不具备继续性之债的合同关系唯一的性质。易言之,此类债权就像是被割裂整体性的继续性之债。由于不同合同项下产生的债权的独立性会明显大于其整体性,所以不能构成同一债权。

最高额保证借款合同就是一个很好的例子。在曾某惠诉祁某宏案中重庆市高院认为每一笔借款均系最高额保证借款合同所产生,故应属于同一债权。[58] 本文认为,虽然最高额借款合同在表面上与继续性合同非常相似,但是其中的各项借款却不能构成同一债权。两者相似之处在于最高额保证借款合同要求各方在先前签订一个总的合同,且实际的借贷之债确因时间的经过才随之产生,而非在最高额借款合同签订时就已经约定。但是与继续性之债不同的是,即使在最高额保证借款合同签订后,借贷关系的发生仍然要求债权人与债务人之间签订独立的借款协议,并就借贷金额和还款期限等事项进行约定,这也导致最高额保证合同下的各笔借款的请求权均是基于不同的借款合同产生的,各笔借款应独立计算时效。

第二个例子是一段时间内重复订立的协议,如在曹某臣诉大连乡政府案中,曹某臣于 1997 ~2001 年多次向大连乡政府销售玻璃用品,但货款一直未得到全部清偿,曹某臣仅主张过部分债权。河南省高院认为虽然大连乡政府所欠曹某臣的款项由一个又一个买卖合同构成,但应视为一个整体的债权。[59] 如同最高额保证借款一样,本文认为此种情形下各项买卖合同均会分别产生不同的请求权,不能构成同一债权。

(五)本息之债

《理解与适用》认为利息之债可被分为基本权利息之债与支分权利息之债。前者未到清偿期限是本金之债的从属权利,所以可以与本金之债构成同一债权。而后者虽然已届清偿期具有一定独立性,因此学理上应独立计算诉讼时效,但是最高人民法院民二庭讨论后倾向认为本金之债请求权与利息之债请求权具有一体性与从属性,基于诚实信用原则可以构成同一债权。[60] 审判实践中仅有少量

---

〔58〕 参见重庆市高级人民法院(2017)渝民终 48 号民事判决书。

〔59〕 参见河南省高级人民法院(2020)豫民申 5489 号民事裁定书。

〔60〕 参见最高人民法院民事审判第二庭编著:《最高人民法院关于民事案件诉讼时效司法解释理解与适用》(第 2 版),人民法院出版社 2015 年版,第 221 ~223 页。

判例持相反立场,如在姚某生诉伟业地产案中,内蒙古自治区高级人民法院认为就债的属性而言,利息仍属于独立的诉讼请求因此不构成同一债权。[61]

本文同样同意虽然学理上本息之债中的返还本金请求权与支付利息请求权是两项不同的请求权,[62]但是在诚实信用原则的要求下,本息之债可以作为请求权唯一标准的例外情形。原因在于,与构成同一债权的情形一样,本息之债之间联系相当紧密,以至于一般人必然将其视为一个整体,故当债权人仅主张本金之债或仅主张利息之债且没有明示放弃剩余部分的情形下,债务人自认为债权人放弃了利息或本金无疑是不合理的。所以债务人不会基于债权人放弃了未主张部分的债权的信赖而行事,自然也没有信赖需要被保护。

四、结　　论

基于对债权人的保护与部分主张即可推定为对整体债权行使权利的观点,司法解释规定了同一债权的部分主张对于剩余部分的时效中断效力。但是在审判实践中部分法院将同一笔债务分期履行的定义误用于认定同一债权,也有部分法院引用《理解与适用》对于同一债权的定义,或直接解释同一债权。然而司法实践对于如何解释该定义中的债权债务唯一要件或如何解释债权并没有一个统一的理解。

由于不同的诉讼时效期间之间不应当互相影响,所以部分主张能够产生对剩余部分的时效中断效力的前提是已主张的部分债权与未主张的剩余部分共同受到一个诉讼时效限制。本文认为应以请求权是否唯一作为标准来判断诉讼时效是否唯一。这是由于首先诉讼时效与诉讼标的之间具有对应关系,而我国所采的旧实体法说认为给付之诉的诉讼标的为请求权。其次诉讼时效的客体是请求权。我国法院常将旧实体法说笼统地理解为诉讼标的就是法律关系,这一认识可能是法律原因的同一性标准在审判实践中被大量适用的原因。但是适用法律原因的同一性标准来进行判断可能有悖于基本法理。

因此《理解与适用》对同一债权的定义可以被重构为,同一债权是请求权唯一的单一之债。其中对于请求权唯一要件的判断可以通过被损害之基础权利、产生请求权之事实与请求权的类型是否同时唯一来进行判断。

通过以上的标准,本文发现审判实践中常常出现的债的拆分主张、同一请

[61] 参见内蒙古自治区高级人民法院(2020)内民申 1010 号民事裁定书。

[62] 参见严仁群:《既判力客观范围之新进展》,载《中外法学》2017 年第 2 期。

求权下不同名目的请求、继续性之债中基于唯一的事实产生的唯一请求权的情形和同一笔债务分期履行可以构成同一债权。其中,继续性之债还需满足合同履行期限不能过长的前提。而当已主张部分债权与剩余债权分别属于两个或多个请求权时则不能构成同一债权,如最高额保证贷款合同与不良资产包。最后本息之债中虽有两项不同的请求权,但是根据诚实信用原则可以构成请求权唯一标准之例外。

责任编辑:欧阳婧

集资诈骗罪“非法占有目的”二元认定标准之建构*

孙鹏庆　许林逸**

摘要：

现有集资诈骗罪“非法占有目的”推定标准理论供给不足，司法适用困境现实存在，无法有效回应非法集资犯罪治理需求。在辩证唯物主义认识论的指引下，运用类型化的思维方式和刑事一体化在个罪的微观表达，集资诈骗罪“非法占有目的”二元认定标准应运而生。二元标准包含积极推定与消极推定双层构造，前者分为控诉式的积极推定与审判式的积极推定，适用于检察官与法官在法庭中运用司法解释中的行为推定被告人主观上具备“非法占有目的”；后者分为基础事实反驳型消极推定和推定事实反驳型消极推定，适用于被告人及其辩护人对积极推定的反驳。通过对集资诈骗罪“非法占有目的”的证明责任、证明标准与程序设置进行内容建构，提出保障反驳权的规范性建议，梳理二元认定标准的司法适用逻辑，进而回应我国非法集资犯罪治理的现实困境。

关键词：

集资诈骗罪；非法占有目的；司法推定；二元认定标准；刑事一体化

一、问题的提出

习近平总书记指出，防范化解金融风险特别是防止发生系统性金融风险，

---

* 本文系北京市法学会2022年市级法学研究重点课题“民营企业创新创业司法保障问题及对策研究”［BLS（2022）A004］的阶段性研究成果。

** 作者孙鹏庆，北京师范大学刑事法律科学研究院硕士研究生，研究领域为刑事诉讼法学。作者许林逸，北京师范大学刑事法律科学研究院硕士研究生，研究领域为刑法学。

是金融工作的根本性任务。[1] 为配合打好防范化解重大金融风险攻坚战,2020年全国公安机关深入开展打击非法集资犯罪专项行动,全年共立案侦办非法集资犯罪案件6800余起,涉案金额1100余亿元,抓获犯罪嫌疑人约1.6万名。[2] 根据最高人民检察院公布的数据,2021年1月至11月,检察机关起诉非法吸收公众存款罪2.02万余人;起诉集资诈骗罪1800余人。[3] 在市场经济转轨的背景下,涉众和舆情案件严重影响着我国经济的健康发展,而在微观个罪层面,主观目的是划分集资诈骗罪与非法吸收公众存款罪的关键,其中争议焦点在于“非法占有目的”的认定。随着网络时代的来临,非法集资犯罪呈现多样化、隐蔽化趋势,并且被告人往往拒绝主动供述“非法占有目的”,在案件缺乏相关直接证据的情况下,这导致“非法占有目的”的认定面临现实难题。2010年最高人民法院制定的《关于审理非法集资刑事案件具体应用法律若干问题的解释》(以下简称《非法集资解释》)用以确立了集资诈骗罪“非法占有目的”的认定标准,随后又通过发布会议纪要等文件的方式对该标准进行补充、完善。《刑法修正案(十一)》也对非法集资犯罪予以调整,进一步加重了处罚力度。[4] 2022年2月23日,最高人民法院又对《非法集资解释》进行了修改。这彰显了司法及时回应民意、社会治理需求以及维护国家经济安全的精神,但也从侧面透露出现有集资诈骗罪主观层面认定方式和逻辑存在缺憾,更有学者称非法集资犯罪为“刑法完不成的任务”[5]。

通过司法解释的规定认定行为人主观上具有“非法占有目的”,此种方法被称为司法推定,在本文的语境下,属于积极推定,而基于推定的可反驳性,被告人及其辩护人对积极推定的反驳,属于消极推定。我国《非法集资解释》中仅对

---

〔1〕 参见张敏彦:《推动金融业高质量发展,习近平这样部署》,载新华社新媒体2019年2月26日,https://baijiahao.baidu.com/s?id=1626492067576540534&wfr=spider&for=pc。

〔2〕 参见经济犯罪侦查局:《2020年公安机关立案侦办非法集资犯罪案件6800余起》,载公安部官网2021年1月7日,https://app.mps.gov.cn/gdnps/pc/content.jsp?id=7645244。

〔3〕 参见孙风娟:《力推“挂案”清理 严惩涉疫苗犯罪——专访最高人民检察院第四检察厅厅长郑新俭》,载《检察日报》2022年2月16日,第2版。

〔4〕 参见卢建平:《完善金融刑法,强化金融安全——〈刑法修正案(十一)〉金融犯罪相关规定评述》,载《中国法律评论》2021年第1期。

〔5〕 黄韬:《刑法完不成的任务——治理非法集资刑事司法实践地现实制度困境》,载《中国刑事法杂志》2011年第11期。

积极推定依据的客观内容进行规定,而未涉及程序层面和消极推定。同时,现有的理论研究成果大多局限于实体法层面,鲜有程序法层面的研究成果。但是,推定本身具备实体与程序两重属性,司法解释与理论研究又过度倾向于实体层面,这无疑违背了推定方法的司法适用规律。具言之,如果辩方提出反驳推定的意见,此时司法推定该如何适用?反驳推定的证明责任如何分配,证明标准为何?辩方提出反驳的适用范围如何界定?该权利又该如何救济?以上问题如若无法得到解答与落实,无疑将影响司法推定的实效。

因此,本文以"非法占有目的"司法推定标准的建构为逻辑主线,首先对集资诈骗罪"非法占有目的"的理论研究与司法困境进行分析,继而讨论二元认定标准建构的多重正当性基础,从而创设性地提出积极推定与消极推定的二元认定标准,进一步明确该标准的适用范围与类型,阐明程序层面的证明责任分配、证明标准以及程序性问题,提出现有司法解释的完善建议,实现集资诈骗罪"非法占有目的"认定范式的建构。

二、司法困境之成因:理论供给不足与实践认定难题

"非法占有目的"是把握集资诈骗罪与其他非法集资犯罪边界的核心,然而现有理论研究供给不足,"非法占有目的"的认定难题现实存在,二者共同导致了司法认定困境的形成。

(一)理论供给不足:现有司法推定标准的局限

学界充分认识到了集资诈骗罪"非法占有目的"的重要研究价值,并进行了积极的探索。代表研究成果有:"主客观相统一法""九种行为判断法""全案排除法""正推与反推结合法"。其中,"主客观相统一法"主张判断行为人主观目的的关键是要坚持行为人主观态度与客观行为的统一。[6] 然而,司法实践中,行为人主观要素的证明困难现实存在,"主客观相统一法"过于抽象,亟待进一步具体明晰。"九种行为判断法"通过列举方式提出了九种具体的行为,据此认定行为人主观上具有"非法占有目的",[7] 但是列举法较为机械,外延过于狭窄,无法穷尽各种可能出现的情形,难以适应多变的金融局势和社会生活。"全案排除法"在此基础上予以深化,对推定的行为人主观心理态度提出了"综合全

---

[6] 参见刘宪权:《刑法严惩非法集资行为之反思》,载《法商研究》2012年第4期。

[7] 参见古加锦:《如何认定金融诈骗罪的非法占有目的》,载《法律适用》2013年第11期。

案事实,并排除其他可能性"的标准。[8] 该标准引入司法推定,使得标准本身更具实用性,但其仅立足于积极的认定思维,并未考虑消极的"非法占有目的"不存在的情形。"正推与反推结合法"提出了更为完善的思考,主张根据司法解释规定的正向推定情形提出反推标准,即反驳行为人具有"非法占有目的"的依据,构建正推与反推双向结合的推定标准体系。[9] 但是,反推标准仅以《非法集资解释》中所列举的行为进行构建,呈现一定的僵化色彩。以上推定标准都存在的普遍问题是:研究都立足于实体层面,忽视了推定本身兼具实体与程序双重属性,程序层面上推定的问题并未得到深入的研究,因而司法推定的证明责任、证明标准以及程序设置问题仍然无法明晰。

(二)司法适用难题:"非法占有目的"的唯一化倾向及认定困境

在规范层面,"诈骗方法"与"非法占有目的"是实现非法吸收公众存款罪与集资诈骗罪的界分的理想要素。对此,全国人大常委会法制工作委员会刑法工作室作了如下解读:"在客观行为方面,非法吸收公众存款不以欺骗方法作为犯罪构成要件,欺骗手段一般仅是行为人为了保障非法吸收公众存款能够顺利进行,伪造一些资质文件等。而集资诈骗罪是以使用诈骗方法为犯罪构成要件的,其是骗取集资款的一种非法手段。"[10] 然而,在实践中,因为行为人在实行前罪的过程中往往也使用了欺骗方法,这一方法又往往与诈骗方法高度混同,所以无法简单地通过两罪规定的客观构成要件行为实现罪名间的区分。于是,主观要素界分功能被进一步强化,甚至成为两罪区分的根本。同时,如果行为人主观具备"非法占有目的",就意味着构成刑罚更重的集资诈骗罪,所以其往往拒绝主动供认主观目的。并且,集资诈骗罪中的诈骗行为与"非法占有目的"存在独立性,非法占有目的作为主观超过要素不需要与之对应的客观事实。[11] 因此,在集资诈骗罪与非法吸收存款罪的罪名认定场域下,基于核心界分要素"非法占有目的"的认定困境,导致非法吸收公众存款罪成为打击非法集资犯罪的保守且稳妥的选择,这便不当地扩张了该罪适用的边界,也进一步限缩了集

---

〔8〕 参见高铭暄、孙道萃:《论诈骗犯罪主观目的的认定》,载《法治研究》2012 年第 2 期。

〔9〕 参见胡启忠:《集资诈骗罪"非法占有"目的认定标准的局限与完善》,载《法治研究》2015 年第 5 期。

〔10〕 王爱立主编:《中华人民共和国刑法条文说明、立法理由及相关规定》,北京大学出版社 2021 年版,第 701 页。

〔11〕 参见张明楷:《刑法分则的解释原理》,中国人民大学出版社 2011 年版,第 405 页。

资诈骗罪惩处的范围。随着网络时代的来临,非法集资犯罪呈现更加隐蔽化的趋势,司法解释中规定的推定情形无法及时地回应新情况、新行为。如若不引入一种更科学的司法推定标准,辩方的诉讼利益将受到难以估量的减损,国家系统性金融风险的预防效果也将大打折扣。

三、集资诈骗罪"非法占有目的"二元认定标准的正当基础

集资诈骗罪"非法占有目的"二元认定标准是一种全新的认定范式,蕴含着积极推定与消极推定两层构造。积极推定着眼于建构,即正向流程的、肯定的推定;消极推定则着眼于解构,即反向流程的、否定的推定。这样的一种认定范式是辩证唯物主义认识论指引下的思维创造,也是运用类型化思维方式的产物,更是刑事一体化在微观个罪领域的表达。

(一)哲学基础:辩证唯物主义认识论的指引

集资诈骗罪"非法占有目的"的认定需要立足于辩证唯物主义认识论,符合刑事诉讼的诉讼认识、诉讼价值以及诉讼真实论的要求。基于诉讼真实的要求,在刑事诉讼中,需要对诉讼主、客体予以明确,肯定证据是认识案件事实的主要方式,且这一过程需被法定化。二元认定标准首先便对控、辩、审三方在"非法占有目的"认定方面的具体内容予以明确,并对辩方运用证据的标准和权利保障进行设计,进而将消极推定法定化,填补了现有司法解释的空白。同时,诉讼价值间的冲突是现实存在的,公正与效率、惩罚犯罪与保障人权等价值之间存在天然的张力,但总体来说,应以追求真实和公正优先,兼顾效率。二元认定标准的引入便是这一理念的产物,其肯定了控、审两方通过司法解释对被告人"非法占有目的"的认定,又强调辩方对前者的反驳,这样的反驳以提出新的疑点、运用新的证据而实现,同时对该程序赋予规范保障。此时,人权保障和惩罚犯罪达到了微妙的平衡。并且,通过对控、审两方积极推定的限制,明确辩方反驳的证明责任、证据标准和程序保障,更有利于在实现法律真实前提下,追求客观真实。

(二)方法论基础:类型化思维方式的产物

二元认定标准是运用类型化思维方式的产物。卡尔·拉伦茨指出,类型化的思维方式是在无法解释和认识某一社会现象时求助的对象,即基于规范制定本身的经验性,或曰"动态"的标准。仅依据立法者的原意不足以解决裁判中出现的全部问题,经验法则只能是盖然性的根据,同时生活关系一直在变化之中,所以解释本身也需要不断进行完善和调整,即"如果在具体个案中存在不寻常

的发展情况时,就应该假定在这一个案中的事实发展是根据典型的事物发展能够被预期的,这一标准的选定则需要由规范的目的与规则背后的思想来决定”[12],这种“典型”便是类型化的思维范式。如前所述,我国集资诈骗罪“非法占有目的”的认定主要通过《解释》及其相关司法解释性文件完成,其规范表现为叙明的形式,是一种典型的经验性的总结。正如参与制定司法解释的刘为波指出,为了回应司法实践中法律适用难题,《非法集资解释》是在广泛调研和总结司法经验基础上形成的。[13] 但卡尔·拉伦茨指出,这种动态的经验性的规范需要类型化的思维方式予以完善,需要回到规范目的及其制定蕴含的思想的语境内选择和界定。根据《非法集资解释》第4条,有下列情形的,可以认定为非法占有目的。由“可以”之表述可知,其赋予控、审双方积极地运用司法解释认定当事人主观上的非法占有目的的权利,但也蕴含了人权保障之理念,留下了辩方反驳的权利和空间。在类型化思维下,这便是一种正向流程的、肯定的推定和反向流程的、否定的推定结合的规范,即积极推定和消极推定的二元认定标准。此种类型化的创造能够实现动态规范的可预期,最大限度地化解司法认定范式的复杂性特征。

(三)理念基础:刑事一体化的微观表达

司法推定是特定刑事政策导向功能的产物,更是刑事一体化思想的微观表达。在刑事一体化的语境下,[14]刑事政策对刑事实体法具有导向功能,其可体现在对罪名的某一构成要件进行特殊把握方面。例如,采用推定故意的方式,对罪名的主观构成要件进行推定,从而减轻司法压力。一般而言,推定故意需要满足一定的条件:属于高发性罪名;主观心理难以证明;推定所依据的客观事实与被推定的主观样态之间具有高概率的联系,但是高概率也意味着和证明结论唯一性存在差距,故而推定需要与“反证除外”规则相联结。[15] 如前所述,集资诈骗罪属于高发性犯罪,并且实践中主观非法占有目的往往难以证明。实践中多以司法解释与其他司法解释性文件进行集资诈骗罪主观目的判断,这些文件规定的情形是司法经验的产物,具有作为推定标准的合理性。当然,为了避

---

[12] [德]卡尔·拉伦茨:《法学方法论》,黄家镇译,商务印书馆2020年版,第583页。

[13] 参见刘为波:《〈关于审理非法集资刑事案件具体应用法律若干问题的解释〉的理解与适用》,载《人民司法》2011年第5期。

[14] 参见储槐植:《建立刑事一体化思想》,载《中外法学》1989年第1期;储槐植、闫雨:《刑事一体化践行》,载《中国法学》2013年第2期。

[15] 参见储槐植:《刑事一体化论要》,北京大学出版社2007年版,第87~88页。

免刑罚权的过度扩张,推定适用必须谨慎与克制,故而所谓"反证除外"规则实质上就是对积极推定的反驳,也就是消极推定。然而现有规范并未确立消极推定,辩方的反驳权缺乏强制力保障。从规范上确立消极推定是赋予推定合理性,科学认定集资诈骗罪"非法占有目的",避免刑罚过度扩张的要求,更是司法推定二元标准的正当前提。

四、二元认定标准的两层构造:积极推定与消极推定

集资诈骗罪"非法占有目的"司法推定标准应包括积极推定与消极推定两层构造。积极推定是在积极定罪理念指引下,检察官与法官通过对基础事实的证明,并据此认定被告人主观上具备"非法占有目的"的诉讼活动。消极推定则是在消极的出罪理念指引下,被告人及其辩护人对积极推定所依据的基础事实和形成的推定事实进行的反驳。

(一)第一层构造:积极推定

积极推定分为控诉式积极推定与审判式积极推定,其适用范围应严格依照法律规范进行。控诉式积极推定存在两次证明责任,且两次证明标准存在不同。在程序上,积极推定不能基于推定事实再次推定,即禁止二次推定,从而达到对积极推定的限制。

1.积极推定的基本类型及其适用范围

在法庭审理过程中,积极推定是指公诉人与法官主动运用司法解释中规定的情形推定被告人主观上具备非法占有目的的诉讼活动。在积极推定的运用过程中,根据主体的不同,可以分为两种积极推定。一是公诉人通过证明基础事实(司法解释所列举的情形),进一步推定被告人具备非法占有目的,即控诉式的积极推定;二是法庭依据公诉人提供的证据,将证明的事实作为裁判的依据,以此推定被追诉人的主观心理,从而进一步作出审判,即审判式的积极推定。上述两类推定均应以集资诈骗罪主观目的的相关法律规范作为认定依据,即主要以《非法集资解释》及相关文件中关于"非法占有目的"推定的相关条款为依据。

2.积极推定的证明责任、证明标准以及程序限制

对司法推定的有效性审查经常会转变成对一般的证据充分性的审查问题,[16]而证据充分性的审查问题又与证明责任、证明标准以及程序性规则紧密

〔16〕 参见劳东燕:《认真对待刑事推定》,载《法学研究》2007年第2期。

相关。控诉式积极推定会产生二次证明责任，即需要承担基础事实的证明责任，以及针对被告人方反驳的证伪责任。依据推定规则，在法庭审理过程中，当公诉人按照法定流程进行举证，并依据出示的证据认定被告人具有“非法占有目的”后，此时基础事实的证明往往已经完成，同时证明责任发生从公诉人到被告人方的移转。当被告人方反驳推定事实或基础事实后，为避免使待证事实处于“真伪不明”或“合理怀疑”的状态，此时公诉人需要再次承担证明责任，用以推翻反证，排除合理怀疑，实现对于基础事实与推定事实的认定。第一次对基础事实的证明应达到“证据确实、充分”的标准，而对于第二次对反驳事实的证伪应达到“排除合理怀疑”的标准。这便涉及基础事实与推定事实的区别，以及“证据确实、充分”标准与“排除合理怀疑”标准的区分。

第一，基础事实与推定事实存在不同的证明责任。在集资诈骗罪中，基础事实就是上述积极推定的实体性内容，即司法解释规定的客观情形。例如，对于集资后是否用于生产经营、是否虚假宣传等。基础事实的证明是公诉机关指控被告人有罪的前提，这是公诉机关控诉职能所赋予的证明责任。而基于基础事实推定的“非法占有目的”是推定事实，在证实了基础事实的前提下，依照司法解释的规定进行推定事实的证成，推定事实即宣布成立。

第二，“证据确实、充分”的标准高于“排除合理怀疑”的标准。根据我国《刑事诉讼法》之规定，证据确实、充分意味着已经排除了合理怀疑，排除合理怀疑却并不当然意味着证据确实、充分。从两种标准的性质出发，排除合理怀疑是一种心证标准，合理怀疑是“使一个理性的人在采取行动时犹豫不决的那种怀疑”〔17〕。在中国法的语境下，“排除合理怀疑”的标准达成，既可以是通过证据的相互印证，也可以是通过单一的、直接的优质证据进行证明。〔18〕“排除合理怀疑”还可以被理解为只要所有的怀疑都能得到合理的解释，就是达到了其要求。〔19〕可见，“排除合理怀疑”标准与“证据确实、充分”标准存在差距。

结合上述，因为证明被追诉人有罪的责任由公诉人承担，而基础事实的证

〔17〕 宋英辉、孙长永、朴宗根等：《外国刑事诉讼法》，北京大学出版社2011年版，第120页。

〔18〕 参见龙宗智：《中国法语境中的“排除合理怀疑”》，载《中外法学》2012年第6期。

〔19〕 参见杨宇冠：《论中国刑事诉讼定罪证明标准——以排除合理怀疑为视角》，载《浙江工商大学学报》2017年第5期。

明是认定当事人有罪的前提,需要满足我国《刑事诉讼法》中规定的“证据确实、充分”标准。公诉人需要承担对基础事实反驳的证伪责任,以及对于推定事实反驳的证伪责任,两者都需达到“排除合理怀疑”的标准,但是原因有所不同。对于前者,因为公诉人已经就原有基础事实的证明达到了“证据确实、充分”标准,此时只需承担排除责任,即排除因反证产生的“合理怀疑”,或者使得“真伪不明”的状态转变为真伪明确。简言之,公诉人只需证明司法解释规定情形存在,就可以推定主观上的“非法占有目的”,否则会不当地加重其举证负担,也不利于诉讼经济;对于推定事实反驳的证伪,这种反驳往往可能涉及新的事实主张。因为公诉人对基础事实证明已经完成,且推定事实不需要证明,对于推定事实反驳的证伪只需达到“排除合理怀疑”标准。

此外,积极推定必须受到限制。在法庭事实认定的过程中,不论是控诉式的积极推定,还是审判式的积极推定,均不得依据推定事实进一步进行推定。因为推定本质上是利用经验法则判断结果,但依赖经验法则尚不足以得出可靠的事实判断。这样的事实往往与客观真实之间存在差距,[20]最终实现的是一个或然性的结论。如果允许在此基础上再次进行推定,则将使得错误认定案件事实的风险无限扩大且难以预期。故而,在集资诈骗罪主观目的认定场合下,不能以“非法占有目的”再去推定被告人的其他行为。

(二)第二层构造:消极推定

司法推定属于可以反驳的推定,即可以对公诉方推定的事实提出反证。推定的实体内容、程序设置、反驳的程度和反驳不能的后果等是推定中不可回避的命题。[21] 因此,消极推定的构建仍需明确消极推定的类型以及适用范围,并据此廓清程序法层面的证明责任、证明标准以及程序保障。

1. 消极推定的基本类型及其适用范围

消极推定分为基础事实反驳型消极推定与推定事实反驳型消极推定。因为消极推定本质上是对积极推定的反驳,而积极推定所认定的事实包括基础事实与推定事实两部分。当然地,消极推定也就分为基础事实反驳型消极推定与推定事实反驳型消极推定,而这便是消极推定的适用范围。具体到集资诈骗罪“非法占有目的”认定的语境下,基础事实反驳型消极推定就是对《非法集资解释》等文件中规定的客观行为进行反驳。推定事实反驳型消极

---

〔20〕 参见龙宗智:《刑事证明中经验法则运用的若干问题》,载《中国刑事法杂志》2021年第5期。

〔21〕 参见付立庆:《论目的确定的推定化》,载《当代法学》2008年第2期。

推定就是对"非法占有目的"主观推定事实的反驳。在基础事实反驳型消极推定中,适用范围以积极推定确立的基础事实为限,可以主张基础事实不存在,也可以主张基础事实之间存在矛盾等。而在推定事实反驳型消极推定中,由于此种主观上"非法占有目的"的认定是以推定方式做出,所以必须赋予当事人反驳的权利,此时的反驳没有范围限制,任何能使得推定事实产生合理怀疑的主张均可。例如,在实践中,辩护人以被告人不是公司实际控制人和股东进行辩护,[22]抑或以还本付息具有有效担保来进行辩护。[23] 这种新的事实主张,虽然往往不在《非法集资解释》等文件规定之中,但对认定"非法占有目的"具有现实意义。

2. 消极推定的证明责任、证明标准以及程序保障

在消极推定中,基础事实反驳型消极推定与推定事实反驳型消极推定均存在证明责任和证明标准。对于基础事实是否存在证明责任的问题,学界存在"责任说"与"权利说"两派。"责任说"主张推定制度导致了证明责任的转移,被告人方都应承担证明责任;"权利说"主张被告人不承担证明自己有罪或无罪的义务,被告人对基础事实的反驳是其行使权利的体现。[24] 笔者认为,对于基础事实的反驳仍应存在证明责任和证明标准。主要有三方面理由:一是从推定规则本身出发,推定转移证明责任是推定制度最重要的功能。[25] 这种证明责任的转移并不区分事实,而是指主体上责任的移转,即从公诉方到辩护方的移转。二是证明标准与反驳是否成立且有效紧密相关。从消极推定的本质出发,其是为了保护被告人方的权利,那么反驳是否有效或有力应是考虑的根本,而要达到这样的程度,需要与证明标准挂钩。三是证明责任可以避免反驳权的滥用。被告人及其辩护人的反驳很多时候是基于量刑轻重的考量或是辩护的本能。例如,实践中,面临集资诈骗罪和非法吸收公众存款罪时,辩护人多以主观上不具备"非法占有目的"提出辩护意见。然而,如果基础事实已经达到证据确实、充分的标准,再赋予辩护方证明责任,便可以减少欲要

---

[22] 参见侯某非法吸收公众存款罪案,四川省江油市人民法院(2018)川0781刑初第22号刑事判决书。

[23] 参见陈某森、陈某、徐某等非法吸收公众存款案,浙江省温州市中级人民法院(2020)浙03刑初第27号刑事判决书。

[24] 参见宋英辉、何挺:《我国刑事推定规则之构建》,载《人民检察》2009年第9期。

[25] 参见卞建林、李树真、钟得志:《从逻辑到法律:推定改变了什么》,载《南京大学法律评论》2009年第1期。

逃脱罪责的被告人提起没有任何事实依据的反驳,避免反驳权的滥用,影响诉讼进程。总之,消极推定需要承担证明责任,这本质上是推定规则导致的说明责任的转移,即提出主张用以说服法官基础事实或推定事实不成立。对于基础事实的反驳,辩护方需要承担“疑点提出”责任,对于推定事实的反驳需要达到高度可能性的优势证据标准。同时,消极推定需要建立程序保障机制,具体体现在消极推定的保护与法庭审理流程紧密结合,同时确立其规范化思路,为其赋予强制力保障。

(1)基础事实反驳型消极推定的证明责任与证明标准

基础事实反驳型消极推定中,辩护方承担的是“疑点提出责任”,其反驳只需达到“疑点产生”标准。基于无罪推定原则,被告人不负证明自己有罪或者无罪的义务。因为推定导致证明责任的转移,被告人提出的证据只需使基础事实成为一种真伪不明状态,即产生疑点或合理怀疑,不需要达到优势证据的程度,这种责任可以说是一种“疑点提出”责任。[26] 实践中已经形成疑点分析法为核心的司法经验。法官在分析案件证据的过程中常常指出案件的某处存在矛盾或有疑点,并基于矛盾或疑点的存在而拒绝认定该事实。[27] 基于此,被告人提出的证据只要使得司法解释中规定的客观行为存在与否、真实与否产生疑点或者矛盾即可。在理论上,这种疑点或合理怀疑是“对全案证据慎重细致地分析推理的基础上产生的,有具体的事实根据,符合经验与逻辑,足以动摇事实确认的怀疑”[28]。在集资诈骗罪中,集资后的挥霍资金的行为往往被推定主观上具备“非法占有目的”,此时如果被告人提出反证,用以证明集资并未用于挥霍,而是主要用于生产经营,此时仍然不应认定为“非法占有目的”。在基础事实反驳型消极推定中,应将“存疑时有利于被告”原则与集资诈骗罪主观方面的认定相结合,以此限制司法推定。[29] 如果被告人方的反驳使基础事实存在疑问和合理怀疑,而公诉人又不能排除,此时不应认定被告人具有“非法占有目的”。

---

〔26〕 参见樊崇义、吴光升:《论犯罪目的之推定与推论》,载《国家检察官学院学报》2012 年第 2 期。

〔27〕 参见肖沛权:《论排除合理怀疑证明标准的司法适用》,载《法律适用》2015 年第 9 期。

〔28〕 龙宗智:《中国法语境中的“排除合理怀疑”》,载《中外法学》2012 年第 6 期。

〔29〕 参见邢红霞、田然:《司法推定的证明方法及其限制——以集资犯罪非法占有目的为视角展开》,载《法律适用》2019 年第 22 期。

(2)推定事实反驳型消极推定的证明责任与证明标准

推定事实反驳型消极推定中,被告人方承担的是充分的说明责任,有效的反驳需要达到高度可能性的“优势证据”标准。对于推定事实的反驳标准,学界存在争议。有学者主张被告人方只需对推定提出合理怀疑即可;[30]或主张被告人方有效的反驳应使得推定事实陷入“真伪不明”的状态;[31]或主张有效的反驳需达到“优势证据”的标准,即证明其主张的可能性大于推定事实的可能性;[32]或主张有相反的证据足以推翻的优势证据标准。[33] 笔者赞同“优势证据”证明标准的主张,但是对其的解释应是:通过被告人反驳,只要使得推定事实不成立的可能性大于成立可能性,而不需达到完全推翻的程度。原因在于:第一,从推定的本质出发,其本就是刑事政策与特定利益衡量的结果,是通过基础事实的逻辑跳跃从而认定推定事实的方法,最终达到的是一种高度盖然性的结果。如果被告人方提出相应证据后,推定事实仍处于真伪不明的状态,根据“存疑时有利于被告”原则,此时应肯定被告人方反驳的成立。第二,推定导致证明责任的转移,本质上附加了被告人额外的诉讼负担,基于惩罚犯罪与人权保护并重的刑事诉讼理念,以及考虑到被告人方在诉讼中取证存在切实的困难,具有更大可能性的“优势证据”标准更具合理性。

(3)反驳权与刑事诉讼流程的有机结合

消极推定是被告人反驳权权能的体现,保障反驳权应当与法庭审判流程紧密结合。如前所述,因为消极推定程序研究上的薄弱,目前当事人反驳权并未被赋予强制力保障,由此便隐含了人权侵犯之风险,使得司法推定的适用效果不明显。因此,消极推定应与我国刑事诉讼流程紧密相连,以此保障辩护方的反驳权。结合我国刑事诉讼法规定,笔者认为对反驳权的保障具体应包括以下方面:第一,确立反驳权告知环节。在开庭阶段,合议庭需要向被告人及其辩护人告知对推定事实反驳的权利,并明确告知其不予反驳可能导致的不利法律后果。第二,明确反驳权的适用规则。在法庭调查阶段,公诉人举证阶段,当涉及

---

〔30〕 参见宋英辉、何挺:《我国刑事推定规则之构建》,载《人民检察》2009 年第 9 期。

〔31〕 参见张云鹏:《刑事推定与无罪推定之契合》,载《法学》2013 年第 11 期。

〔32〕 参见何家弘:《论推定规则适用中的证明责任与证明标准》,载《中外法学》2008 年第 6 期。

〔33〕 参见陈光中主编:《中华人民共和国刑事诉讼法再修改专家建议稿与论证》,中国法制出版社 2006 年版,第 327 页。

主观目的的证明时,应当明确指出是基于司法解释规定情形所推定的事实,辩护人与被告人可以在质证阶段对此进行充分的反驳。其可以提出新的证据,也可以向法院申请调取新的证据,如果该证据可能影响基础事实或者推定事实认定的,法院应当同意该申请,并宣布延期审理,不同意的,应当告知理由;同时,辩护人、被告人申请向检察院调取侦查、审查起诉中有关"非法占有目的"认定的证据材料的,法院结合案件事实认为确有必要的,应当通知检察院移送;合议庭应当保障辩护方对被告人的发问,尤其关于基础事实与推定事实反驳的相关问题。第三,肯定反驳权的程序功能。在法庭辩论阶段,反驳权可以实现程序回流的功能。如果辩护人与被告人依据新证据提出基础事实或推定事实反驳的,合议庭可以宣布重新回到法庭调查阶段,并对这一事实进行查证。

(4)消极推定的规范化思路

事实上,反驳权缺乏保障的根本原因在于消极推定的规范缺失。司法推定的规则和程序需要通过制定司法解释作出规定,并且对某些犯罪的主观要素推定的基础事实作出规定,[34]这在集资诈骗罪的司法解释规定中得到了印证,但是其只规定了积极推定的适用范围,并未规定积极推定的限制、消极推定实体内容和程序内容。参照同为犯罪主观目的推定的巨额资产来源不明罪,笔者提出消极推定的规范化思路:

第一,从明确积极推定的证明责任保障消极推定。根据最高人民法院2003年11月13日发布的《全国法院审理经济犯罪案件工作座谈会纪要》,[35]巨额资产来源不明罪中规定了司法机关对于行为人反驳的查实义务,且查实应满足"排除合理性与可能性"标准。基于此,消极推定的保障也可通过在规范上确立积极推定方的证明义务实现。

第二,从消极推定的程序保障角度构建规范。笔者建议在司法解释或者司法解释性文件中增加一款旨在保障消极推定的条文。要注意的是,笔者以为对

---

〔34〕 参见陈兴良:《目的犯的法理探究》,载《法学研究》2004年第3期。

〔35〕 最高人民法院2003年11月13日《全国法院审理经济犯罪案件工作座谈会纪要》第5条第1项规定,巨额资产来源不明罪中"不能说明来源"包括以下情况:(1)行为人拒不说明财产来源;(2)行为人无法说明财产的具体来源;(3)行为人所说的财产来源经司法机构查证并不属实;(4)行为人所说的财产来源因线索不具体等原因,司法机关无法查实,但能排除存在来源合法的可能性和合理性的。

于消极推定的规范建构应主要从程序救济出发,而不应对具体的行为予以规定,因为这样会限制辩护方反驳的空间,所以在条文表述上应当以程序的保障和救济为规范制定思路,对消极推定的反驳方式采取更加抽象的表述,以赋予被告人方更大的辩护和反证空间。

第三,从审判公开与裁判文书说理功能角度完善规范。通过对实践案例的分析可以发现,在认定"非法占有目的"时,有许多裁判文书并未对辩护人理由不予采纳进行充分说理。对于辩护意见尤其是对于主观目的的反驳意见并未充分说理,仅以"不予采纳"定判结论,这忽视了裁判文书充分说理对于定分止争、实现诉讼目的、宣传国家法制以及促进社会和谐的重要意义。[36] 同时,基于推定的或然性特征,裁判者需要进行充分的说理,其内容不仅需要包括对公诉人的证明责任与证明标准的审查,而且应包括辩护方反驳推定的主张是否采信的理由。[37] 所以,应当在消极推定的规范化思路中引入充分裁判说理的思路。

综上所述,消极推定的规范表达应为:人民法院、人民检察院推定被告人主观上具备"非法占有目的"的,应当充分保障被告人及其辩护人提出反驳的权利。被告人及其辩护人提出反驳的,司法机关应当予以查证。司法机关查证属实,反驳成立的,则不应当认定其具有"非法占有目的"。司法机关无法查实,且无法排除合理性与其他可能性的,视为反驳成立。司法机关查证不属实,反驳不成立的,应当在裁判文书中充分说明理由。

(三)二元认定标准的司法适用逻辑

为更直观地展示控诉式积极推定、审判式积极推定以及消极推定的司法适用关系。于是笔者设计了集资诈骗罪"非法占有目的"二元认定标准适用逻辑图,以此指引司法实践,具体如图 1 所示:

[36] 参见胡云腾:《论裁判文书的说理》,载《法律适用》2009 年第 3 期。

[37] 参见琚明亮:《证明困难视阈下的事实认定与刑事推定》,载《政治与法律》2020 年第 2 期。

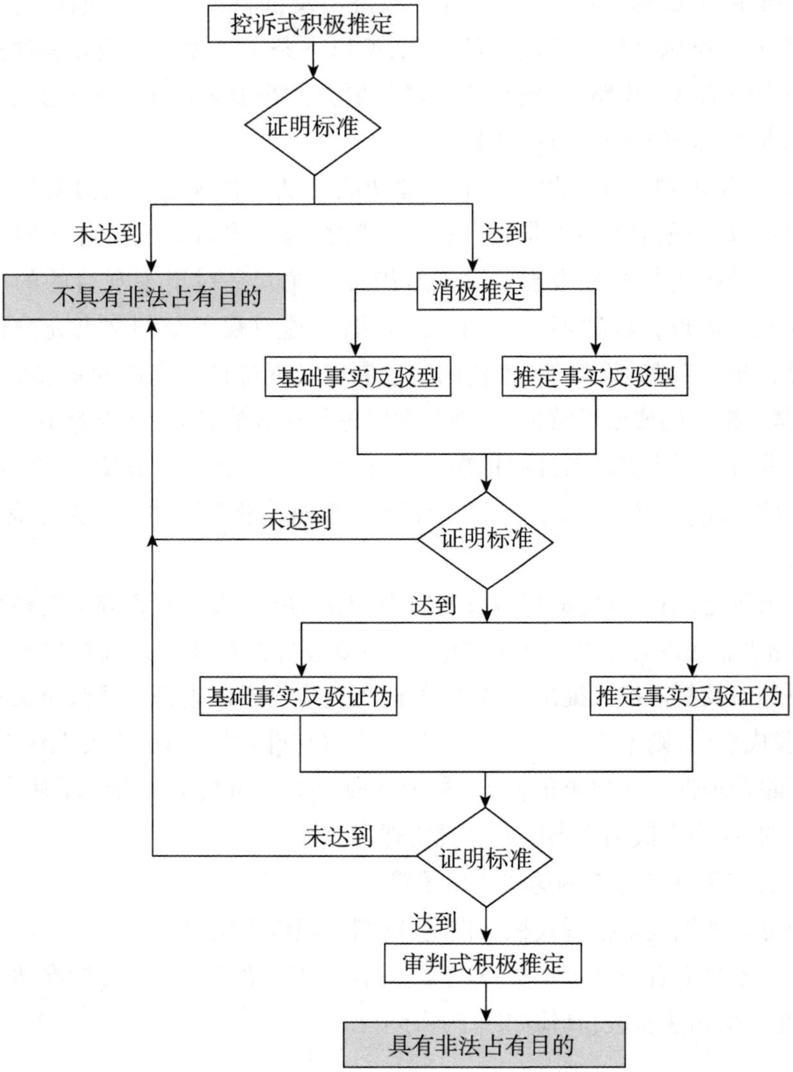

图 1　集资诈骗罪“非法占有目的”二元认定标准的司法适用逻辑

如图 1 所示,从诉讼流程来看,控诉式的积极推定先行启动,此时便产生了基于证明标准的第一次判断:若控诉式的积极推定未达到事实清楚,证据确实、充分的标准则不能推定被告人具备“非法占有目的”,若达到了基础事实的证明标准,则进入下一流程。然后,基于证明责任的转移,随后发生消极推定,具体分为基础事实反驳型消极推定或推定事实反驳型消极推定,此时产生对消极推定证明标准的判断:若其分别不满足疑点提出标准或者高度可能性的优势证据标准，此时消极推定不成立，控诉式的积极推定成立，可以认定被告人主观上具备“非法占有目的”；反之，如其达到了相应的标准，则进入下一流程，即由控方再次承担证明基础事实或推定事实的成立的责任，而责任承担的方式往往以其对辩解理由的证伪实现，即基础事实反驳的证伪和推定事实反驳的证伪。此时，出现第三次证明标准的判断：当控方未分别达到基础事实证伪的“证据确实、充分”标准或推定事实证伪的“排除合理怀疑”标准，意味着无法实现基础事实或推定事实的再次证明，审判式的积极推定无法适用，即不利后果由控方承担，不应认定被告人主观上具备“非法占有目的”。反之，若到了相应的标准，此时，法庭可进行审判式的积极推定，即认定被告人主观上存在非法占有的目的。这样，一种与刑事诉讼控、辩、审相似的三方构造在基础事实与推定事实证明领域内形成，这一流程可以使法官的自由裁量权得到一定程度上的限制，同时赋予了司法推定以程序正义，进一步缩小推定结论高度盖然性与证明结果唯一性的距离。

五、结　语

集资诈骗罪“非法占有目的”的认定困难是规范设置层面的不明和现有司法推定理论局限所致。立足于刑事诉讼认识、诉讼价值以及诉讼真实的内核，引入类型化的思维范式，实现刑事实体与刑事程序在微观个罪的融贯，司法推定标准对理论上“非法占有目的”认定标准实现了有效的知识增量。积极推定与消极推定的二元认定标准使原有以积极推定主要思维定式为主的司法推定理论研究纵深发展，同时也提供了一种反向的、消极的司法推定的思考。通过对推定标准的实体类型与范围进行划分，进而阐释程序法意义上的证明责任、证明标准和程序设置，则将集资诈骗案件中的控辩审三方主体的权责明确，并从规范上对消极推定的规范化思路予以论证，赋予其强制力，同时将“非法占有目的”二元认定标准的司法适用逻辑予以图表化，用以有效回馈实践。如此，一项系统的集资诈骗罪“非法占有目的”司法推定标准实现了理性的建构。

然而，二元认定标准并非一项完美的标准，本文也并非想要解决推定规则本身固有的或然性特征。“对于难以证实的犯罪，是允许进行专断的推定的，即所谓准证实、半证实，好像一个人可以是半个罪犯，或半个无辜者，也就是说一半可受罚,一半可开释。”[38] 司法推定标准本身面临的或然性以及可能导致的恣意性是其不可回避的问题,对集资诈骗罪“非法占有目的”的推定同样如此。刑事诉讼是对严重社会冲突的制度化解决,与任何一种社会制度一样,正义同样是刑事诉讼的首要价值。[39] 反过来说,我们之所以能忍受一种“不正义”,唯一的正当理由也是需要用它来避免另一种更大的“不正义”。不可否认,司法推定隐含着一种“不正义”。在以经验法则和社会政策为基石的推定规则下,它意味着总有一种逻辑可能性被人为强化,另一种较小的逻辑可能性被人为抹杀或人为抑制;一种社会政策被人为张扬,与此同时总有一种权利或权力被人为抑制。[40] 但是,这并非让我们去忍受非正义,也并不违背刑事诉讼的正义追求。恰恰相反,司法推定的存在,是促使我们去通过制度化的建构缩小这种高度可能性结论与证明结果唯一性之间的距离,这一高度可能性虽然可能无法达到客观真实的程度,而是一种典型的法律真实,[41] 但是这并不代表客观真实不存在。通过制度的不断完善,实现法律真实,再进一步追求客观真实,这正是法学界矢志不渝的追求,也是本文所倡导的理念。集资诈骗罪二元认定标准并非能全部解决这一隐忧的、真理式的标准,而是一次有益的尝试,至于其是否能应用于其他罪名的“非法占有目的”的认定中,还有待研究与检验。并且,集资诈骗罪共犯场合下主观目的认定问题以及如何追缴赃款等问题仍然具有丰富的理论与实践意义,本文未作论述,但这些问题值得学界与实务界予以充分关注。

责任编辑:王良兵

---

〔38〕 [意]切萨雷·贝卡里亚:《论犯罪与刑罚》,黄风译,北京大学出版社2008年版,第79页。

〔39〕 参见宋英辉等:《刑事诉讼原理》,北京大学出版社2014年版,第9页。

〔40〕 参见卞建林、李树真、钟得志:《从逻辑到法律:推定改变了什么》,载《南京大学法律评论》2009年第1期。

〔41〕 参见陈光中主编:《刑事诉讼法》(第6版),北京大学出版社2016年版,第185页。

实务前沿

后疫情时代在线诉讼之挑战及因应

——兼评《人民法院在线诉讼规则》

张东妮*

摘要：

从我国的政策导向和制度实践来看，在线诉讼已在改革试点中证成其独立价值，并在新冠疫情期间全面推广。《人民法院在线诉讼规则》的发布标志着我国在线诉讼规则体系的初步构建，但对在线诉讼弱化公开性、挑战平等性、冲击直接性、威胁安全性、流程碎片化、削弱仪式感等方面的质疑仍有待回应。后疫情时代，在线诉讼已成为民事司法的普遍选择，在未来，在线诉讼需坚持问题导向，从规则、技术、观念三个层次上不断完善和发展，推动实现更高水平的数字正义。

关键词：

在线诉讼；在线诉讼规则；电子诉讼；远程庭审

引　言

在线诉讼是人民法院利用互联网技术将诉讼活动从线下转移到线上的一种新型诉讼模式，包括通过互联网或者专用网络在线进行的立案、调解、证据交换、询问、庭审、送达等诉讼环节。新冠疫情背景下，在线诉讼飞速发展，而从制度脉络来看，信息技术与司法的深度融合在我国早已有迹可循。2021 年 6 月发布的《人民法院在线诉讼规则》（以下简称《规则》）首次构建了涵盖各审判领域、覆盖诉讼全流程的在线诉讼规则体系，总结了近年来人民法院在线诉讼领域的探索成果，为各方诉讼主体参与在线诉讼提供了明确的程序指引，但面对学界和业界对在线诉讼的质疑，《规则》的回应仍然有限。新型诉讼模式尚处在探索完善过程中，不可避免地对制度、技术、观念等各个层面发出挑战。后疫情

---

* 作者张东妮，中山大学法学院硕士研究生，研究领域为诉讼法、司法制度。

时代,在线诉讼注定会成为司法“新常态”,对其不断更新完善亦是满足人民群众司法需求、促进审判工作提质增效的题中之义。

一、追根溯源:中国在线诉讼的发展脉络

新冠疫情是在线诉讼推广的契机,但并非在线诉讼落地生根的决定因素。早在新冠疫情前,我国司法实践就已为在线诉讼的发展埋下了种子。例如,2007年福建沙县人民法院就运用腾讯视频系统审理了原、被告分别在中国和秘鲁的跨国离婚案件;[1] 2018年,杭州互联网法院启用全球首个“异步审理”模式审理了一起网络购物纠纷案件,让庭审过程的核心内容通过空余时间完成,在线诉讼从打破空间局限进一步发展到打破时间局限。[2] 从地方到中央,疫情前后,在线诉讼的顶层设计与司法实践经历了怎样的发展变化?又因何契机发生变化?要想回应上述问题,需厘清我国在线诉讼的发展脉络,并对其发展现状进行审视。

(一)地方数据变化:以广东省为例

以广东省为例,广东法院诉讼服务网于2017年12月上线,当事人不受法院办公时间限制,可随时登录立案。2018年10月底,广东全省158个法院实现了“网上立案全覆盖”。2019年,广东线上诉讼服务功能已拓展至网上证据交换与质证、网上开庭、网上送达、网上阅卷、网上调解,全年网上立案数已突破118万件,网上立案率72.5%,广州、深圳、东莞等部分地市的网上立案率甚至超过了90%。[3] 新冠疫情期间,广东在线诉讼服务全面铺开,建立了疫情防控常态化诉讼服务机制,完成网上立案122.9万件、网上缴费53.8亿元、网上开庭5.5万次、电子送达77.2万次,同比分别上升22%、42%、506%和330%。[4] 2021年,广东法院继续完善智能化诉讼服务措施,完成网上立案170.5万件,网上缴费122万笔,网上阅卷7.4万次,网上开庭9.6万场,电子送达514.1万次。其中,立案和庭审这两项核心诉讼活动的在线化程度可以集中体现在线诉讼推

---

[1] 参见郑世保:《电子民事诉讼行为研究》,法律出版社2016年版,第358~361页。

[2] 参见高敏:《杭州互联网法院启动全球首个“异步审理”模式》,载浙江在线2018年4月3日,https://zjnews.zjol.com.cn/zjnews/hznews/201804/t20180403_6942290.shtml。

[3] 参见《广东省高级人民法院2019年工作报告》,2020年4月15日。

[4] 参见《广东省高级人民法院2020年工作报告》,2021年8月13日;《广东省高级人民法院2021年工作报告》,2022年1月21日。

广的深度。

如图1、图2所示,2018～2021年,广东法院在线立案和线上庭审的案件数量均呈上涨趋势,线上庭审在2020年甚至以五倍多的增速迎来了“从零到有再到多”的指数型增长。这一方面离不开疫情期间对诉讼“线下转线上”的需要,但另一方面,在线诉讼的增长也是近几年来各项政策制定与改革试点的题中应有之义。

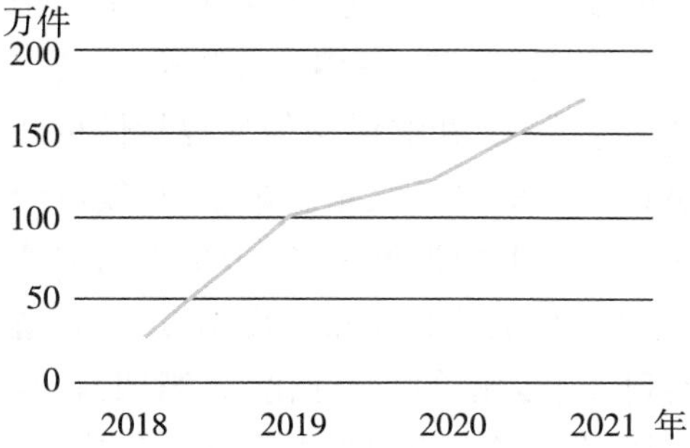

图1　2018～2021年广东法院网上立案案件数量变化

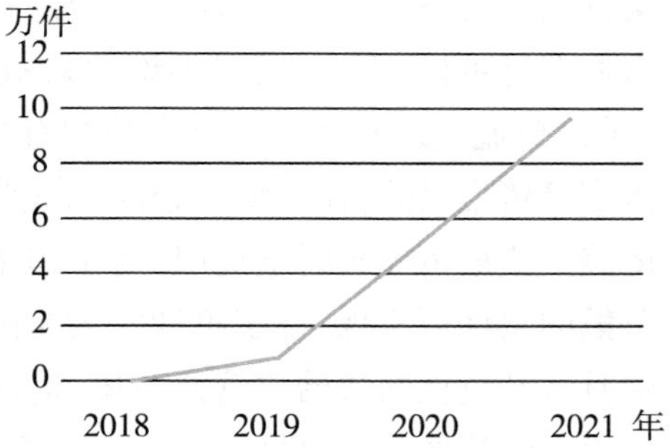

图2　2018～2021年广东法院线上庭审案件数量变化

(二)中央政策脉络:从规划到修法

事实上,在线诉讼服务的建立和推广是最高人民法院近年来着重推进的制度建设之一,也是诉讼方式发展的必然趋势。从制度脉络来看,自2016年2月最高人民法院《信息化建设五年发展规划(2016－2020)》,到2018年9月《关于互联网法院审理案件若干问题的规定》(法释〔2018〕16号)为三大互联网法院的在线诉讼活动提供基本遵循,再到2019年7月《关于建设一站式多元解纷机制、一站式诉讼服务中心的意见》(法发〔2019〕19号)为在线诉讼从“环节在线”到“全程在线”提供了平台基础建设方案,再到2020年1月《民事诉讼程序繁简分流改革试点实施办法》(法〔2020〕11号)将“探索推行电子诉讼和在线审理机制”作为试点法院推行繁简分流改革任务之一,均表明疫情前我国就有计划地推进在线诉讼的发展。2020年4月《关于新冠肺炎疫情防控期间加强和规范在线诉讼工作的通知》(法〔2020〕49号)则对全国法院疫情防控期间的在线诉讼工作做出了全面部署,明确提出疫情期间加强在线诉讼工作的要求。原先仅在互联网法院中普遍实行的在线立案、在线庭审、电子送达,也在疫情期间成为大量法院的主要案件办理形式。由此,在线诉讼实现了“由点到面”的推广。2021年6月《规则》首次构建了涵盖各审判领域、覆盖诉讼全流程的在线诉讼规则体系,总结了近年来人民法院在线诉讼领域的探索成果,为各方诉讼主体参与在线诉讼提供了明确的程序指引,标志着我国在线诉讼规则的体系构建。2021 年 12 月我国《民事诉讼法》修改的重要目的之一,便是针对民事诉讼程序繁简分流改革试点成果进行专项修改。在线诉讼作为被繁简分流试点实践证明行之有效的做法,其效力也在此次修改中得到了上位法的确认。

从近 5 年的政策趋势来看,在线诉讼经历了从互联网法院到各级法院、从地方试点到全国推广、从理念倡导到体系构建、从部分环节到诉讼全程、从个别案件到全类案件、从一般程序到全部程序的发展,而其价值至少可在以下四个方面有迹可循:第一,在线诉讼的效益价值可缓解法院"案多人少"压力,契合"繁简分流"改革、优化审判资源配置之需要。第二,在线诉讼的远程特性可减少病毒传染风险,在疫情防控时期成为诉讼进程的不二之选。第三,在线诉讼的线上集成可突破时空局限,对于当事人存在时差的涉外案件、当事人众多或分散的案件可实现"异步审理",为跨国、跨境纠纷解决探索更多创新方案,打造更具有开放性的法治化营商环境,进而实现民事诉讼的"全球化"。第四,在线诉讼的经济便捷可更好地为人民群众提供诉讼服务,节约当事人的诉讼成本、消减当事人的诉难诉累,助力智慧法院建设,促进司法真正为民便民。无论是从政策导向还是实践经验来看,在线诉讼的独立价值都在我国有迹可循。中国在线诉讼的发展已经从"跟跑"走向"领跑",可能成为审判流程的新形态。

二、理论挑战:在线诉讼对传统诉讼规则的冲击

值得注意的是,在线诉讼也并非总是形成众星捧月般的格局,技术进入司法(尤其是庭审环节)一直饱受质疑。《在线争议解决:网络空间中的冲突解决》一书中就曾创造性地提出"第四方"(the fourth party)的概念,隐喻信息技术或成为原、被告和裁判者之外的第四方,在争议解决中发挥越发重要甚至接近于诉讼主体的作用。[5] "第四方"概念的提出表明,在线诉讼或将对传统的诉讼理念和格局产生颠覆性的冲击。在我国,2021 年 6 月出台的《规则》对在线诉讼的法律效力、基本原则、适用范围、适用条件等问题作出了详细规定,标志着在线诉讼在我国的体系化构建。《规则》出台后,学界和业界对在线诉讼的种种质疑是否仍然成立?我国在线诉讼又会面临什么样的新挑战?

---

〔5〕 See Ethan Katsh & Janet Rifkin, *Online Dispute Resolution: Resolving Conflicts in Cyberspace*, Jossey-Bass, 2001, p. 180 – 200.

(一)弱化"公开性"

我国《民事诉讼法》第 137 条规定了人民法院审理民事案件应当"以公开为原则,不公开为例外",第 151 条则规定无论审理是否公开,宣告判决一律公开。司法公开具有监督司法和提高司法公信力的重要作用,[6]包含审判流程公开、庭审活动公开、裁判文书公开、执行信息公开四个方面。[7] 在线诉讼对司法公开性的挑战主要体现在庭审活动的不公开。一方面,当庭审转为线上进行时,多数法官会将开庭信息以"会议链接+密码"的形式发送给当事人,庭审时视频会议室里仅有法官和当事人,没有会议室链接及密码则无法进入庭审环节,即通过线上方式进行庭审旁听的渠道不畅。另一方面,即便法官在线下法院中开庭,以互联网法院为例,大部分法官会选择在办公室或法庭现场进行线上开庭,但这些地点均未设置旁听席,群众想要线下旁听也无计可施。如此一来,无论是在线上还是在线下,在线庭审都无形中削弱了群众旁听的权利。虽然实践中也有一些法院采取"在线诉讼+庭审直播"的方式对案件审理进行公开,但现有法律规定对哪些案件可以进行直播并不明确,案件要想直播需履行"一案一审核"的报批程序,[8]且是否进行直播的选择权最终掌握在法院手中,[9]现实中进行庭审直播的案件也仍然是少数。各地对在线庭审公开的做法不一,这就导致了在线诉讼庭审公开的模糊性和不确定性。

对此,《规则》第 27 条规定,除法定不公开(涉及国家安全、国家秘密、个人隐私)和申请不公开(涉及未成年人、商业秘密、离婚等)的案件之外,在线庭审应当按照法律和司法解释的相关规定公开,未经人民法院同意,任何人不得违法违规录制、截取、传播涉及在线庭审过程的音频视频、图文资料。该条一定程

---

〔6〕 参见钱弘道、姜斌:《司法公开的价值重估——建立司法公开与司法权力的关系模型》,载《政法论坛》2013 年第 4 期。

〔7〕 参见最高人民法院《关于推进司法公开三大平台建设的若干意见》(法发〔2013〕13 号),2013 年 11 月 21 日发布。

〔8〕 参见最高人民法院《关于人民法院直播录播庭审活动的规定》(法发〔2010〕48 号)第 5 条第 1、2 款规定:"庭审直播、录播实行一案一审核制度。人民法院进行网络庭审直播、录播的,由审判庭向本院有关部门提出申请。有关部门审核后,报主管副院长批准。必要时,报上级人民法院审核。"

〔9〕 参见最高人民法院《关于人民法院直播录播庭审活动的规定》(法发〔2010〕48 号)第 2 条第 1 款规定:"人民法院可以选择公众关注度较高、社会影响较大、具有法制宣传教育意义的公开审理的案件进行庭审直播、录播。"

度上对在线庭审的公开作出了原则上的规定,但具体操作层面上仍然缺乏明确指引。概言之,《规则》只表明在线庭审“要公开”,但并未解释“如何公开”,所谓“法律和司法解释的相关规定”面向的显然是传统庭审,是否可以直接适用于在线庭审存疑。如果是线上公开,那么有两种做法:一是原则上要求在线庭审进行网上直播;二是给予想要线上旁听的群众入会权限。前者是面向不特定群体的公开,后者则是面向有限群体的公开。当在线庭审成为主流庭审模式,法院应当如何统一公开标准、公开方法,如何在司法公开的“工具性价值”和其他司法“目的性价值”之间取得平衡,[10]仍有待法规范和实践层面的进一步探索。

(二)挑战“平等性”

《民事诉讼法》第8条被视为当事人平等原则的依据,根据该条,当事人平等原则至少包括两个方面的意涵:(1)民事诉讼当事人享有平等的诉讼权利;(2)人民法院审理民事案件应当保障和便利当事人行使诉讼权利。民事诉讼“等腰三角形”结构设计的前提便是当事人之间对抗机会均等、地位平等、进行诉讼能力旗鼓相当,这也是民事诉讼机制实现实质正义的有力保证。[11]然而在现实中,由于智力、财力、年龄等各方面的差异,当事人的诉讼进行能力不对等是一个客观存在的问题,而在线诉讼很可能加剧当事人在诉讼中的实质不平等。在技术层面,深谙信息技术的当事人会在诉讼过程中进行得十分顺利,而条件落后的当事人可能在设备、技术等方面不甚了解,无法熟练运用线上工具,需耗费大量时间学习如何使用设备,庭审中频繁出错,法官难以按照既定时间安排完成审理活动。此外,在线诉讼的高技术性会产生溢出效应,滥用诉讼权利的现象可能会在在线诉讼中更加突出,信息技术可能被有心者当作拖延诉讼的工具,捏造网络不畅、设备故障等理由以获取不正当的诉讼利益。

对此,《规则》第4条及最新修订的《民事诉讼法》均已表明,在线诉讼须以当事人同意为前提。“合法自愿”和“权利保障”作为《规则》明确规定的在线诉讼原则,表明法院需尊重当事人的自主性和程序选择权,当事人既有是否选择在线程序的自由,也有“阶段性”选择在线程序的自由,且法院对在线诉讼的“具体环节、主要形式、权利义务、法律后果和操作方法”具有告知当事人的义务,如果当事人欠缺诉讼进行能力或诉讼环节不宜在线办理,法院有义务将诉讼转为

---

[10] 参见左卫民:《反思庭审直播——以司法公开为视角》,载《政治与法律》2020年第9期。

[11] 参见杜睿哲:《论当事人的诉讼进行能力与实质的当事人平等原则》,载《兰州大学学报(社会科学版)》2007年第2期。

线下进行。对于可能存在的诉讼欺诈行为,《规则》第 6 条及第 25 条也对“无正当理由不参与在线诉讼”的行为予以了规制。然而,《规则》第 4 条第 2 款第 3 项规定,在线诉讼可以采取“同意方线上、不同意方线下”的模式,以庭审活动为例,如果一方当事人不同意线上进行,可以线下到庭进行庭审,而同意线上的当事人则以视频会议形式参与庭审。问题在于,当事人同意线上庭审时的意思表示是认可双方当事人皆线上进行庭审,还是仅认可自身适用线上庭审?如果一方当事人预设的是双方均线上庭审从而同意在线诉讼,但对方当事人却选择线下进行,同意一方当事人可否以“诉讼权利不平等”为由要求转为线下进行?法院可否以“保障当事人平等行使诉讼权利”为由要求双方均线上或线下进行?应当注意到,“一方线上、一方线下”模式下,双方当事人所使用的诉讼“武器”并不相同,与法庭及法官的物理距离也相差甚远。如若线上一方在庭审时频频卡顿,无法阐明诉讼主张,而线下一方在法庭内却可以面对法官口若悬河,这势必将成为对当事人平等原则的一种冲击,甚至影响到实体审理结果。此种模式下如何保障当事人的知情权和选择权,仍有待《规则》进一步细化完善。

(三)冲击“直接性”

直接言词原则是大陆法系国家在改革中世纪纠问式诉讼制度过程中确立的一项重要庭审原则,是直接原则和言词原则的总和。言词原则强调法庭陈述的口头性,而直接原则包含三方面意涵:一是“直接审理”,即法官审理案件应当在诉讼主体在场、亲历的情况下进行;二是“直接采证”,即在直接审理的基础上要求审判人员以亲自在法庭上直接获取的证据作为裁判基础;三是“不间断审理”,在前两者的基础上,直接原则还需要庭审集中进行,即要求庭审过程连续不间断、审判人员不得中途更换。[12] 在直接言词原则的要求下,传统庭审是人员亲历与人证亲自到庭的统一、审案与判案的统一,也是亲历过程与结果、实体与程序的统一,[13] 其强调诉讼主体的亲历性与证据的原始真实性,要求法官、当事人和证人必须在法庭上直接接触,以便法官从当事人及其他诉讼参与人的“辞、色、气、耳、目”等方面探知真相、认定事实。

在线庭审使得传统的“面对面”审理转向了“屏对屏”模式,现代科技设备作为媒介传递工具,使信息传输不再像传统庭审中人与人直接交流那么稳定,转而呈现人与人、人与物的双重关系。而人与物的关系是否协调,直接影响着

---

〔12〕 参见陈瑞华:《刑事审判原理论》,北京大学出版社 1997 年版,第 183 ~ 195 页。

〔13〕 参见朱孝清:《司法的亲历性》,载《中外法学》2015 年第 4 期。

人与人的沟通。[14] 但值得注意的是,数字空间里的视频庭审并未违背直接原则对于亲历性的要求以及言词原则对于口头性的要求。《规则》第22条对在线庭审活动进行了规范,以保障在线庭审具备与线下庭审同等的流程。即使由于交流像素化后,当事人的一些举止表情会在视频互动的场景下被抹平,但法官仍能相当程度上接触到当事人的神情、姿态、声音,诉讼主体也仍然可以口头陈述,且这种接触会随着VR、3D等技术的发展越发接近线下的"亲历"庭审。此外,"摄像头+屏幕"这一系统带来的也是一种对个体工作状态的监控。[15] 在线上庭审的环境下,与会者更容易聚焦于屏幕中的人而非周边环境,且被观察者在被他人观察时并不知情,从而更可能表达出自己内心的真实想法,而非触知他人反馈后的"表演"。从这个意义上来说,在线诉讼并不会完全背离直接言词原则,诉讼各方仍能亲自参与庭审和交流。

然而,即使在《规则》出台后,在线庭审仍然在两个方面冲击着直接言词原则:一是证据的真实性难以确认。《规则》第12~19条对电子化证据、在线举证质证及区块链存证等问题进行了规定,一定程度上为在线诉讼的"直接采证"提供了程序保障。但在一些案件中,在线现场勘验、物证检验仍然障碍重重。据笔者观察,在一些产品质量侵权案件中,法官会通过线上视频对相关现场进行勘验,但由于摄像设备、屏幕分辨率、网速等因素影响传输效果,导致法官无法对相关事实作出准确认定,从而造成了在线庭审的低效率、导致诉讼拖延。对于这些质证难以转向线下的案件,法院的天平应当如何倾斜?线上诉讼可能会致使有效证据因信息技术等客观原因而无法采纳,进而对承担举证责任的一方造成实质上的不公。二是"异步审理"对言词原则和集中审理的冲击。《规则》第20条肯定了"异步审理"的正当性,也将其适用限于小额诉讼和简易程序案件。但在此种模式下,诉讼主体只需在规定期限内自行选择时间登录平台完成相关诉讼活动,无需持续在场进行交互。即便第20条要求异步审理需通过录制视频方式、按照庭审程序环节进行,不得采取书面方式审理。但在非同步模式下,诉讼主体先后上传视频,这种要求也实质上与书面审理无异。可以看出,《规则》一方面想向异步审理迈出跨越性的一步,另一方面又严格限缩其适用,最终导致了一种进退两难的规范呈现。然诚如学者所言,探索异步审理模式所

---

〔14〕 参见李峰:《司法如何回应网络技术进步——兼论视听传输技术作证的运用规则》,载《现代法学》2014年第3期。

〔15〕 参见彭兰:《视频会议应用与工作的"媒介化"》,载《山西大学学报(哲学社会科学版)》2021年第1期。

包含的司法信息化与审判方式的变革本就是一场不可避免的司法方式的革命。[16] 在此种变革之下,异步审理模式是否代表着书面主义在民事诉讼中的回归趋势?《规则》究竟是以开放包容的态度接纳、扩大异步审理的适用,还是以谨慎敏锐的态度严格限缩其适用,仍需进一步明确。

(四)威胁"安全性"

笔者观察到,在信息技术高度发达的德国,在线诉讼也未受到普遍适用。[17] 在线诉讼在德国由法官酌定而非当事人选择,德国法官也并不倾向于在线诉讼,因为"在司法工作场所,互联网技术被认为是复杂、神秘和不可靠的,每个法官和律师都听说过各种因为运用互联网技术导致出错的案件"[18]。在我国,根据2019年3月杭州互联网法院发布的"司法指数"结果来看,其中规范秩序(18.51)和网络安全(19.18)测算得分均低于20分的基准值,反映出互联网发展中秩序与安全的压力较大。[19]

在线诉讼模式存在病毒攻击、黑客入侵、信息泄露、系统瘫痪等风险,对司法秩序和信息安全产生了挑战,这是不容忽视的现状。对此,在制度层面,《规则》对在线诉讼的数据安全和信息保护作出专门规定,第2条明确了"安全可靠"的基本原则,第21条及第27条分别规定涉及国家安全和国家秘密的案件不得适用在线庭审、不得在互联网上公开,第38条明确了相关义务和违法惩戒,可谓是对在线诉讼安全问题的全面回应。然而,技术产生的风险仍需用技术解决,数据和隐私安全的保护依赖于可靠的在线诉讼系统,一些法院建立了电子数据分级分类保护机制,对涉及商业秘密、个人隐私等不宜对外公开的案件,系统能够自动识别判断并禁止拷贝或与外网数据交互、共享,对于当事人的敏感信息还可实现自动脱敏处理,这或许是未来保障在线诉讼信息安全的技术

---

〔16〕 参见陶杨、付梦伟:《互联网法院异步审理模式与直接言词原则的冲突与协调》,载《法律适用》2021年第6期。

〔17〕 2001年《德国民事诉讼法》就已经为当事人提供了通过视频和音频传输进行诉讼的选择,并提供在线诉讼的相关培训课程。

〔18〕 Wolfgang Hau, Litigation in the Time of Covid-19: Some Observations from Germany, in Bart Krans et al., (2020) Civil Justice and Covid-19, Septentrio Reports 5, https://doi.org/10.7557/sr.2020.

〔19〕 参见郭其钰、陈怡宁:《杭州互联网法院首发"司法指数"以司法窗口观互联网发展》,载中国新闻网2019年3月4日,https://www.chinanews.com.cn/gn/2019/03-04/8771044.shtml。

进路。

(五)流程“碎片化”

在线诉讼使用的数字信号传输技术是一种非连续性的信息处理模式,它在时间维度和幅值维度都呈现离散特征,[20] 在线诉讼模式下的民事诉讼法律关系(Jeuland 称之为电子诉讼法律关系[21])也呈现碎片化的特征。从各国的在线诉讼实践来看,“碎片化”体现于诉讼流程的各个方面。

首先是起诉行为的碎片化,在线诉讼模式下,当事人的起诉行为异化成在线填写“要素式”的立案表格,被迫将完整的论证分析拆分为碎片化的要素,为法院在线接收立案表格后的案件分类、分流、程序选定、审判组织形式确定甚至是人工智能裁判文书生成提供最基本、重要的识别要素。其次是送达程序的碎片化,电子送达流程往往变得更复杂、环节更多。《规则》第 29 条建立的电子送达默示同意规则是否存在例外?不同司法文书的电子送达是否应采不同的同意标准?根据最高人民法院的解释,除经全国人大常委会授权开展民事诉讼程序繁简分流改革试点的法院外,其他法院尚不能电子送达判决书、裁定书、调解书。[22] 但《规则》中目前并未予以明确。再次是诉讼文书的碎片化,比利时 2015 年 10 月 19 日电子诉讼改革法案使得当事人必须在每一份诉讼文书中“划重点”并且说明意图,将其起诉理由与答辩意见按照重要程度依次数字化排列形成“模块化”的诉讼文书,这种新义务在便于计算机识别的同时也导致了诉讼大爆炸、恶意诉讼、虚假诉讼增多。又次是庭审及裁判的碎片化,在各国庭审视频取代了庭审笔录,但法官对庭审的印象会比传统庭审更加碎片化。与中国相似,法国法院也推行裁判文书网上公开,这使得类案检索技术成为法官日常工作的必备技能——法官的工作更多的是归纳案件要素进行类案检索,而非传统的法律推理。最后是上诉的碎片化,借助在线技术,比利时尝试对上诉程序进行“二阶化”改造:首阶段审查原审判决是否存在法律适用错误,如确实存在法律适用错误,则“上诉审”进入次阶段的事实审理。如果原审判决法律适用正确,则“上诉审”结束,不再进行案件事实审理。从整个诉讼流程来看,模块化、

---

[20] 参见王永玉、孙衢编著:《数字信号处理及应用》,北京邮电大学出版社 2009 年版,第 2 页。

[21] Emmanuel Jeuland, Le lien procédural numérique, Rencontres de procédure civile, Cour de cassation 2015, Dec 2015, Paris, France.

[22] 参见刘峥、何帆、李承运:《〈人民法院在线诉讼规则〉的理解与适用》,载《人民司法》2021 年第 19 期。

要素化、类型化成为各国在线诉讼的显著特征,而这些碎片化的现象需要共同的理论框架基础,以“在线诉讼法律关系”概念作为框架平台,[23]审视在线诉讼各环节各流程所存在的问题,或许可以更体系化地推动在线诉讼规则的完善。

(六)削弱“仪式感”

法庭作为社会公平正义的终极防线,其建筑形式、法袍、法槌、肃立的法警、宣告并执行的法庭规则等,都作为法律的“布景”与“道具”,成为法庭这一法的“场域”的构成要素。该“场域”所具有的庄严性以及法的权威,形成了有利于公民诚实面对的环境与条件。[24] 法庭的相对封闭、秩序森严、装潢肃穆等仪式要素,凸显了法律的神圣和权威,使得公众对法官和法庭产生内心敬仰及信任。在线诉讼突破了法庭内外的界限,诉讼主体无需到庭,在家就可参与庭审,现实中经常出现当事人着装不整、随意走动、环境杂乱等情况,一定程度上削弱了法庭的严肃性和法官对庭审的控制,有将法庭的“剧场化”异化为“广场化”之嫌。[25] 为了保障司法仪式感,《规则》第24~25条对在线庭审环境、司法礼仪进行了规定,原则上要求在线庭审应由法官在法庭进行、出庭人员在相对严肃的环境中进行。

在线庭审对司法仪式感的减损是客观存在的,然而从传播学的角度来看,线上审理也富含其独特的“仪式感”:在线上会议的屏幕中,个人状态被自己看到,从而构成一种“自我反馈与调控系统”。此外,在线诉讼所依赖的视频会议类应用对摄像、录音权限的调用,以及对持续“在场”的强制要求,将激发人们的“被监控”感,使得个体的表演性与自我审查感更为突出,诉讼主体在镜头下会随时审视自己,也对他人的审视更加敏感,从而更注重自身言语、行为、神情、状态的调整。另一方面,从实践来看,法官对线上庭审的职权把控感增强,呈现显著的主导权。在大多数的在线庭审中,出于稳定诉讼秩序的考量,庭审以“法官一问,当事人一答”的形式进行,法官成为整个庭审进程的唯一推手。此外,司法需要“仪式感”,也需要“接地气”,对线下法庭仪式感的减损从另一方面带来了诉讼价值:不同的背景环境呈现在同一屏幕中,打破了公私场合的界限,身在熟知环境中的当事人享受到了去中心化、去等级化、去社交化的司法普惠,且参

---

[23] 参见巢志雄:《民事诉讼法律关系考》,载《苏州大学学报(法学版)》2022年第3期。

[24] 参见龙宗智:《论书面证言及其运用》,载《中国法学》2008年第4期。

[25] 参见舒国滢:《从司法的广场化到司法的剧场化——一个符号学的视角》,载《政法论坛》1999年第3期。

会者更多专注于会议内容,有助于法官了解当事人的生活习惯、周边环境,从而探知案件事实。从上述意义上来说,在线诉讼以另一种维度呈现了司法的“仪式感”,从一定意义上来说仍然是一种“剧场内”诉讼。

三、发展远景:在线诉讼的“线下功夫”

观察各国法院应对疫情的举措不难发现,在线诉讼已在世界范围内成为后疫情时代民事司法的普遍选择,是后疫情时代当之无愧的“国际司法潮流”。从我国的政策脉络和制度实践来看,在线诉讼是信息化时代推进“两个一站式”和智慧法院建设、“繁简分流”改革、优化法治化营商环境的应有之义,在线诉讼因其独特价值而广为适用,并取得了阶段性的成果。对于在线诉讼挑战传统诉讼理论、颠覆传统诉讼构造的各种质疑,《规则》给予了制度层面的体系化回应。经上文分析可知,在线诉讼以尊重当事人程序选择权、保障当事人的法律平等为前提,仍具备一定程度上的公开性,并拓展和丰富了“亲历性”及法庭“仪式感”的内涵,在线诉讼伴随着诉讼各流程的“碎片化”也并非一种弊端,而是为在线诉讼的进一步完善提供了方向。然而,除此之外的另一些担忧并非“杞人忧天”,例如在线诉讼的安全性、当事人之间的诉讼条件不平等。对此,可总结出在线诉讼未来的完善方向:

(一)技术层面

我国现有在线诉讼服务平台已可以同步承接立案、举证、庭审和裁判在内的所有流程,具有明显的阶段化特征。这与加拿大的民事审裁处(Civil Resolution Tribunal)、美国犹他州的小额索赔倡议(Small Claims Initiative)及英国的在线解决法院(Online Solutions Court)[26]等平台有类似之处。但结合域外各国实践经验来看,在线诉讼平台要兼顾诉讼价值需要,以回应司法公开、武器平等、繁简分流等多种呼声,我国在线诉讼平台仍可在技术层面进行以下几方面的完善:

首先,充分保障当事人的程序权利。例如,设置等候室以确保所有的与会者同时进入庭审房间,从而避免任何一方单独应诉或迟于对方发表观点。[27] 另

---

〔26〕 See Ayelet Sela, *E-Nudging Justice: The Role of Digital Choice Architecture in Online Courts*, 2019 Journal of Dispute Resolution, 127 – 162(2019).

〔27〕 See David Freeman Engstrom, *Digital Civil Procedure*, 169 University of Pennsylvania Law Review 7, 1 – 48 (2021).

外，在非同步审理的过程中，应当注意界面的设计，给予当事人充分理解信息与做出决断的时间，以避免引导诉讼当事人做出与真实意思违背的特定选择。[28]英国在其数字包容倡议（Digital Inclusion Initiatives）中规定，在图书馆、教堂等公共设施中建设数字中心，为接受在线诉讼的用户提供网络、设备使用上的面对面协助，以帮助他们更好地利用网络进行线上争端解决。[29] 在我国，根据《规则》第2条第4项的规定，法院开展在线诉讼应当遵循便民利民原则，需要兼顾不同群体的司法需求。这一原则折射到硬件与技术上，则是应当针对性地对数字弱势群体提供协助。虽然大部分的在线诉讼都可以利用手机等普及度较高的智能移动设备解决，但仍旧存在一些步骤可能需要借助计算机设备完成。在无法实现计算机等设备的全面普及的情况下，应当加快建立在线诉讼公共服务区，尽可能地通过社区公共空间中的信息亭、电脑室等为群众提供支持，帮助弱势当事人参与在线诉讼，瓦解数字鸿沟。

其次，应兼顾法院审判需要。在起诉阶段，美国密歇根州的线上平台可以事先利用人工智能搜索法庭文件，明确申请者是否拥有在线解决争议的资格。这在一定程度上有助于减轻法院负担，将一些的法院不予受理的案件事先筛出，也节约了当事人的时间成本，[30]使一些简单争议在起诉阶段就得到解决。此种做法给予了我国在平台设计上的一些参考。在证据调查方面，书证、物证等证据高度依赖现场辨识，在线上庭审中，应当进一步加快相关技术开发，实现线上对书证物证等的全方位、高清、无延迟展示，应当开发可以对证据细节进行放大的技术，便于在庭审中对存疑证据进行查证，[31]还可以进一步利用AR、VR等技术对实体场景进行高度还原，为法庭调查提供便利。此外，虽然我国依托“移动微法院”建立了在线诉讼平台，但不同地区的发展条件和具体操作仍然存在差异，导致全国统一平台与地方平台并行，各地网络彼此孤立，审判信息沟通

---

[28] See Ayelet Sela, *E-Nudging Justice: The Role of Digital Choice Architecture in Online Courts*, 2019 Journal of Dispute Resolution, 127 – 162 (2019).

[29] See Cashman, P., and E. Ginnivan, *Digital Justice: Online Resolution of Minor Civil Disputes and the Use of Digital Technology in Complex Litigation and Class Actions*, Macquarie Law Journal, Vol. 19, 39 – 79 (2019).

[30] See Amy J. Schmitz, *Expanding Access to Remedi0065s through E-Court Initiatives*, 67 Buffalo Law Review 1, 89 (2019).

[31] 参见左卫民：《中国在线诉讼：实证研究与发展展望》，载《比较法研究》2020年第4期。

联动不畅,各级法院之间以及法院与公安、检察院、海关等其他部门之间的数据及设备仍有待进一步互联互通,大量未数据化的信息有待分析挖掘。

最后,应守住信息安全和隐私保护的红线。为了保证庭审涉及的隐私与机密的安全,应当加强在线诉讼平台的防范机制,既要防止无关人员进入非公开庭审房间,也要防止网络黑客的恶意窃取,保护在线诉讼的数据信息安全;在庭审直播过程中,如诉讼参与人不慎口述了不应被公开的内容,应当有相应的检测机制及时对特定内容做消音等处理。同时,出于诉讼安全的考量,需规范平台选择,确保平台中立,不宜使用其他一般性用途的在线会议软件,以避免违规信息数据储存带来的隐私、机密泄露风险。

(二)制度层面

《规则》首次确立了在线诉讼的基本原则、程序规范,明确了区块链技术存证等新型证据规则,构建了适用于全国法院、贯穿诉讼全流程、具有法律效力的在线诉讼规则体系,为在线诉讼健康快速发展提供了明确的规则指引。然而,在线诉讼仍在诸多方面存在制度空白,有待《规则》在实践中进一步探索完善。

在公开性方面,在线诉讼的优势之一在于降低出行成本,因此在公开方式上,可考虑借鉴英国、澳大利亚等国的做法,摒弃传统诉讼中的现场设立旁听席的做法,而在线上会议室中设立“旁听席”。就目前来看,以网上直播的方式对在线庭审进行公开是最便捷的做法,但仍应考虑环节安排的次序,例如将证人作证前移,以保证证人不会受到当事人陈述的影响。[32] 在明确在线诉讼之庭审过程的主要公开方式为直播的前提下,应当进一步明确在可公开在线诉讼案件中不同公开方式的案件类型。

在平等性方面,根据《规则》第5条第1款“线上转线下”的规定可能只适用于少部分特殊情况,在一方当事人既无法满足线下诉讼亦不熟悉线上操作的情况下,第5条的规定并不能在实质上消除客观上的不平等。为了消除这种不平衡,可借鉴美加等国的做法,由当地法院或行业协会对其予以协助。在加拿大哥伦比亚省,法庭将便于理解的诉讼信息上传至网上,并承诺为缺乏经验的用户提供有效的电话协助。[33] 美国律师协会提供了包括免费在线法律服务、法律

---

〔32〕 参见李经纬:《疫情防控常态化背景下民事电子诉讼制度之完善》,载《法律适用》2021年第5期。

〔33〕 See Avital Mentovich, J. J. Prescott & Orna Rabinovich-Einy, *Are Litigation Outcome Disparities Inevitable*?, Courts, Technology, and the Future of Impartiality (June 2020), Alabama Law Review, 71(4) (2020), p. 893 – 979.

互助工具在内的技术解决方案,致力于帮助低收入群体掌握必要法律常识。[34] 鉴于我国只规定了对当事人消极同意在线诉讼的法院释明义务,而部分积极选择在线诉讼的当事人可能忽略了同意所包含的可能超出真实意思的内容,因此有必要针对积极选择在线诉讼的当事人同时设置释明义务,使之充分了解自己的主张可能带来的法律效果。[35] 另外,应当明确侵犯当事人选择权的救济规则。此外,在线诉讼增加便利性的同时,也可能使法庭之外的违规沟通与资源利用变得更加隐蔽,需予以规制。例如,在庭审过程中,当事方应当明确告知法庭他们将采取何种方式进行内部沟通,禁止盘问过程中证人与法庭或律师之间的单方面沟通。[36]

在直接性方面,为确保在线诉讼证据的真实性,需为法官检验传统证据及勘验现场、当事人举证质证方式提供制度范式,并探索协调异步审理模式与直接性和言辞性的冲突,如发挥庭前会议的作用,在庭前完成举证质证、争议焦点的总结。具体来看,对于复杂证据的真实性问题,其可以在未来技术发展的过程中逐步得到解决,但在技术水平有限之时,仍旧应当在规则上做出回应。《规则》中有关电子证据的规定较为详实,但对复杂书证、物证等材料真实性相关的规定较少。根据《规则》第 5 条,当案件存在案情疑难复杂等情形时,在当事人申请后,法院可以将证据交换等环节转至线下进行。而根据《规则》第 3 条的规定,人民法院决定是否需要启动在线诉讼的条件均发生在庭审之前,此时难以避免在法庭调查等环节中新情况的出现,但若将转变庭审方式的主动权交予当事人,很可能因其缺乏诉讼经验与必要法律常识,而使得一些本该仔细认证的复杂证据细节被忽视,不利于维护民事诉讼的威严。无论是第 3 条还是第 5 条,都没有讨论因证据复杂而转变庭审环节的审理方式。对此,可以由当事人先将复杂的物证与书证等加以公证或保全,再通过邮寄的方式送至法院,由法庭在开庭时向各诉讼参与人展示。另外,也可以从环节划分入手,在存在较为复杂的影响事实认定的因素的案件中,可以将法律审完全适用在线庭审方式,而对案件的事实审部分,则按照实际情况,采用线下审理或继续沿用在线审理的方式。

---

〔34〕 See Amy J. Schmitz, *Expanding Access to Remedies through E-Court Initiatives*, 67 Buffalo Law Review 89 (2019).

〔35〕 参见谢登科:《论在线诉讼中的当事人程序选择权》,载《南开学报(哲学社会科学版)》2022 年第 1 期。

〔36〕 See Jefrey M. Waingwmer, Online Arbitration, 9 Indian Journal of Arbitration Law 1, 1 – 23 (2020).

在安全性方面,为了保证在线诉讼的安全性,所有的诉讼活动应当在专门网站中进行,法院开展在线诉讼,应当使用法院内部的封闭性专网。所有参与在线诉讼的当事人的设备与网络必须预先符合安全性要求。在诉讼前,需要由专人对参与人的设备与网络进行检测:如按步骤进行试运行,以检测屏幕效果、文件传输、聊天功能与控制面板是否处于正常状态。为了保证庭审连续、安全进行,应当由法庭掌握拥有控制权的主机。当当事方因为操作不当或其他意外情况导致弹出庭审房间或黑屏等现象,通过该主机可以及时查看当事人屏幕状况,并及时予以指导。此外,应当安排在线诉讼的替代方案,避免庭审等环节的搁置。澳大利亚维州民事和行政法庭(Victorian Civil and Administrative Tribunal, VCAT)所开发的在线诉讼平台同时具有视频与文本聊天功能,当视频或语音传输出现问题,文本方式可以及时作为补充,这一方案可以由我国法院视情况采纳。此外,备用链接或备用平台也应当被充分准备。当平台主线出现问题后,各方可以在备用线路中取得联系。

司法仪式感方面,随意性往往是导致仪式感欠缺的主要原因。除去规定诉讼参与主体的所处空间、仪容仪表外,还可以将诉讼参与人在法庭上的表现做合理记录,参考信用评级制度,将当事人的不规范诉讼行为在全国四级法院中共享,[37]以敦促当事人降低在线诉讼时行为的随意性,规范其在线诉讼行为。

(三)观念层面

社会公众及司法工作人员对在线纠纷解决的社会认知度仍有待进一步提高。受中国传统诉讼观念的影响,人们在诉讼过程中极度依赖国家公权力提供的资源,自治观念相对薄弱。在解决争议时,一些当事人可能更喜欢线下诉讼,而不是在线争议解决平台。有必要在全社会层面加强在线争议解决的推广宣传力度,让民众知道在线诉讼的存在、优点和操作方法,健全在线诉讼的民意反馈机制,让在线诉讼围绕人民需求不断调整更新,增加司法为民的举措供给。其一,可以借助各类载体对在线诉讼的适用规则与效果等相关内容进行普及,通过普法活动、社区宣传等将在线诉讼所具有的便利、快捷等优点进行讲解,提高群众对在线诉讼的可接受度。其二,可以通过律师群体带动在线诉讼观念的转变,借助律师的专业技能为当事人提供法律服务,使当事人获得良好的在线诉讼体验。对此,需要组织对律师进行在线诉讼相关的技能培训,提高律师在在线诉讼过程中保护当事人隐私、个人信息等的意识,提升律师的在线诉讼服务水平。

---

〔37〕 李经纬:《疫情防控常态化背景下民事电子诉讼制度之完善》,载《法律适用》2021年第5期。

另外，也要对司法工作人员进行在线诉讼的培训指导，减轻法院内部对在线诉讼的抗拒心理，提升在线诉讼在裁判者及社会成员中的认同感和信任度。法官需要积极学习使用在线诉讼平台的技能和在线上诉讼中控制庭审节奏的技能，甚至将其放在与法律知识学习相同重要的位置。信息专业技术将成为法官一项重要的司法技能，学习信息技术相关技能可以一定程度上减少工作量并且提高案件审理效率，同时法官在线上庭审过程中展现出的专业性能够提升当事人对在线诉讼的好感度。

结　语

后疫情时代，在线诉讼的普及并非偶然，而是使然。在线诉讼的适用虽深受疫情形势变化的影响，但绝非依赖疫情被迫采取的"权宜之计"。无论是从域外各国还是我国本土的政策实践来看，在线诉讼都有着线下诉讼无可比拟的自身优势，其契合信息化、全球化、诉讼爆炸时代的司法需求，可谓"大势所趋"。在我国，在线诉讼已然具备了体系化的法律依据及统一化的平台支撑，法院充分运用智慧法院建设成果，通过网络依法及时高效审理各类案件，提供了网上立案、网上跨域立案、网上调解、网上开庭、网上执行等"一条龙"线上诉讼服务，通过互联网将司法为民驶上了"快车道"，实现了后疫情时代的"审判执行不停摆、公平正义不止步"。

在线诉讼与传统诉讼之间必然存在冲突与张力。信息技术正不断与司法工作深度融合：从物证到区块链存证、从面对面审理到屏对屏审理、未来或许还会从人类法官转向人工智能司法裁判。在互联网司法常态化的进程中，在线诉讼只不过是其中一环，其存在和发有必要性和合理性，或将成为未来司法实践中的主流和"新常态"。当前，中国法院正在努力构建包含互联网技术深度应用、在线诉讼规则创新、依法治网实体裁判完善三个层次的具有中国特色的互联网司法新模式。[38] 在线诉讼的未来进路需紧扣时代脉搏、遵循法治规律、强化规则创新，以在线诉讼为主流的司法审判将迎来质量、效率和动力的三重变革，从优化接力式服务转向体系式服务的品质提升，实现审判体系和审判能力的现代化。

责任编辑：宋缘

---

〔38〕 周强：《探索创新在线诉讼新模式　推动实现更高水平的数字正义》，载人民法院报，http://rmfyb. chinacourt. org/paper/html/2021 - 12/04/content_211798. htm。

《行政诉讼法》第 38 条第 2 款中损害事实证明责任研究

吴昊炅*

摘要：

《行政诉讼法》第 38 条第 2 款的规定在适用过程中遇到不少问题，该条款规定在行政赔偿案件中，因被告原因导致原告无法举证时由被告承担举证责任，司法实践中原告仍需初步证明其损失情况，否则难以获得赔偿。关于此条款下损害事实证明责任分配的解读，实务以及理论上较多采取了原告承担主观证明责任或者初步证明责任的理解，但是该理解下责任的性质不甚清晰，行政赔偿诉讼中裁判口径也不统一。由此，有必要参照民事诉讼领域的证明责任理论，对该条款中的损害事实证明责任分配作出正确解读：在坚持损害事实的客观证明责任倒置给被告的基础上，引入事案解明义务学说的适用条件以及后果，明确原告在此阶段中仅承担事案解明义务而非主观证明责任。

关键词：

行政赔偿诉讼；损害事实；举证责任倒置；事案解明义务

一、问题的引出

《行政诉讼法》（2014 年修订）第 38 条第 2 款[1]（以下简称第 38 条第 2 款）规定了损害事实的证明规则，2017 年修订后的《行政诉讼法》沿袭了上述规定，并未做出任何调整。值得注意的是，通过威科先行以及北大法宝等法律检索网站检索 2014 年版规定，显示仅有 4729 篇裁判文书引用了该条款，而检索

---

* 作者吴昊炅，华东师范大学法学院硕士研究生，研究领域为诉讼法学。本文撰写过程中，得到了导师以及同门的宝贵修改意见，在此一并感谢。

[1] 《行政诉讼法》第 38 条第 2 款规定："在行政赔偿、补偿的案件中，原告应当对行政行为造成的损害提供证据。因被告的原因导致原告无法举证的，由被告承担举证责任。"

2017年版规定则显示29,629篇裁判文书引用了该条款。在施行时间近似的情况下,内容完全一致的法条,被援引的频次却有如此巨大的差距,除却经济快速发展带来的行政赔偿纠纷争议案件数量上升这一因素,更为重要的原因或许在于:最高人民法院审判委员会2017年11月15日发布了第91号指导案例,也即沙某保等诉马鞍山市花山区人民政府房屋强制拆除行政赔偿案(以下简称第91号指导案例)。第91号指导案例中的核心问题之一即在于第38条第2款的适用,此案为该条款的适用树立了很好的典范,也使得法院在审理类案过程中思考参照第91号指导案例的可能性。

简单来说,第38条第2款以及第91号指导案例初步确认了这样的裁判规则:若行政机关存在未依程序进行财产登记等行为导致证据流失毁损,此时造成原告无法举证,那么原告只要提供初步证据(有财产损失),被告即应当对其行政行为没有造成原告所主张的损失承担举证责任,并承担举证不能的败诉风险。值得肯定的是,这一裁判规则毫无疑问减轻了原告的举证负担,逻辑上来看应当有利于房屋强制拆除案件因被告原因导致无法举证情况下原告合法利益的保护,但实践中原告胜诉率并不高。即使在原告胜诉的情况下,大多数案例中法院也仅酌情认可原告的主张。

笔者通过威科先行检索〔2〕,自第91号指导案例发布至此文完稿时,类案数量为6905件,其中原告的诉求得到支持或者部分支持的比例也仅占案件总量的35.13%。并且,在部分被支持的案例当中,法院对于原告举证证明损失这一行为的理解认定也并不统一,采取的赔偿标准也有差异,就以上问题试举例如下:

> 案例1:在严某诉重庆市永川区人民政府行政赔偿案件中,法院认为:"具体而言,对于运用逻辑推理和生活经验无法认定的巨额损失是否存在,原告仍应承担初步证明责任,否则主张消极事实的被告将无从举证。而对于损失数额,被告穷尽举证手段仍无法确定的,人民法院应当综合案件实际情况,运用逻辑推理和生活经验,结合当事人诉求合理酌情确定,并判决行政机关承担相应赔偿责任。"〔3〕

---

〔2〕 笔者在威科先行网站设置高级检索条件如下:案件类型:行政赔偿案件;全文关键词检索:无法举证、强制拆除文书;时间:2017年11月15日至2022年4月30日。一共查询到6905起案件。

〔3〕 (2020)最高法行赔申187号行政裁定书。

案例2:多某诉甘孜县住建局等行政赔偿案件中,法院认为:“本院同时认为,不能将《中华人民共和国行政诉讼法》第三十八条第二款规定中的‘由被告承担举证责任’扩大理解为由被告对原告主张的存在损失及损失金额多少承担举证责任,更不能进一步认为该举证责任属于结果意义上的举证责任,否则将违反‘否定之人无需举证’这一基本证据法则,也将让主张消极事实的被告,在案件审理中难以履行相应的举证责任。故本案中……仍应由原告多某对案涉建筑物拆除过程中是否存在财产损失及损失金额提供证据证明。”〔4〕

可以看出,上述案例处理方式似乎与第38条第2款的立法本意以及第91号指导案例的裁判规则有所抵牾。在第91号指导案例的理解与参照中,明确了三大裁判规则,“一是合理地分配举证责任;二是防止当事人漫天要价,对其赔偿请求进行了符合公平、合乎常理的认定;三是警示行政机关应当依法行政,按照法定程序实施强拆,否则要承担举证不能的法律责任”〔5〕。案例1反映了在因被告原因导致无法举证的前提下,关于财产损失产生争议导致责任无法确定时,法院认为原告仍应承担初步举证责任,实质上是将该部分事实的证明责任分配给了原告。在案例2中,法院更是明确指出不得将第38条第2款理解为“由被告对原告主张的存在损失及损失金额多少承担举证责任”,并在裁判中让原告承担了无法举证的败诉风险。

第38条第2款可从两个层面进行解读:第一层面,一般情况下原告在行政赔偿案件中承担客观证明责任;第二层面,因被告原因导致原告无法举证之时,损失事实的客观证明责任倒置给被告。第91号指导案例中,在被告无法证明损失不存在的情况下,法官结合生活经验与日常逻辑,对原告的主张予以酌情支持。

可以看出实践中法院对于第38条第2款“被告承担举证责任”大多做出了限缩理解,认为此处被告虽承担损害发生的举证责任,但具体损害情况以及数额的证明责任仍应分配给原告。或者在被告导致原告无法举证的情况之下,原告也应当承担初步证明法院的责任(初步证明有财产损失)。当原告无法初步

---

〔4〕 (2019)川3328行赔初1号行政判决书。

〔5〕 宋鑫、石磊:《〈沙某保等诉马鞍山市花山区人民政府房屋强制拆除行政赔偿案〉的理解与参照——违法强制拆除行政赔偿案件的举证责任分配及赔偿数额认定》,载《人民司法》2021年第17期。

证明时法院的裁判观点差异较大,有些判决结合生活常理予以了适当支持,有些判决径直以证据不充分为由驳回原告主张。[6]

经案例检索统计[7],从审判水平较高的最高人民法院审理情况来看,行政强制拆除案件中第38条第2款的适用主要有以下三种处理方式:(1)原告简单举证或者提供物品清单即可予以支持;(2)原告提出主张,但是未予充分证明或者结合生活常理难以认定;(3)原告初步举证,被告予以质证,法院酌情支持原告主张。

在法条明确规定了证明责任倒置给被告,并且指导案例也作出了适用范例,后续判决中法院对原告在日常生活用品的赔偿主张上基本一致予以认同,但是对其他财物主张,要么予以驳回,要么酌情支持,这也反映了法院对于第38条第2款的具体解读不同。第38条第2款中"由被告承担举证责任"中被告所应举证证明的对象是什么?是否既要求被告证明损害事实是否存在,也要求其证明具体损失情况?理论界关于第38条第2款所规定的证明规则的解读中,也有不少学者认为特殊情形下原告仍承担主观证明责任或初步证明责任。[8]司法实践中,法院通常认为"原告应该初步证明其损失",对此处的初步证明又当作何种理解?

为解决上述问题,下文在行政赔偿诉讼基本原理基础之上,引入民事诉讼中证明责任的基础法理,试图对第38条第2款所规定的损害事实证明规则作出一定的解读。

二、理论争议

(一)《行政诉讼法》中的举证责任辨析

值得注意的是,《行政诉讼法》中举证责任的定性问题在行政诉讼领域内一直饱受争议。我国《行政诉讼法》以及其他诉讼法中,并未直接使用客观证明责

---

[6] 其中不予支持的案例参见(2020)黔01行赔终62号判决书,(2021)川11行赔终2号判决书;予以支持或部分支持参见(2021)京02行赔终134号判决书,(2021)豫01行赔终26号判决书。

[7] 笔者在威科先行网站上检索,将条件设置如下:时间:2017年11月15日至2022年4月30日;审理级别:最高人民法院;案件类型:行政赔偿案件;引用法条:《行政诉讼法》第38条。剔除与举证困难无关的案件,共得到98份有效文书。

[8] 参见罗智敏:《行政赔偿案件中原被告举证责任辨析》,载《中国法学》2019年第6期。

任的字眼,而是使用了举证责任的表述方式,学界也有“说服责任”以及“证据提出责任”的表述[9]。江必新则认为:“虽然客观证明责任的内涵与功能已经形成共识,然而客观证明责任与我国《行政诉讼法》规定的‘举证责任’概念之间的关系问题仍有争议。其实,如果更侧重从结果意义上使用我国《行政诉讼法》规定的‘举证责任’概念时,举证责任本来就与客观证明责任的涵义相同。”[10]此外,也有学者提出,当前诉讼法语义下的“举证责任”概念,既包括证据提出责任也包括说服责任。[11]

(二)第38条第2款的解读

关于原告举证行为的定性,马怀德、刘东亮指出行政诉讼中原告的举证行为是为了增加胜诉可能性的权利[12],与之对应的是泛化的义务说[13]。结合第38条第2款的规范内容,上述观点之下原告对于损害事实提供证据的行为属于行使权利或者履行义务。

实务中有观点认为:“原告就损失金额承担的举证责任……是结果意义的举证责任而非行为意义的举证责任……原告将因举证不能或者未能完全履行举证责任而承担其主张得不到法院支持的不利后果。”[14]以上分析明确将第38条第2款规定中前句规范内容理解为原告负担客观证明责任,也即将一般情况下行政赔偿案件中原告对于损害事实的证明责任理解为客观证明责任。理论界多数学者也持上述观点,将第38条第2款中规定的“由被告举证”理解为客观证明责任倒置或者转承[15],仅有少数观点认为是主观证明责任倒置[16]。除

---

[9] 参见姜明安主编:《行政法与行政诉讼法》(第7版),北京大学出版社2019年版,第464页。

[10] 江必新、徐庭祥:《行政诉讼客观证明责任分配的基本规则》,载《中外法学》2019年第4期。

[11] 参见李年清:《行政强拆赔偿案件中损害事实的举证责任》,载《时代法学》2015年第1期。

[12] 参见马怀德、刘东亮:《行政诉讼证据问题研究》,载《证据学论坛》2002年第1期。

[13] 关于义务说,参见关保英:《行政诉讼中原告提供证据行为研究》,载《法律适用》2011年第7期。

[14] 参见(2017)最高法行申26号行政裁定书。

[15] 参见梁凤云:《〈行诉解释〉重点条文理解与适用》,载《法律适用》2018年第11期;王鲲:《拆迁案件中一类诉权事实举证责任的转承——兼谈新〈行政诉讼法〉第38条第2款的适用》,载《山东审判》2016年第6期。

[16] 参见徐霾:《行政赔偿诉讼中的事实推定:前提、价值和规则——基于对指导案例91号的观察》,载《行政法学研究》2022年第3期。

却上述解释方案,也有学者从证明妨碍的角度分析该条款〔17〕,对此也有学者提出不同看法,如蒋成旭认为第38条第2款仅适用形成性侵权,不符合一般的证明妨碍要件〔18〕;石珍等学者从原告利益保护的角度出发也持反对观点〔19〕。

有学者提出行政诉讼中证明责任可以根据具体情形个性化分配的观点〔20〕,对此,江必新表示否定,他认为在行政诉讼领域建构客观证明责任体系过程中可以引入罗森贝克的规范说。江必新在引入罗氏学说的过程中以行政职权为中心对规范说予以了一定改造适用,同时他也注意到:"其(《行政诉讼法》第38条第2款)规定的法律效果是赔偿请求权的形成、妨碍与消灭。这与行政实体法以行政职权为中心,法律效果围绕行政职权设定存在明显不同。"〔21〕

罗智敏教授则主张将第38条第2款所规定的证明责任分为两种情况讨论:一般情况下,原告既承担主观举证责任,又承担客观举证责任;特殊情况下,"原告没有受到损害事实的举证责任由行政机关承担,这是一种客观举证责任的倒置,但是此时原告仍然具有主观举证责任,即初步提出证明自己受到损害"〔22〕。

可以看出既往研究中,学界对于一般情况下行政赔偿诉讼中,原告承担客观证明责任基本达成共识,尚存在疑问的是对于特殊情况下,也即由于被告原因导致原告无法举证时,法条规定"由被告承担举证责任"的,被告具体承担何等证明责任?进一步而言,原告是否承担证明责任或者初步证明责任?

三、实践层面中的适用逻辑

第38条第2款在我国行政赔偿诉讼领域较为典型的适用即为第91号指导

〔17〕 参见于鹏、冯亦浓:《行政诉讼证明妨碍及其法律规制研究——以民事诉讼为参照》,载《行政法学研究》2020年第6期。

〔18〕 参见蒋成旭:《论行政诉讼中的"被告致原告无法举证"——以第91号指导性案例为中心》,载《交大法学》2019年第4期。

〔19〕 参见石珍、曾令抄:《行政赔偿中损害事实举证责任之重构——以行政程序违法为切入点》,载《天水行政学院学报》2011年第3期。

〔20〕 参见沈岿:《行政诉讼举证责任个性化研究之初步》,载《中外法学》2000年第4期。

〔21〕 江必新、徐庭祥:《行政诉讼客观证明责任分配的基本规则》,载《中外法学》2019年第4期。

〔22〕 罗智敏:《行政赔偿案件中原被告举证责任辨析》,载《中国法学》2019年第6期。

案例,在上述案例中该法条的运用同样也是纠正一审判决适用法律错误从而撤销原判予以改判的重要依据。因此对第91号指导案例进行梳理,有利于我们了解当前实务界关于该条款的适用逻辑,并理顺适用过程中对于损害事实证明责任的分配,在此基础上试图回应前述争议。

(一)基础事实

2011年12月5日,安徽省政府批准征收花山区霍里街道范围内农民集体建设用地,2011年12月23日,马鞍山市人民政府公告了上述内容并决定由花山区人民政府主导征地方案的执行,苏某华的涉案房屋也在征收方案内。随后,苏某华去世,涉案房屋归原告沙某保等人所有。次年年初,花山区人民政府实施征地方案,并将涉案房屋予以拆除。

原告沙某保等四人认为花山区人民政府拆除上述房屋的行为严重违法并造成原告损失,因此向马鞍山市中级人民法院提起行政赔偿诉讼,请求判令花山区人民政府赔偿原告损失,具体主张内容包括房屋、装潢以及房租等项目。2015年7月20日,一审判决驳回原告沙某保等四人的诉请。原告不服提起上诉,二审判决主要依据第38条第2款的证明规则,撤销了一审判决并酌情支持了原告财产损失8万元的诉请主张。

(二)裁判思路

1. 举证责任

第一,原告不必证明被告的涉诉行政行为违法。从逻辑上看,行政赔偿的前提条件之一必然是行政机关的违法性行政行为造成了相对人损害,但行政行为违法性举证责任在行政赔偿诉讼中由被告承担〔23〕。根据当时的法律规定〔24〕,行政行为的违法性属于行政赔偿案件审理的前提条件,第91号指导案例中被告无法证明其行政行为合法,故依据前述法条,涉诉行政行为违法性已被确认。

第二,本案中法院在被告原因导致原告沙某保等人无法举证的情形之下,将损害事实以及具体损害情况的客观证明责任倒置给被告,规范基础即为第38条第2款。法律上的赔偿诉讼以损害的存在为逻辑起点,无损害便难言赔偿。因此在行政赔偿诉讼中,通常原告也即赔偿提出者应当对行政行为造成了何等

---

〔23〕 参见刘善春:《行政诉讼举证责任分配规则论纲》,载《中国法学》2003年第3期。

〔24〕 最高人民法院《关于审理行政赔偿案件若干问题的规定》(1997,已失效)第21条规定:“赔偿请求人单独提起行政赔偿诉讼,应当符合下列条件:……加害行为为具体行政行为的,该行为已被确认为违法……”

损害提供证据证明。本案中,二审法院适用第38条第2款的证明责任倒置规范,认为本案中物品受损是否存在、具体损失情况等,依法应由马鞍山市花山区人民政府承担证明责任。

2. 数额确认

二审法院审理中认为上诉人主张的房屋及其装潢损失,属于土地征收补偿范畴,依法应由征收机关给予补偿安置。关于房租损失,不属于直接损失故不予认定。一般认为,国家赔偿中的直接损失仅指因侵害导致现有财产的贬损,而非应得的或者可能得到的利益。[25]

审理的重点在于屋内财产损失认定,对于原告所主张的衣服、家具、手机等财产损失,一审法院因证据不足予以驳回,二审法院则认为上述物品均属于生活必需品,且主张金额符合一般实际情况,当被告花山区人民政府未提出相关物品不存在的证据时,对于原告主张的该部分屋内物品损失应予认定。此外,原告所主张的实木雕花床损失数额为5万元,该项主张明显超出了一般市场价格,在原告未能特别说明的情况下,二审法院对于原告5万元的主张不予采信。最终数额认定上,二审法院结合了市场上相应实木雕花床的一般价格,结合生活经验综合酌定原告主张的该部分损失价值为3万元。

(三)实践中第38条第2款的适用逻辑

1. 特殊情况下被告承担客观证明责任

值得肯定的是,一审判决中认为原告应对损失情况承担主观证明责任,当原告无法举证证明损失时驳回其请求,第91号指导案例予以了纠正,指出因被告原因无法举证的情况之下,应适用第38条第2款由被告承担客观证明责任,为类案审判以及第38条第2款的适用树立了很好的示范作用。就该指导案例而言,并不能得出特殊情况下原告承担证明责任的判断,该指导案例中的表述也仅涉及原告提供了物品清单的表述(显然这很难理解为法院要求原告承担证明责任)。但是在后续类案的审理过程中,针对特殊情况下的证明责任分配,仍有法院认为原告也应举证责任(也有法院称其为初步证明责任)。

2. 由法院酌情认定损失具体数额

从本案的审理情况看,法院审查沙某保诉讼请求时,结合举证情况以及生活常理、经验法则,作出了较为合理的数额认定。具体表现为,一方面,针对房屋内物品的损失,对于衣物、家具、家电、手机等日常生活必需品,由于主张数额

---

〔25〕 参见管君:《论国家赔偿中的“直接损失”》,载《甘肃政法学院学报》2015年第1期。

符合一般家庭实际情况法院予以了确认。另一方面,沙某保主张实木雕花床价值为5万元,该价格高于市场正常价格,并且由于物品已经灭失,难以通过鉴定确认该床的材质、形成时间等,因此在数额认定更为谨慎对其主张予以酌情支持,参照市场价格认定该部分损失为3万元。

四、民事诉讼理论视角下的损害事实证明问题解读

(一)理论引入

首先应当明确的是,证明责任问题作为"民事诉讼的脊梁"[26],远非本文中的某一章节所能阐明,因此在试图解决上述问题的过程中,仅援引民事诉讼领域中同本条款相关的理论知识,以便解答前文中存在的一些疑问。关于民事诉讼证明责任理论用于解释行政赔偿诉讼的问题,早有学者采取此种做法,[27]笔者认为上述先例存在充分的合理性:首先,二者同为发现事实真相的诉讼法,其终极目的一致;其次,程序理论并不涉及实体权利义务的分配,并无损害行政法独立学科地位之虞;再次,行政赔偿诉讼作为损害赔偿诉讼,天然具备民事诉讼的特点(损害求偿),即二者均为受害方请求加害方予以损害赔偿的程序架构;最后,行政诉讼中援引民事诉讼制度亦有相应的法律规范支撑。[28]

1. 主、客观证明责任的概念及意义

虽然行政诉讼中整体奉行职权探知主义原则,但是行政赔偿诉讼主要涉及赔偿请求权的行使以及认定,因此证明责任同样是需要考虑的重要问题之一。

"客观证明责任,是指法官最终对争议事实的心证处于真伪不明时,由一方当事人承担的败诉后果,客观证明责任的目的在于解决真伪不明时法官如何裁

---

〔26〕 [德]莱奥·罗森贝克:《证明责任论》,庄敬华译,中国法制出版社2002年版,第77页。

〔27〕 行政诉讼领域引进民事诉讼理论的相关研究思路,参见朱新力:《行政诉讼客观证明责任的分配研究》,载《中国法学》2005年第2期;沈岿:《行政诉讼证明责任个性化研究之初步》,载《中外法学》2000年第4期;李爱群、陈国栋:《行政赔偿诉讼证据规范适用研究——基于罗森贝克规范适用说及表见证据学说的分析》,载《山东审判》2011年第3期。

〔28〕 《行政诉讼法》第101条规定:"人民法院审理行政案件,关于期间、送达、财产保全、开庭审理、调解、中止诉讼、终结诉讼、简易程序、执行等,以及人民检察院对行政案件受理、审理、裁判、执行的监督,本法没有规定的,适用《中华人民共和国民事诉讼法》的相关规定。"

判的问题"[29]。客观证明责任的运用是在特定情景下法政策学的要求,并且将决定败诉风险的最终分配。结合第38条第2款的规定,因被告原因导致无法举证时,由被告行政机关承担客观证明责任,蕴含着从败诉风险后果分配以督促行政机关依法行政的政策考量。而主观证明责任一般指当事人提出有利于自己的主张后便负担有向法院证实该部分主张的责任。

通过对于上述两个概念的把握,不难发现主、客观证明责任的区别在于:客观证明责任一般在诉讼前就已被实体法客观确定下来,因此不会发生转移问题,其确定地将败诉结果分配给某一方。只有对这一观点达成共识,才能在后续解读中不出现根本上的分歧。

2. 证明责任倒置

关于第38条第2款中特殊情况下由被告承担的证明责任的性质当前尚未达成一致,如前所述,多数学者将其认定为客观举证责任的倒置,此种理解符合本条款保护行政相对方的制度设计,同时也与规范内容一致,对此笔者持赞同观点。

关于举证责任倒置,王利明教授认为:"所谓举证责任倒置,指基于法律规定,将通常情形下本应由提出主张的一方当事人(一般是原告)就某种事由不负担举证责任,而由他方当事人(一般是被告)就某种事实存在或不存在承担举证责任,如果该方当事人不能就此举证证明,则推定原告的事实主张成立的一种举证责任分配制度。"[30]在此基础上,责任倒置的条件为:"明确的法律依据;原告就某种事由的证明出现举证障碍;根据案件的具体需要,确有必要保护受害人的利益;被告就某种事由的存在与否具有证明的可能性。"[31]

据此一一检视第38条第2款,要件一自不待言;要件二中由于被告的原因导致原告举证障碍;要件三中行政赔偿诉讼的原告亦属于应被保护的受害人;要件四中被告基于依法行政的要求也应当保存行政行为过程中的必要证据;因此检视结果为本条规定符合民诉领域中举证责任倒置的理论要件。

3. "初步证明责任"及事案解明义务

在类案研究与审判中,判决书存在初步证明责任的表述,不少学者也提出了"初步证据""初步证明责任"的相关概念,以解决行政赔偿案件中特殊情况下原告应当举证的理论依据问题。

---

〔29〕 [德]莱奥·罗森贝克:《证明责任论》,庄敬华译,中国法制出版社2002年版,第71~74页。

〔30〕 王利明:《论举证责任倒置的若干问题》,载《广东社会科学》2003年第1期。

〔31〕 王利明:《论举证责任倒置的若干问题》,载《广东社会科学》2003年第1期。

以上观点脱离了损害事实的证明责任已经倒置给被告的规范前提,仍将证明责任分配给原告,背离了法条原意。并且,“初步证明责任”这一概念本身也比较模糊,该证明需要达到何种地步才构成初步证明?对于不同财物初步证明的标准是否有所不同?事实上,第 91 号指导案例中也明确指出了损失是否存在、具体损失情况等均由被告承担举证责任,并未特意对原告举证情况予以说明。

实践中原告初步举证以供被告反驳的现象确实存在,事实上根据第 38 条第 2 款规定,特殊情形下原告不负担损害事实的证明责任,此时原告初步举证或者说明并非履行主观证明责任,而是履行诉讼进程中争诉当事人的“事案解明义务”。不负担证明责任者的事案解明义务来源于德国司法判例的总结,当前学者在介绍时将其适用条件一般归纳为:“负证明责任当事人处于争议事件经过之外,无法进行具体化的事实陈述,而不负证明责任当事人可以很容易的陈述相关事实,且其为此种陈述具有可期待性。”〔32〕高桥宏志教授在介绍事案解明义务时也认为:“不负有证明责任的对方当事人产生事案解明义务,如果对方当事人不履行这种义务,那么法院就可以将负有证明责任当事人的主张拟制为真实。”〔33〕关于事案解明义务适用后果学界尚无定论,根据学者观点,我国可采取“以推定原告(负证明责任一方)主张事实成立为原则,以法官自由心证判断为补充”〔34〕的做法。

那么在第 38 条第 2 款中规定的特殊情形之下,事案解明义务应当如何适用?首先,原告作为不承担证明责任的一方,关于受损财产性质、品牌、何时购买、价值几何等信息自然是最为了解。被告对上述信息难有了解可能性,因此无法对于损失情况进行具体化陈述,并且此时原告作为诉讼的进攻方,对其列明或者说明自身损失情况具有较高的期待。其次,从结果上来看,如果原告针对具体物品未能尽到事案解明义务,一般情况下即可推定被告所主张的财产损失不成立,特殊情况下也可以由法官基于自由心证作为补充。第 91 号指导案例中,原告主张生活用品时虽仅提供了清单,但是法院认为结合原告经济情况,该主张符合生活经验并予以了支持便为例证。由此可见,指导案例虽未利用事案解明义务进行说理,但是该理论的适用条件以及适用后果在指导案例中均得

---

〔32〕 吴泽勇:《不负证明责任当事人的事案解明义务》,载《中外法学》2018 年第 5 期。

〔33〕 [日]高桥宏志:《民事诉讼法制度与理论的深层分析》,林剑锋译,法律出版社 2003 年版,第 467 页。

〔34〕 吴泽勇:《不负证明责任当事人的事案解明义务》,载《中外法学》2018 年第 5 期。

到了较好的体现。事实上,行政诉讼案件司法解释中也存在与事案解明义务目的一致的类似规范[35],因此在特殊情况下,行政赔偿诉讼案件中具备事案解明义务的适用空间。

(二)证明困难缓解策略

1. 证明对象的确定

何谓"因被告导致原告无法举证"尚无相关司法解释,有学者根据司法裁判大致整理规则如下:"通过确认被告行政机关在实施强拆等行政行为之前或实施过程中,未依法对涉案财物进行公证、登记、保全或制作物品清单等,导致原告无法就损害事实进行举证,即认定构成'被告致原告无法举证'。"[36]

关于证明对象及证明责任的讨论,依据规范说必须结合行政赔偿诉讼中原告的请求权予以分析,以第 91 号指导案例为例,该案原告所依据的请求权规范为《国家赔偿法》第 2 条第 1 款、第 4 条第 4 项的规定[37]:

上述规范明确了行政机关及其工作人员在行使职权过程中对公民财产造成损害的,相对人有获得赔偿的权利。具体而言在实践中,根据审判实践以及损害赔偿要件理论,原告提供证据证明的内容应涉及:被告机关实际上存在违法行政行为;该行政行为损害了原告的合法权;二者之间存在因果关系以及被告行政机关应赔偿的数额等。本文在第 38 条第 2 款的范畴内,重点讨论特殊情况下损害事实的证明责任。

2. 裁判文书中的缓解策略

损害事实的证明问题,涉及过去事实的再现,但是由于时过境迁,受损财物往往客观上已不复存在,因此如何证明损失是证据法上一贯存在的难题。第 38 条第 2 款的制定背景在于,一方面是被告违法强拆导致本应证明损失的原告方证明困难;另一方面又应当防止原告漫天要价,造成国家财产的不必要损失,第

---

[35] 如最高人民法院《关于审理行政赔偿案件若干问题的规定》(1997)第 32 条规定:"原告在行政赔偿诉讼中对自己的主张承担举证责任。被告有权提供不予赔偿或者减少赔偿数额方面的证据。"

[36] 蒋成旭:《论行政诉讼中的"被告致原告无法举证"——以第 91 号指导性案例为中心》,载《交大法学》2019 年第 4 期。

[37] 《国家赔偿法》第 2 条第 1 款规定:"国家机关和国家机关工作人员行使职权,有本法规定的侵犯公民、法人和其他组织合法权益的情形,造成损害的,受害人有依照本法取得国家赔偿的权利。"第 4 条规定:"行政机关及其工作人员在行使行政职权时有下列侵犯财产权情形之一的,受害人有取得赔偿的权利:……(四)造成财产损害的其他违法行为。"

38 条第 2 款则力图在两者之间寻求平衡。

值得指出的是,第 38 条第 2 款采取的大致方案明确了损害事实证明责任倒置给被告,因此该部分客观证明责任根据法律规定应归属被告,部分判例中由于原告无法尽到初步举证的要求便予以驳回,这一做法则体现了审判中限制原告不正当诉求的价值考量。此外,亦有学者认为此款并非举证责任倒置,而应当通过降低原告证明标准的方式缓解证明困难。[38]

从证据法角度,以上思考并非不能理解,证据制度的要旨便在于"通过司法程序再现案件事实,并提高认识结果的精确性和确定性"[39],原告作为最了解受损财物的一方,似乎为了推进诉讼进程要求其举证也无可厚非,或者部分判例从主观证明责任的角度出发,认为原告主张具体物品遭受损失,因此原告作为主张提出方应当举证。从生活逻辑上看,原告不承担任何证明责任容易导致滥诉风险,造成国家财产损失。但是上述利益衡量不得直接改变已有的客观证明责任的分配格局,也即第 38 条第 2 款的制度设计,原因在于:

首先,如前所述,客观证明责任规范作用体现在案件事实真伪不明的情形中,也即案件事实陷入真伪不明的中间状态时法官仍需要作出终局裁判,此时客观证明责任规范需要给予法官以事实认定的方向。但是客观证明责任规范本身并不直接分配当事人之间的权利义务,被告若能举证否认原告的主张大可以免于赔偿的败诉后果。证明责任倒置仅仅是司法程序设计,其目的是更好地确认"法律意义上的真相",因此从结果论的角度质疑证明责任的倒置是站不住脚的。

其次,从诉讼程序本身进程来看,由被告行政机关承担否定损失主张的证明责任,原告无需证明似乎不符合理性逻辑。但是,赔偿诉讼是动态过程,在进入真伪不明认定之前,原被告实质上仍处于事实认定上的攻防状态,法官也可以起到引导诉讼进程的作用,虽然客观证明责任在被告方,但是原告仍承担对于自身损害的说明义务,其法理依据为前述的事案解明义务,事实上实践中亦有判例[40]较好地遵循了上述思路。

采取事案解明义务的理解角度,避免赋予原告证明责任从而遵循了法律所

---

〔38〕 参见李年清:《行政强拆赔偿案件中损害事实的举证责任》,载《时代法学》2015 年第 1 期。

〔39〕 纪格非:《论证据法功能的当代转型——以民事诉讼为视角的分析》,载《中国法学》2008 年第 2 期。

〔40〕 参见(2019)最高法行赔申 504 号行政裁定书。

规定的证明责任倒置给被告的制度设计,同时缓解了被告作为否认方的证明难题,推进了诉讼进程,采取以上解释将兼顾规范体系的严谨性,同时避免不正当的诉讼风险。

同样,在厘清上述争议后再回顾第 91 号指导案例的裁判过程:案涉原告仅提供了日用品清单(事案解明义务)—被告花山区人民政府未能举证证明上述物品不存在(客观证明责任)—被告承担败诉风险应当予以赔偿(客观证明责任的败诉后果),而在赔偿数额层面,则引入了生活逻辑以及经验法则由法官行使自由裁量权。

3. 采原告"事案解明义务说"的合理性

针对"损失事实"这一要件事实的证明困难,理论上存在诸如间接证明、表见证明、证明标准降低等理论工具。可以理解的是,在行政强拆导致证据保存困难的背景之下,对于原被告双方都构成证明困难,那么此时的解释方案应当既有利于案件事实发现,也符合法解释学的一般逻辑。

首先,原告事案解明义务说可以避免采用不必要的主观证明责任。根据第 38 条第 2 款的规定,由被告举证证明损害情况。该法条中证明对象为原告的损失,此时被告的举证既非抗辩也非否认,而是基于法律规定的本证。因此,从法条文本出发,原告对于损害事实并无证明责任,部分判决事实上仍坚持了一般损害赔偿诉讼中"谁主张,谁举证"的传统观点,而没有注意到第 38 条第 2 款的特殊之处。

其次,避免了使用性质不明的初步证明责任概念。在承认上述观点的前提下,自然而然会产生这样的疑问:原告不承担任何举证责任于常理不合,被告作为持否定性主张的一方其证明难度过高。在这种考量之下,学界以及判例中出现了"初步证明责任"或者"原告初步举证"的表述,但是如前所述,此种责任性质不明,难以纳入主客观证明责任的理论划分,并且本身证明标准也不统一。

最后,尊重了审判实践的需要,不会对诉讼造成程序障碍。在特殊情况下,损失事实证明责任倒置给被告,原告基于事案解明义务同样有对于损害事实的说明义务。采取以上理解,一方面保障了行政赔偿诉讼案件中查清事实的需要,另一方面尊重了第 38 条第 2 款的证明责任倒置的制度设计。部分学者否认或者限缩第 38 条第 2 款所规定的损害事实客观证明责任倒置,往往是从结果论出发质疑,认为被告作为否认方不应承担过重的证明责任。但是无论基于何种考量,根据法律规范建立起的证明责任制度不应被突破,第 38 条第 2 款规定了在被告导致原告无法举证的情况下,被告承担客观证明责任,若损失事实陷入真伪不明,败诉风险根据法条应当分配给被告,这点不应被挑战。"在证明责任的分配上,应当排除每个法官的实质性考虑(否则容易造成不同法官作出不同证明责任分配的结局),只能基于由精明的立法者历经几个世纪构筑起来的正义——实定的实体法规来进行”〔41〕。

五、结　语

本文指出了理论以及实务层面关于第38条第2款中所规定的损害事实证明规则的理解争议,明确了因被告原因导致原告无法举证的情况下原告仍承担主观证明责任或者初步证明责任的观点违背了第38条第2款的制度设计,上述观点不利于行政赔偿诉讼中原告正当利益的保护,也难以起到督促行政机关依法行政的规范目的。因此后案中应当坚持第38条第2款规定了特殊情况下损失事实的客观证明责任倒置给被告的解读,并明确原告在此阶段中仅承担事案解明义务而非主观证明责任,这一理解方式更为契合第91号指导案例的裁判要旨。

行政赔偿诉讼作为行政相对人获取救济的重要手段,是消弭行政纠纷的重要途径之一,正确解读并适用第38条第2款在此过程显得尤为重要。本文所讨论的损害事实认定问题,属于诉讼进程中重要的证明对象之一,也直接关乎行政赔偿诉讼中原告的权益,有必要予以充分讨论。“作为法治对于审判程序的基本要求,‘平等对待’原则不只体现在法律适用环节;在事实认定阶段,法官同样应当秉持某种稳定、统一的标准。这是法律人对于证明标准的基本期待”〔42〕。因此,对于损害事实证明责任分配的认定必须相对规范、统一,以作出较为合理的裁判。

责任编辑:王治尧

〔41〕 [日]高桥宏志:《民事诉讼法制度与理论的深层分析》,林剑锋译,法律出版社2003年版,第440~441页。

〔42〕 吴泽勇:《“正义标尺”还是“乌托邦”?——比较视野中的民事诉讼证明标准》,载《法学家》2014年第3期。

利益衡量视域下借名买房执行异议之诉的裁判进路

陈雅雯*

摘要：

借名买房执行异议之诉的处理，首先需判断借名买房合同是否有效；其次考虑借名人对案涉房屋享有何种民事权益；最后衡量借名人享有的民事权益是否足以排除强制执行。除了投资性借名购房或借名购买经济适用房的合同会被判定无效，其他类型的借名买房合同均属有效。在合同有效的前提下，关于权利性质的认定，本文赞同“债权说”。于借名人能否排除强制执行的判断环节，需引入利益衡量的方法。具体观之，当执行债权人之“执行债权”与借名人之“合同债权”发生冲突时，原则上应保护执行债权人的信赖利益，驳回借名人排除强制执行的诉请；但若涉及生存权益保护的情形时，则应例外地支持借名人一方。

关键词：

借名买房；排除执行；利益衡量；信赖利益；生存权益

一、问题的提出

执行程序中，效率是办案法官一贯追求的目标，因而在对执行标的物进行权利甄别时，外观主义往往会得到优先适用。但是，若权利外观与真实权属不一致，如何在保障办案效率的同时又实现各方主体的利益衡平，成为司法裁判者需要直面的难题，而借名买房则为其中典型代表。所谓借名买房，是指当事人一方（借名人）经他方（出名人）同意，以出名人名义购买房屋并办理过户登记手续，但双方约定房屋归属于借名人的交易行为。[1] 如表1所示，近年来，借

---

* 作者陈雅雯，暨南大学法学院2020级硕士研究生，现为中山大学法学院博士研究生，研究领域为民商法学、港澳基本法。

〔1〕 参见马一德：《借名买房之法律适用》，载《法学家》2014年第6期。

名买房纠纷频繁涌现,[2]针对借名人享有的民事权益是否足以排除强制执行的问题,无论是在实务裁判还是学理讨论当中,都存有争议。

表 1 2014 ~ 2021 年借名买房人提起的案外人执行异议之诉案件数量

单位:件

年份	借名买房执行异议之诉案件数量
2014	1
2015	9
2016	23
2017	61
2018	147
2019	228
2020	293
2021	229

注:由于本文的实证研究案例样本检索时间截至 2022 年 4 月 30 日,考虑到 2022 年的裁判文书并未收录完毕,为保证统计数据的准确性与完整性,本表暂不将 2022 年的案件数据纳入统计范围。

司法实践中,驳回借名人(案外人)排除强制执行诉请的案件占据大多数。[3] 从 2020 年到 2022 年,法院逐渐收紧裁判口径,对作出支持判决趋于谨慎。虽然“驳回借名人诉请”取得了压倒性的胜利,但“少数派”的呼声依然未被湮没。同案不同判现象的背后,实则反映了裁判实践中的观点分歧。基于以上处理困境,本文试图通过裁判与学理的二重思考,探索借名买房执行异议之诉的裁判进路。针对借名买房纠纷的处理,应分为三步:首先,判断借名买房合同是否有效;其次,在合同有效的前提下,确定借名购房人对于案涉房屋享有何种民事权益;最后,考虑借名购房人能否排除强制执行。以上三个问题环环相扣,下文将逐一展开分析。

---

〔2〕 笔者在中国裁判文书网当中,以“借名买房”为全文关键词、“案外人执行异议之诉”为案由、“判决书”为文书类型进行案例检索,发现从 2014 年开始至 2020 年,借名买房案外执行异议之诉的数量呈现逐年递增的趋势,到 2021 年则趋于稳定,数量保持在两百多件,详细数据参见表 1(检索时间截至 2022 年 4 月 30 日)。

〔3〕 基于脚注〔2〕所设定的检索条件,笔者检索到 2020 年至 2022 年全国各省市中级人民法院以上法院审理的借名买房执行异议之诉共计 287 件,其中包括 2022 年的 8 件、2021 年的 122 件、2020 年的 157 件。阅读上述 287 份裁判文书,剔除掉“借名买房”事实不成立的案例,筛选出其中的 94 件,发现共有 72 件被驳回、22 件得到法院支持,各自占比约为 7 : 2。

二、借名买房的合同效力

借名买房行为的出现，植根于国家房地产市场限购限贷政策出台的大背景。因为受到购房资质的限制，部分当事人试图通过订立借名买房合同，借用他人名义进行购房交易，以规避限购政策、节约交易成本。这种“房屋代持”的状态若遇上法院的强制执行，借名购房人才会主动披露自己的身份，主张阻却法院的执行。与“一房二卖”等情形有所不同，借名购房人未办理房屋过户登记手续，大多是其主动追求的结果，背后反映的是规避政策、享受优惠的目的。因此，上述关键事实是影响借名买房合同效力的重要因素，亦与借名购房人能否排除强制执行息息相关。

（一）类型化的认定思路

实践中借名买房合同的类型，主要可分为：（1）规避限购政策型；（2）规避限贷政策型；（3）享受购房优惠型（主要指经济适用房）。而规避限购政策型，可再细分为基于炒房目的、因未取得当地户口、积分不足、社保缴纳年限不够而借名买房。

上述不同案型中借名买房的合同效力，司法裁判中的处理存在区别。首先，针对第一大类政策规避型的借名买房行为，最高人民法院在“辽宁某气体液化设备有限公司、徐某欣再审民事判决书”中明确了处理态度，认为规避限购政策的借名买房合同因违背公序良俗而无效。[4] 仔细探究该案的事实，是当事人在名下已有两套住房的情况下，依然选择借名购房，以规避北京市政府出台的限购政策。可见，最高人民法院对于抑制投资性购房行为的态度十分明确。但是，对于户口受限、积分不足、社保缴纳年限不够等原因而借名买房的行为，司法裁判的态度则缓和许多，虽然认定此类规避政策的行为并非法律所提倡，但并无直接否定合同的效力。[5] 此外，针对第二大类规避限贷政策型、第三大类享受购房优惠型的借名买房行为，法院大多认定合同有效。[6]

---

〔4〕 参见辽宁中集哈深冷气体液化设备有限公司、徐某欣案外人执行异议之诉，最高人民法院（2020）最高法民再328号民事判决书。

〔5〕 参见张某明与王某、周某根案外人执行异议之诉，江苏省苏州市中级人民法院（2020）苏05民终10540号民事判决书。

〔6〕 参见林某、赵某真等案外人执行异议之诉，福建省福州市中级人民法院（2021）闽01民终3927号民事判决书；济宁迪居物业服务有限公司、付某保案外人执行异议之诉，山东省高级人民法院（2020）鲁民终1018号民事判决书。

学界亦认可类型化的认定思路,但在具体结论上存在差异。首先,针对规避限购、限贷政策的借名买房行为,有学者认为,违反政策并不一定会导致合同无效,但若足以损害公共利益的,则一定无效。例如,实践中出于囤房、炒房目的而借名买房的行为,明显背离限购政策初衷,与社会公共利益相左,合同当属无效。〔7〕与限购政策不同的是,限贷政策并非直接限制购房资格,而是通过金融手段间接助力房地产市场调控目标的实现,若非属于炒房牟利的情形,违反限贷政策并没有严重到损及公共利益从而导致合同无效。〔8〕

其次,针对借名购买经济适用房的合同效力,学理观点可分为有效说、无效说和部分无效说。合同有效说从利益衡量的角度出发,认为由出名人享有房屋增值利益难谓公平。只有认定合同有效,借名人的违约损害赔偿请求权才能成立,进而避免利益失衡的问题。〔9〕合同无效说认为,借名人原本并不具备购买经济适用房的条件,若认定合同有效,可能会损害低收入家庭的权益,与社会公共利益相背离。〔10〕合同部分无效说认为,在不宜上市交易的期限届满之后,借名人可请求出名人转让房屋,依据法律行为转换制度或部分无效制度,合同由无效转换为有效。〔11〕

(二)政策规避与公序良俗

借名买房合同的效力认定,主要依据是《民法典》第 153 条。由于借名买房通常与地方限购、限贷政策有关,基本不会触及法律、行政法规的规制领域,故此处主要探讨上述政策违反行为与公序良俗的关系。

公序良俗,包括公共秩序和善良风俗。借名买房问题主要与经济公序相关,具体涉及房地产、金融等领域的相关政策。最高人民法院《关于印发〈全国法院民商事审判工作会议纪要〉的通知》(法〔2019〕254 号,以下简称《九民纪要》)第 30 条规定,在判断强制性规定的性质时,需综合考虑强制性规定所保护的法益类型、违法行为的法律后果以及交易安全等因素。第 31 条则指出,人民

〔7〕参见马一德:《借名买房之法律适用》,载《法学家》2014 年第 6 期。

〔8〕参见司伟:《借名买房排除强制执行的法律规则——基于学说与案例的分析与展开》,载《法治研究》2021 年第 4 期。

〔9〕参见赵秀梅:《借名登记合同中的法律问题》,载《国家检察官学院学报》2014 年第 5 期。

〔10〕参见马强:《借名购房案件所涉问题之研究——以法院裁判的案件为中心》,载《政治与法律》2014 年第 7 期。

〔11〕参见杨代雄:《借名购房及借名登记中的物权变动》,载《法学》2016 年第 8 期。

法院在认定规章是否涉及公序良俗时,可从政策的层级与种类、规范对象、监管强度、交易安全保护以及社会影响五个维度综合考量。虽然借名买房主要触及的是规范性文件的管辖范围,未达上述条文所指向的文件层级,但《九民纪要》所确立的裁判思路仍有重要参考价值。凝聚以上裁判智慧与学理共识,我们可以提炼出一套清晰可行的判断标准:总体观之,判断借名买房合同是否违背公序良俗,首先应区分不同的行为类型,再考虑政策的实施目标、违反后果,结合比例原则进行综合判断。

政策规避型的借名买房合同,涉及国务院及其办公厅发布的相关规范性文件。[12] 据此可知,国家监管部门主要打击的对象,是日益泛滥的炒房、囤房行为,该行为违反了国家限购政策的实施目标,影响了房地产市场的交易秩序,是导致借名买房合同无效的决定性因素。但只要不触及国家所打击的炒房、囤房行为,就不宜否定合同的效力。原因在于,部分群体系因户口、积分、社保等条件限制而借名买房,其行为更多攸关购房刚需的实现,涉及居住权益的保障问题,自然与炒房行为无关,并未达到违背公序的程度。另外,对于规避限贷政策型的借名买房合同,其政策违反的后果较轻,尚未危及房地产市场的管理秩序。纵观司法实践中的相关案例,借名人的目标为通过他人名义取得贷款,以解决资金不足无法购房的问题。但借名人依然属于贷款的实际偿还者,且为了顺利达成购房交易,一般不会拖欠房贷本金与利息的偿付。由此看来,银行并未遭受损失,根据比例原则,此类借名买房合同应属有效。

享受购房优惠型的借名买房合同,可能会影响城市低收入住房困难家庭的利益。根据国务院及相关部委发布的意见和规章,[13] 购房优惠政策与弱势群体保护和民生保障目标息息相关,若对此行为不加限制而任其泛滥,实为变相鼓励当事人借道挤占低收入群体的购房指标,冲击经济适用住房制度的管理秩序。因此,享受购房优惠型的借名买房合同有违社会公序,合同当属无效。有观点认为,在建设部(已撤销)、发展改革委、监察部(已撤销)等《关于印发〈经济适用住房管理办法〉的通知》第 30 条规定的禁止上市交易的 5 年期限届满

---

〔12〕 主要包括:国务院《关于坚决遏制部分城市房价过快上涨的通知》(国发〔2010〕10 号)、国务院办公厅《关于进一步做好房地产市场调控工作有关问题的通知》(国办发〔2011〕1 号)、国务院办公厅《关于继续做好房地产市场调控工作的通知》(国办发〔2013〕17 号)。

〔13〕 主要包括:国务院《关于解决城市低收入家庭住房困难的若干意见》(国发〔2007〕24 号)、建设部、发展改革委、监察部等《关于印发〈经济适用住房管理办法〉的通知》(建住房〔2007〕258 号)。

后,经济适用房可以转让,当事人可以在借名买房合同当中约定“5年后出名人将房屋过户登记至借名人名下”。[14] 对此,笔者并不赞同。根据上述意见相关条文,购房人因各种原因转让经济适用房的,应先由政府回购,在回购之后政府再继续向符合条件的低收入住房困难家庭出售。由此可知,经济适用房的交易不仅属于当事人意思自治的范畴,更与公序密切相关。此类购房指标由政府调配,系为城市低收入住房困难家庭而设,具有一定的稀缺性和人身专属性,不可由当事人随意转让,亦不能放任当事人通过借名的形式而获得。

本文认为,公序良俗原则的内涵具有不确定性,司法适用应保持谦抑性。尤其当政策具有时效性、地域性的特征时,对其是否涉及“公序”的判断更应采取谨慎的态度。合同效力的认定仅属于纠纷解决的前端问题,在行为尚未严重到违背政策调控目的、损害公共秩序的程度时,不宜在此环节就对其“一棒子打死”,还应为借名人保留违约救济的权利。综合上述分析,除了出于炒房或享受购房优惠政策的合同会被判定无效之外,其他类型的借名买房合同均属有效。对于无效的借名买房合同,根据《民法典》第157条与第985条之规定,基于合同而产生的债权债务关系归于消灭,但借名人与出名人双方互负不当得利返还之债。在此情境下,房屋交易发生回转之法律效果,借名人向出名人返还房屋的占有、使用利益,出名人向借名人返还购房出资。此后借名人的购房交易归零,出名人成为房屋真正意义上的所有权人。

正如本文开篇所提,处理借名买房问题需遵循“合同效力→权利性质→排除强制执行”的思考步骤。在第一步骤的判断中,若合同被判定有效,其自然取得下一关卡的“入场券”。若合同出于规避限购政策、借名购买经济适用房等原因被判定无效,在前述房屋交易发生回转之结果下,探讨借名人对于案涉房屋享有何种权利、能否基于此项权利请求排除强制执行便失去了根基。但是,借名人依然可向出名人请求返还购房出资,寻求另一套制度下的救济路径。因此,需要澄清的是,就下文“权利性质”与“排除强制执行”两层问题的讨论,均在借名买房合同有效的前提下展开。

三、借名人享有的权利性质

厘清借名人对案涉房屋享有的权利性质,是认定其能否排除强制执行的根基。本文重新审视、反思裁判立场所认可的“物权期待权说”,从学界的智识的

---

〔14〕 参见杨代雄:《借名购房及借名登记中的物权变动》,载《法学》2016年第8期。

贡献里汲取灵感、厘清思路,试图说明上述观点之局限所在。最终在对各项学说的比较与选择中,采纳“债权说”这一诠释方案。

(一)“物权期待权说”之反思

裁判立场中,针对借名人对案涉房屋享有何种民事权益,驳回借名人诉请的法官认为,借名人仅享有基于合同关系而产生的“债权请求权”,可请求出名人将房屋过户至其名下,但在办理过户登记手续之前,尚无法取得案涉房屋的物权。而支持借名人诉请的法官则认为,借名人可依据最高人民法院《关于人民法院办理执行异议和复议案件若干问题的规定》(法释〔2020〕21 号,以下简称《执行异议复议规定》)第 28 条享有“物权期待权”,该权利足以排除强制执行。值得讨论的是,法院适用《执行异议复议规定》第 28 条作为支持借名人的依据是否恰当?购房人是否满足“非因买受人自身原因未办理过户登记”的要件?“物权期待权”何以成立?

《执行异议复议规定》第 28 条,脱胎于 2004 年版最高人民法院《关于人民法院民事执行中查封、扣押、冻结财产的规定》(以下简称《查封、扣押、冻结规定》)第 17 条(2020 年修正,变更为第 15 条)。《查封、扣押、冻结规定》颁布之初,我国物权法仍未出台,不动产登记制度处于缺失状态,通过支付价款、转移占有不动产而取得所有权的现象十分普遍。直至《执行异议复议规定》和《九民纪要》颁布之时,以上情况并未得到改善,社会上仍然存在大量不可归因于买受人而未办理过户登记手续的不动产。[15] 出于“有恒产者有恒心”的理念和对弱势不动产买受人的保护,司法解释起草者采纳发轫于德国的“物权期待权”理论,认为不动产买受人在尚未办理过户登记手续时,若符合一定的条件,足以享有排除强制执行的民事权益。

问题在于,《执行异议复议规定》第 28 条的本意在于保护无过错的一般不动产买受人,可是法官能否准用以上条文,认可借名购房人的“物权期待权”并赋予其排除强制执行的效力?相关争议主要集中在条文第 4 项“非因买受人自身原因未办理过户登记”的判断。司法解释起草者在相关释义书中提到,实践中能够归责于买受人的原因主要有三:一是对他人权利障碍的忽略;二是对政策限制的忽略;三是消极不行使登记权利。[16]

---

〔15〕 参见冉克平:《〈民法典〉视域中不动产买受人的法律地位——以“执行异议复议”的修改为中心》,载《武汉大学学报(哲学社会科学版)》2021 年第 3 期。

〔16〕 参见江必新、刘贵祥主编:《最高人民法院关于人民法院办理执行异议和复议案件若干问题规定理解与适用》,人民法院出版社 2015 年版,第 424 ~ 425 页。

在借名买房交易模式下,房屋未办理权属转移登记,多数情况为当事人主动追求所致,被迫无法过户的属于少数。当买受人出于规避政策、享受购房优惠的目的消极不行权,这种行为与《执行异议复议规定》第 28 条的保护意旨背道而驰,应认定其存在过错。但若案型发生一定变化,如案涉房屋被法院查封、[17]借名人已积极行使权利但出名人不配合、[18]因政府限价房购房政策所限而未过户的情形中,[19]借名人则不存在过错,符合《执行异议复议规定》第 28 条第 4 项的保护要求。

综合以上考虑,法官在具体审查过错要件时应更加全面、精细,需结合不同借名买房类型、各地不动产交易管理和登记制度的实施情况、一般交易习惯以及买受人是否积极主张权利等重要事实进行仔细衡量。[20] 由于借名买房纠纷中规避政策的类型占据大多数,该行为具有一定的责难性,且不动产权属名实不符通常是当事人意欲追求的效果,借名人应预判到可能带来的风险,并为此承担相应的不利后果。因此,在认定《执行异议复议规定》第 28 条第 4 项"非因买受人自身原因未办理过户登记"的要件时,应采取严格审慎的态度,"物权期待权"的适用空间应被压缩。

(二)"债权说"之正当性论证

理论争鸣中,反对借名人诉请的学者基本持"债权说"。基于债权形式主义,法定的公示要件是物权变动的必备条件。不动产交易之下,只有当权属登记完成,物权变动的法律效果才会发生。因此,借名人在办理过户登记手续之前,仅享有基于合同而产生的债权请求权,原则上不足以排除强制执行。[21]

支持方的理论基础则略有差异。有学者将物权概念进一步划分为法律物权与事实物权。所谓法律物权,是指"权利正确性通过法定公示方式予以推定

---

[17] 参见天津滨海农村商业银行股份有限公司广开支行、张某兰案外人执行异议之诉,天津市高级人民法院(2020)津民申 876 号民事裁定书。

[18] 参见徐某臣、李某泉案外人执行异议之诉,山东省聊城市中级人民法院(2021)鲁 15 民申 89 号民事裁定书。

[19] 参见李某伟与苏某霞案外人执行异议之诉,宁夏回族自治区银川市中级人民法院(2020)宁 01 民终 2581 号民事判决书。

[20] 参见司伟、王小青:《执行异议之诉中不动产买受人排除强制执行的要件审查》,载《人民司法》2019 年第 23 期。

[21] 参见司伟:《论不动产登记与权属确认——兼论对〈物权法司法解释一〉第 2 条的理解》,载《法律适用》2016 年第 5 期。

的物权，包括不动产登记簿上记载的不动产物权和占有表现的动产物权。其中，前者也称为登记物权，登记物权的主体一般称为登记名义人”〔22〕。而事实物权则与法律物权相对，该项概念所指的，便是权利外观与真实权属情况相背离时，若涉及善意第三人，应优先保护法律物权；若不涉及善意第三人，且执行根据并非基于对登记簿的信赖而产生时，则应优先保护事实物权。〔23〕据此，在不涉及第三人信赖利益保护的情况下，应当优先保护借名买房人的权利。此外，还有学者提出“债权物权化”理论，认为当取得型债权具有一定程度的物权特性时，即可排除强制执行。〔24〕最后还有“物权期待权说”，该说属于司法裁判中的主流观点，但学界讨论大多从批判的角度切入，认为“期待权”在我国民法体系中尚无存在和发展的土壤，仅依据《执行异议复议规定》第 28 条所确立的“价款支付”和“占有”两项要件，借名人排除强制执行的权利基础并不稳固。〔25〕

本文赞同“债权说”，认为该说符合法教义学之逻辑体系，实现了解释方案的自洽。在判断房屋的物权归属时，还应回归我国《民法典》的理论基础，坚守物权公示与不动产物权登记生效原则。若突破债权形式主义，不仅违背物债二分的基本逻辑，还会对现有的不动产登记秩序造成冲击。另外，“事实物权说”、“债权物权化”以及“物权期待权说”在我国民法中尚无对应的规范基础，在诠释和解决本问题时，会出现与现有理论体系并不兼容的难题。

“事实物权说”实际上源于对“物权”概念的二分，该说将利益衡平的理念贯穿始终，毕竟借名买房执行异议之诉，是申请执行人（债权人）、被执行人（出名人）和案外人（借名人）三方主体的博弈。在判断借名人排除强制执行的诉请能否被支持时，就不免要考虑利益衡平问题。可问题在于，本环节的目的仅在于认定案涉房屋的物权归属，应以出名人和借名人之间的法律关系作为判断的中心。对第三人信赖利益的考虑，与后续强制执行领域中的认定相挂钩，此等考量因素不宜前置，否则将会对当前的权属判断造成干扰。申请执行人是在后续的执行程序才介入借名买房的交易关系当中，为何房屋的物权归属要以是否涉及善意第三人作为判断基础呢？若遵循“事实物权说”的逻辑，将会导致“法

---

〔22〕 孙宪忠、常鹏翱：《论法律物权和事实物权的区分》，载《法学研究》2001 年第 5 期。

〔23〕 参见马一德：《借名买房之法律适用》，载《法学家》2014 年第 6 期。

〔24〕 参见张力、莫杨桑：《论借名买房者对强制执行的排除力》，载《中国不动产法研究》2020 年第 2 期。

〔25〕 参见张力、莫杨桑：《论借名买房者对强制执行的排除力》，载《中国不动产法研究》2020 年第 2 期。

律物权”与“事实物权”并存的情形,这不仅存在逻辑悖论与解释困境,也会对不动产物权登记制度造成冲击。

“债权物权化”理论所提出的判断标准并不明晰。该说认为当债权具有一定程度的物权特性时,便具有排除强制执行的效力,同时提出了一系列的判断因素,如合同效力、可归责性、占有状况、价款支付、生存利益等。问题在于,上述考量因素难以量化,在具体判断过程中的主观性较强。即便支付要件可以量化,但要支付多少比例的价款才足以物权化?占有要达到什么程度才符合要求?是事实上的占有,还是要满足公开性、明确性、排他性的要求?

“物权期待权说”也存在一定的局限性。如前所述,“物权期待权”是对德国“期待权”理论承袭的结果。但考察比较法例发现,我国《执行异议复议规定》第28条与德国物权法上的期待权存在较大差异,前者的保护效力与权能范围远不及后者。比较之下,德国法上不动产买受人期待权的核心是不动产登记申请,对占有和对价支付的要件并无相应要求;但我国不动产买受人期待权的确立与不动产登记无关,而是依赖于不动产买卖合同的履行程度(交付、占有和价款支付)。更重要的是,德国法的物权期待权已具有较强的物权属性,占有、使用、收益和处分的权能十分完备,具有处分效力与对抗效力;但我国司法解释中未经登记的不动产买受人至多享有占有、使用、收益的权能,却无法处分标的物。该“物权期待权”本质上仍属于一种债权,即便《执行异议复议规定》第28条规定了占有作为公示要件,但占有的公示性远低于登记的公示公信效力,不动产买受人依然无法对抗善意的第三人。[26] 另外,正如上文所述,借名人通常不满足“非因买受人自身原因未办理过户登记”的要求,“物权期待权”难以成立。

四、借名人是否足以排除强制执行

借名买房纠纷中合同效力与权利性质的认定结论,直接影响借名人能否排除强制执行,但并非决定性的考量因素。究其原因,是案外人执行异议之诉具备独立的存在价值,虽以实体法的结论为基础,但不仅止步于效力与权属的判断,需要引入更多的考量因素。

从执行异议迈向执行异议之诉,后者的功能并不拘泥于程序法中的形式审

---

〔26〕 参见冉克平:《〈民法典〉视域中不动产买受人的法律地位——以“执行异议复议”的修改为中心》,载《武汉大学学报(哲学社会科学版)》2021年第3期。

查,还肩负着实质审查的责任。判断案外人是否足以排除强制执行,其实质就是进行利益衡量的过程,需兼顾案外人与申请执行人的权利,寻求较为公平的处理方案。

(一)实质审查中的原则与例外

首先,于执行债权人一端,原则上其信赖利益能够得到支持,例外情况下则不符合外观主义的适用条件。裁判实践中,大多数法院都将执行债权人纳入“善意第三人”的保护范围,且不对债权是否具有担保而作区分对待。〔27〕值得进一步思考的是,如何界定“善意第三人”的范围,是仅局限于交易第三人,还是也包括执行债权人在内的非交易第三人?而对于执行债权的保护,是否会因为担保的有无而存在差别?仔细阅读驳回借名人请求的裁判文书,发现仅有少数法院对信赖利益的成立条件展开讨论,考量债权人是否真正基于对执行根据的信赖而申请法院查封。〔28〕如此产生的疑惑是,法院是否会过度扩张外观主义的适用边界,与执行异议之诉维护实质正义的目标渐行渐远?

根据《执行异议复议规定》第27条,享有担保物权等优先受偿权的执行债权人被优先保护。然而,对于一般金钱债权,借名买房司法实践似乎将其与担保物权的保护相等同,赋予其“善意第三人”的法律地位。类比我国不动产的善意取得制度,第三人若要取得不动产的所有权,需符合主观善意、支付合理对价并办理过户登记等条件。可此处的一般金钱债权人,甚至不需要满足“对价+登记”的要件,即可享受与上述买受人相等同的权利,这样看来,如此处理是否存在体系违反的问题?实践中,一般金钱债权可能是基于民间借贷、保证合同、侵权行为等产生,当债权人向法院申请查封债务人名下财产时,此类执行根据并不一定指向特定的财产。在此情形下,申请执行人对于案涉房屋登记公示的信赖利益,则缺乏生长的根基。

其次,于借名购房人一端,基于借名买房本身的交易结构特点,隐名的权利状态系借名人主动追求的结果,其主观上存在过错,应承担未办理房屋过户登记所带来的风险。但是,在例外情况下其诉请可以得到支持。例如,当借名人在相关政策障碍消除之后,主动请求办理过户登记手续但出名人却不配合;或

---

〔27〕 参见林某信、冉某珍案外人执行异议之诉,广西壮族自治区高级人民法院(2020)桂民终1350号民事判决书;张某英与白某颖、孙某案外人执行异议之诉,吉林省长春市中级人民法院(2020)吉01民终5761号民事判决书。

〔28〕 参见林某、赵某真等案外人执行异议之诉,福建省福州市中级人民法院(2021)闽01民终3927号民事判决书。

是因其他客观原因(如房屋被法院查封等)而无法办理;或者案涉房屋属于借名人唯一住房,其生存权需要予以优先考虑等。在"樊某玲与陈某、吕某权案外人执行异议之诉"二审判决中,重庆市第三中级人民法院认为,就案外人与申请执行人的债权性质而言,二者均为普通债权,皆不具备优先的属性。但比较而言,案外人购房系为满足基本居住需要,且案涉房屋为其在重庆市涪陵区的唯一住房,应当优先保护其生存权。[29]

(二)多重因素中的精细化考量

穿透以上"原则—例外"的实质审查思路,背后反映了多重价值的权衡与考量。于借名购房人一端,需关注其主动追求"房屋代持"的可归责性、对房屋的出资与占有情况、借名买房的目的为何——居住还是投资,以及是否会因法院的执行而无房可住等;于执行债权人一端,则主要考虑其信赖利益何以成立,是基于对不动产登记簿的公示情况而申请查封,还是仅对该债务人的责任财产存在一般期待。

据此可知,借名买房执行异议之诉在实践中具有一定的复杂性。毕竟这一问题涉及借名购房人与执行债权人的权利冲突,关乎生存利益与交易安全的价值碰撞,更触及国家房地产购房政策实施背景下对于借名买房这一特殊交易模式的处理态度。因此,探寻借名买房执行异议之诉的裁判进路,还需借助利益衡量的方法,结合以上多重考量因素,展开细致的分析。

五、借名买房执行异议之诉的利益衡量

在实务界与学界讨论的观点碰撞中,我们能渐渐拨开迷雾、理清思路。当借名买房合同效力、借名人权利性质的问题已有定论,借名买房执行异议之诉中的法律关系、亟待衡量的多重因素已被解构并铺开,值得我们进一步探究的,即是如何借助前文提及的考量因素,解决借名购房人与执行债权人的权利冲突问题。因此,我们不妨借助利益衡量的方法,体察信赖利益、生存权益、当事人过错、司法裁判导向等因素的互动关系为何,于个案判决的配比为多少。从而在权衡何者权益保护更为迫切的同时,寻找恰当的利益平衡点。

(一)利益衡量方法的展开

作为一种法学方法论,利益衡量包括"利益解析"与"衡量展开"两个步骤。

---

〔29〕 参见樊某玲与陈某、吕某权案外人执行异议之诉,重庆市第三中级人民法院(2020)渝03民终1581号民事判决书。

“利益解析”意指全面探寻、梳理一项法律规则可能涉及的所有利益；“衡量展开”是对相互冲突的利益形成纵向的评价序位，以确定保护优位。[30]

循此逻辑进一步梳理，借名买房案外人执行异议之诉主要涉及借名购房人“合同债权”与执行债权人“执行债权”之间的冲突。从债权有无担保的角度出发，执行债权人或对案涉房屋享有担保物权，或享有普通金钱债权。就前者而言，根据《执行异议复议规定》第 27 条，享有担保物权等优先受偿权的执行债权人处于优先保护的地位，故借名人不得以其合同债权请求排除强制执行。就后者而言，若面临普通金钱债权竞存的案型，判断何者更加优先，单纯的法教义思维已无法应对，毕竟借名买房纠纷涉及逻辑与价值的冲突、形式正义与实质正义的分野，单凭逻辑推演并无法圆满地解决问题，严守规范要件到法律效果的思考框架，最终得出的处理方案有时难谓正义。因此，我们有必要罗列不同情境下借名购房人与执行债权人的权利对抗类型，掂量足以支撑双方诉请之“砝码”的分量为何，再确定债权之间的优位关系。

在借名买房交易结构下，生存权益与信赖利益分别成为借名购房人与执行债权人之诉请得以支持的主要权利基础，而当事人过错、信赖利益保护的例外以及司法裁判的价值导向则成为各方权利保护作“减法”的影响因子。在“衡量展开”的思考路径下，借名购房人与执行债权人的对抗实为信赖利益与生存权益之间的较量。它们分别为执行债权人与借名购房人手持的“砝码”，决定着法律的天平要向哪一方倾斜。而各自“砝码”的重量究竟有多少，还有待我们根据具体案型，结合以上作减法的“影响因子”细细研判。下文主要从执行债权人的信赖利益与借名购房人的生存权益出发，追问各自的正当性基础，丈量权利保护的边界。

（二）执行债权人的信赖利益

执行债权人的信赖利益保护，根源于物权公示和不动产物权登记生效原则。由此进一步推论，当借名人未办理房屋过户登记手续，不动产物权尚未发生法律效力，其对抗善意第三人自然无从谈起。存在争议的是，如何界定“善意第三人”的范围？是仅包括交易领域的第三人，还是也将非交易领域如强制执行阶段中的债权人涵盖其中？

如前所述，司法实践多数法院将执行债权人纳入“善意第三人”的保护范畴。而就理论探讨来看，则依然存在分歧。有观点认为，该“善意第三人”仅限

---

[30] 参见蔡琳：《论“利益”的解析与“衡量”的展开》，载《法制与社会发展》2015 年第 1 期。

于交易第三人。[31] 相反观点认为,“善意第三人”不应局限于交易领域的第三人,执行债权人同样是基于对登记簿的信赖申请强制执行,应被纳入受保护的“第三人”之列。[32]

以上两派观点纷争的背后,实则都在追问一个问题:执行债权人何以承载信赖利益?本文认为,执行债权人是否享有信赖利益不可一概而论,应依实际案型具体分析。实践中的借名买房纠纷虽案情大体相同,但具体的事实细节则千差万别,可能会影响执行债权人一侧“砝码”的大小,进而产生多米诺骨牌效应,牵动整体的利益格局。抽取此处细节认定的关键,应为执行债权人是否基于对登记簿的合理信赖申请强制执行。例如,在案型一当中,执行债权人甲在查封被执行人乙的财产之前,花费相应的成本从事了责任财产范围的调查,由于我国不承认超标的查封,故甲基于对不动产登记簿的信赖选择查封案涉房屋,必然就放弃了对其他责任财产的权利主张。在此情形之下,可以认定该执行根据系指向特定的财产,执行债权人享有信赖利益。但若案件事实发生变动,譬如在案型二当中,若执行债权人甲属于普通金钱债权人,仅对债务人责任财产存在一般期待,执行根据亦不指向特定财产。那么基于财产范围的流动性,此时执行债权人则成为信赖保护的例外,其手中所持的“砝码”重量大大减轻,自然不处于优先保护的地位。

综上所述,执行债权人之信赖利益得以优先保护,存在特定的适用条件。信赖利益不仅是基于物权登记生效主义而推出的、理所应当的结论,也扎根于具体的适用场景。若依照借名买房裁判实践中“一边倒”的处理思路,不加区分地对执行债权人加以优先保护,会过度拓宽外观主义的适用边界,带来利益失衡的后果。增加“是否基于对不动产登记簿的信赖而申请强制执行”的事实审查要件,既为执行债权人权利保护设定了合理的条件,也为兼顾双方当事人的利益诉求创设了必要的平衡点。

(三)借名购房人的生存权益

若说执行债权人一端更偏向外观主义的考量,那么借名购房人一端则更强调财产的实际归属。在支持借名人足以排除强制执行的观点中,裁判实践与学理探讨大多采用“生存权”的论证框架,诠释借名人一方受保护的正当性。再回溯《执行异议复议规定》第 28 条,虽然司法解释制定者将条文定位为对无过错

---

〔31〕 参见崔建远:《论外观主义的运用边界》,载《清华法学》2019 年第 5 期。

〔32〕 参见王艺璇:《论为规避住房政策而借名买房的私法效果》,载《民商法论丛》2020 年第 1 期。

不动产买受人"物权期待权"的保护,但检视具体要件如"合法占有""价款支付"等,均与买受人的生存权益紧密相关。可以说,该条文系以"物权期待权"之名,行保护买受人的生存权之实。

值得思考的是,对借名人生存权的保护是否具有一定的限度?本文认为,生存权之价值顺位优于财产权利自不待言,但聚焦借名买房案型,启动生存权的保护屏障并非毫无条件。因户口受限、积分不足、社保缴纳年限不够等不享有购房资格而借名买房的,或许可以纳入"生存权"的涵摄范围,但诸如为炒房囤房而规避限购政策的情形,则不符合"生存权"保护的立法意旨。

从合同效力的视角展开分析,亦可得到相同的结论。正如前文所强调,借名买房合同有效构成后续问题的讨论前提。但若合同无效,例如当事人借名购买经济适用房,是否可以生存权为由请求排除强制执行?答案是否定的。首先,"签订合法有效的书面买卖合同"构成《执行异议复议规定》第 28 条对于买受人生存权保护的首要条件。其次,从我国民法理论出发,当合同被判定无效,基于合同所产生的债权债务关系归于消灭,探讨借名人对于案涉房屋享有何种权利、能否基于此项权利请求阻却房屋的强制执行便失去了根基。在房屋交易效果发生回转的情境下,借名人享有购房出资的不当得利返还请求权,但亦承担返还房屋占有、使用利益的义务。若借名人因此需搬离原住处,其居住利益受到影响,其后果也应由借名买房合同的签订双方承担,而不应转移至执行债权人一端。即使借名人的生存权益值得保护,这也并非强制执行法所应承担的使命。原因在于,在合同无效的案型中,借名人对于案涉房屋享有的权益已然归零,其并非属于适格的案外人,自然不可以生存权保护为由请求排除强制执行。若借名人因合同无效而无房可住,或许可请求出名人为其提供替代性住房。出名人无法提供的,在符合国家住房保障相关规定的情况下,还可依程序申请购买或者租赁保障性住房。由此观之,生存权保障是一项重大且复杂的命题,若将无效合同当事人的生存权保护落在强制执行程序之肩上,必然是"不可承受的责任之重",还需借助其他制度的力量,为当事人的救济寻找可行方案。

那么,借名人在何种情形下,可基于生存权请求排除强制执行?参考最高人民法院《关于审理执行异议之诉案件适用法律问题的解释(一)》(向社会公开征求意见稿)第 9 条之规定,需符合以下保护条件:首先,借名人合法占有案涉房屋。"合法"即指借名人系基于有效的借名买房合同、在出卖人履行交付义务之后而对房屋成立的有权占有。"占有"则以实际的控制和使用为标准,具体可结合房屋是否装修,钥匙是否交付,入住手续是否办理,物业费、水电费、供暖费、停车费是否缴纳等事实进行考量。

其次,借名人购房系用于自住,且其名下并无其他用于居住的房产。对于“名下并无其他用于居住的房产”的界定,本文认为应以家庭而非个人作为核查单位。再参考《九民纪要》第125条,将地域范围限定在“案涉房屋同一设区的市或者县级市范围内”,并采取房屋数量和面积相结合的判断标准。例如,借名人虽然名下已有一套房屋,但若其购买的新房在面积上仍然属于满足基本居住需要的,依然可以被认定符合要求。

最后,借名人需已支付超过合同约定总价款的50%,或者已按合同约定将剩余价款按法院要求交付执行。房款支付情况体现出购房者对于案涉房屋的需求程度,若借名人已将多数积蓄押在此处,说明其对于取得房屋所有权较为迫切。同时,从实质公平的角度观之,借名人为满足基本居住需求已花费大量积蓄,若一概机械地按照权利外观,否定借名人的实际权利,将会导致权利格局的明显失衡。综上所述,若符合以上三项条件,借名人即可在生存权保护的框架之下,排除案涉房屋的强制执行。

(四)利益衡量下的裁判进路

裁判者在直面以上利益角力的情形时,应尽可能探寻二者的利益平衡点。利益衡量方法论下,存在两种解决思路:一是“冲突论”,即当A利益与B利益发生冲突时,若A利益高于B利益,那么则优先保障A利益;二是“调和论”,即在保护A利益的同时,也不能忽略B利益,要对B利益的损害控制在合理范围之内。[33] 借名买房纠纷更宜采取“调和论”的处理方式,因为无论是执行债权人的信赖利益,还是借名购房人的生存权益,二者均存在一定的保护限度,为权利加持的“砝码”也只有在特定情况下才会发生效力。

利益衡量视域下,关于借名买房执行异议之诉的裁判进路也逐渐明了:坚持原则与例外相结合的处理思路,在准确把握各项衡量因素的前提下,针对不同个案区分认定。具体而言,法官原则上应驳回借名购房人排除强制执行的诉请,保护执行债权人的信赖利益;但若涉及生存权保护时,则应支持借名购房人的诉请。参酌借名买房裁判现状,由于当事人订立借名买房合同大多是为了规避限购政策,而非属生存权需被迫切保护的情形,从当事人过错和司法裁判限制投资性购房的政策导向观之,案外人诉请大概率会被驳回。考虑现实中涉及生存权保护的案型数量较少,故将此情形纳入例外性保护的范畴。此外,生存权保护也有严格的适用门槛。一方面,只有非属于规避限购政策、从事投资性

---

[33] 参见蔡琳:《论“利益”的解析与“衡量”的展开》,载《法制与社会发展》2015年第1期。

购房的情形,又满足以上“合法占有”“购房自住”“价款支付”的条件,借名人排除强制执行的“砝码”才得以加持;另一方面,只有当执行债权人并非基于登记簿的信赖从事交易、申请查封,权利的实际归属才更有可能被优先考虑。如此处理,既能坚守民事实体法“物债二分”的理论体系,又为强制执行法下的利益衡量保留了适当的空间,最终实现各方利益的衡平。

六、结　　语

借名人排除强制执行的诉请能否得到支持,首先与实体法项下的两大问题相关:一是借名买房合同是否有效;二是借名人对案涉房屋享有何种民事权益。经过仔细的探究与思考,除了投资性购房或享受经济适用房等购房优惠政策的合同会被判定无效之外,其他类型的借名买房合同均属有效。而关于权利性质的考量,“债权说”应为妥当选择。于强制执行领域中,遵循利益衡量方法论“利益解析”与“衡量展开”两大思考步骤,发现在执行债权人与借名购房人债权对抗的背后,实为信赖利益与生存权益的角力、外观主义与真实权属的较量。根据“利益调和论”的思维框架,再结合借名买房纠纷自身特性,原则上应驳回借名人的诉请,只有在满足生存权保护的条件时,才可例外性地支持借名人排除强制执行。如此考量,方能兼顾形式正义与实质正义,实现各方主体的利益衡平。

责任编辑:黎婉怡

论证券虚假陈述中会计师事务所的过错认定

李逸飞*

摘要：

2022年新《虚假陈述规定》强调了虚假陈述的侵权本质，明确相应的赔偿责任应当以损失填补为基本目标。我国会计师事务所过错认定制度存在非理性的部分，应通过法律解释来克服。会计师事务所过错认定包括五个方面：基于积极行动下的过错推定责任、虚假陈述中过错的基本形态与针对会计师事务所的修正、过错认定的形式标准、过错认定的实质标准和过错责任的边界。不同过错下的后果应当不同，可以基于故意和过失作类型化区分。在会计师事务所为故意和重大过失时承担完全连带责任，仅为一般过失时承担部分连带赔偿责任。

关键词：

证券虚假陈述；过错认定；注意义务；专家责任

一、问题的提出

近年来证券市场随着注册制改革的落地发生了巨大的变化，自2020年3月1日新《证券法》生效后，我国证券虚假陈述诉讼机制迭代更新，裁判观点在修正中进步发展。2022年1月21日，最高人民法院发布《关于审理证券市场虚假陈述侵权民事赔偿案件的若干规定》（以下简称《虚假陈述规定》），正式宣告实施近二十年的2003年最高人民法院《关于审理证券市场因虚假陈述引发的民事赔偿案件的若干规定》（以下简称2003年《虚假陈述规定》）退出历史舞台。《虚假陈述规定》具有诸多亮点，亮点之一为对过错认定及免责抗辩规则的明晰，过错认定单独成节分别对发行人董监高、保荐机构、承销机构以及会计师

---

* 作者李逸飞，中山大学法学院硕士研究生，研究领域为民商法学、知识产权法学。

事务所等证券服务机构的过错认定作出了列举式规定,第 19 条单独规定了会计师事务所过错的排除情形。近年来虚假陈述案件对于证券服务机构尤其是会计师事务所承担责任的方式、范围等尚未达成一致意见,产生了要求会计师事务所做实看门人责任而适用连带责任和限制责任范围而适用部分连带责任的两类裁判观点分歧。此次修改完善了证券虚假陈述过错制度,对促进司法实践合理认定相关主体民事责任具有重要意义。

法律为了保证信息披露的真实性、矫正市场上的信息偏差,设置了会计师事务所因过错出具不实报告时承担民事赔偿责任的规范,实现了会计师事务所的权责统一。但法律制度设计往往是有多元目标的,当法律倾向于保护其中一个目标时,另外一个目标的实现便会不充分甚至难以实现。目前我国会计师事务所过错认定制度对应连带责任。通常而言,会计师事务所收取的审计费用与发行人虚假陈述发行的证券金额相去甚远,连带责任后果下的过错认定制度可能会给会计师事务所带来潜在的高赔偿风险。《虚假陈述规定》过错认定专节虽然较以往有理论上的重大突破,但对于会计师事务所承担责任的性质、范围及判断标准仍有待厘清空间。矫正严格适用过错认定制度造成的不公,实现新形势下证券市场的利益平衡,需要通过对过错认定的解释来进行。本文试从当前虚假陈述制度出发,结合会计师事务所实践中的经验反思和相关理论,对证券虚假陈述中会计师事务所过错认定提出相应建议。

二、会计师事务所过错认定的制度分析

对于我国会计师事务所过错认定的制度分析,本文围绕以下五个方面展开:第一,关于会计师事务所在证券虚假陈述中的归责原则,即基于积极行动下的过错推定责任;第二,在该归责原则下,虚假陈述具有故意和重大过失两种基本过错形态,但对于会计师事务所的适用需要进行修正;第三,对于会计师事务所过错认定的形式标准,应当以规章、规范性文件和行业执业规范为准,对于会计师事务所而言即为审计准则;第四,对于会计师事务所过错认定的实质标准,应当从必要的职业谨慎出发;第五,会计师事务所在虚假陈述中的责任范围是有限制的,应当限缩到工作范围和专业领域。

(一)积极行动下的过错推定责任

讨论过错认定问题首先应当明确归责原则,《证券法》第 85 条确立了虚假陈述民事赔偿责任的归责原则:信息披露义务人在虚假陈述中承担无过错责任,即信息披露义务人具有虚假陈述行为或者未按规定披露信息,致使投资者

在证券交易中遭受损失,无论是否具有过错,都应当承担赔偿责任;发行人的控股股东、实际控制人、董事、监事、高级管理人员和其他直接责任人员以及保荐人、承销的证券公司及其直接责任人员承担过错推定责任,即原则上应当与发行人承担连带赔偿责任,但是能够证明自己没有过错的除外。《证券法》第163条规定证券服务机构在出具报告等文件时存在虚假陈述,亦承担过错推定责任,即给他人造成损失的,应当与委托人承担连带赔偿责任,但是能够证明自己没有过错的除外。以上两条构成了《证券法》对于民事赔偿责任的归责原则体系,即过错原则与无过错原则二元结构,在过错原则的适用上特殊化处理为过错推定原则。由此可见,只要客观上存在虚假陈述行为、造成投资者在证券交易中受损并且具有证券法上的因果关系,信息披露义务人就要承担责任,而不论其主观心态是否存在过错。但对于后两类主体而言,承担过错推定责任。这种责任在侵权法上是指若原告能证明其所受的损害是由被告所致,而被告不能证明自己没有过错,法律上就推定被告有过错并应负民事责任。[1] 关于过错推定责任是否具有独立归责原则地位,作为通说的"否定说"认为,过错推定责任并没有独立地位,仅仅是作为过错责任原则适用中的一种特殊情形,它仍然以加害人的过错为责任的根据或标准。[2] 这意味着对于包括会计师事务所在内的证券服务机构的后两类主体而言,其负有证明自身没有过错的消极证明义务,在投资者实际受有损失的情况下,上述主体如果不能证明自身不具有过错,则要承担相应责任。依据《证券法》第163条的规定,证券服务机构应当勤勉尽责,对所依据的文件资料内容的真实性、准确性、完整性进行核查和验证。此种勤勉尽责义务在司法程序中表现为会计师事务所负有证明自己实际已勤勉尽责、不具有过错的消极证明义务,这种消极证明义务要求会计师事务所不仅不应当协助信息披露义务人出具虚假审计报告,而且要依照审计准则等相关规定指出财务文件中的错误供投资者使用。所以,会计师事务所承担过错推定责任的基础在于,其实质性参与虚假陈述行为、对虚假陈述知情不报以及"应当知道"虚假陈述而未曾纠正或阻止,换言之,会计师事务所不仅具有"不参与虚假陈述"的消极义务,还具有"积极防范虚假陈述"的积极义务。[3]

---

〔1〕 参见胡安潮:《对过错推定责任的再认识》,载《北京理工大学学报(社会科学版)》2008年第4期。

〔2〕 参见王利民、郭明龙:《民事责任归责原则新论——过错推定规则的演进:现代归责原则的发展》,载《法学论坛》2006年第6期。

〔3〕 参见缪因知:《证券虚假陈述赔偿中审计人责任构成要件与责任限缩》,载《财经法学》2021年第2期。

(二)过错的基本形态及修正

1.《虚假陈述规定》中过错的基本形态:故意和重大过失

通常而言,民事过错分为两种基本形态,即故意和过失。《虚假陈述规定》明确了过错的分类和具体内涵,终结了以往司法实践中不区分主次、不考虑不同过错状态的全部连带责任的修正,实现了与侵权责任法共同侵权理论发展的衔接。[4] 其中第13条将《证券法》第85条、第163条的过错界定为两种情形:"(一)行为人故意制作、出具存在虚假陈述的信息披露文件,或者明知信息披露文件存在虚假陈述而不予指明、予以发布;(二)行为人严重违反注意义务,对信息披露文件中虚假陈述的形成或者发布存在过失。"第一种情形即为故意,包括明知和放任。"故意制作、出具存在虚假陈述的信息披露文件"即主观上有意追求虚假陈述结果的发生,是一种明知而欲求的心理状态;而"明知信息披露文件存在虚假陈述而不予指明、予以发布"即放任危害结果的发生,是一种明知而放任的心理状态。过失,包括疏忽和懈怠。过失作为一种不注意的心理状态,是对注意义务的违反。根据违反注意义务的程度,过失可分为重大过失、轻微过失和一般过失。我国民事法律与司法解释通常将故意与重大过失同时使用,将两者作为一种具有较高可谴责性的主观心理状态而规定较重的民事责任,对于一般过失通常规定轻于故意与重大过失的民事责任。《虚假陈述规定》第13条第2项中"行为人严重违反注意义务",即为重大过失的法律用语,可见《虚假陈述规定》对于证券虚假陈述持一种较高标准过错的民事责任立场,排除了民事过失三分法中的一般过失与轻微过失。我国法律采取此种高过错标准的成因在于,长期以来我国证券法律制度不够精细,先前修正的《证券法》一直采用连带责任作为其他主体同信息披露义务人共同承担责任的唯一责任形式,为避免对相关责任主体科以过高责任、体现"责任承担与过错程度相结合"的原则,司法实践过去通常认为仅在其他责任主体主观心态为重大过失时才承担民事责任。这种标准也在一定程度上受到了美国证券法的影响,投资者想要依据美国1934年《证券交易法》第10(b)条和10b-5规则(Rule 10b-5)起诉,需要证明被告对虚假陈述的主观状态为"明知"(scienter),此外,许多联邦法院在实践中将"高度轻率"(recklessness)归类为同等的主观构成要件。

2. 会计师事务所过错形态的修正

《虚假陈述规定》第13条在第四节中作为一般性法条,适用于本节列举的

---

〔4〕 参见陈洁:《虚假陈述民事赔偿制度的新发展理念及其规范实现》,载《法律适用》2022年第3期。

所有责任主体,例如对于发行人的董事、监事、高级管理人员而言,只要满足《证券法》第82条第4款的勤勉尽责规定并且未在审议、审核信息披露文件时投赞成票的,即可判定其不存在过失,因此故意和重大过失两种过错类型适用于此种主体,但该条对于会计师事务所等证券服务机构而言并非完全适当,应当予以修正。应当明确的是,《证券法》规定的证券服务机构等承担赔偿责任,是以发行人违反信息披露义务为前提的,多种因素结合共同造成了投资者的投资损失,因此会计师事务所因过错承担赔偿责任实际上是一种共同侵权之下的赔偿责任。近年来关于《民法典》共同侵权行为本质的理解逐渐变化,由最开始的意思联络说、共同过错说和共同行为说发展到关联共同说。根据关联共同说,共同侵权行为被分为主观关联共同侵权行为和客观关联共同侵权行为,前者是原先狭义的共同侵权行为,即有意思联络的共同侵权;后者是无意思联络或者无共同认识的侵权行为,包括《民法典》中分别实施充足原因侵权行为与分别实施非充足原因侵权行为。证券虚假陈述案件中不存在发行人不承担赔偿责任而单独判令会计师事务所承担赔偿责任的情形,因此证券虚假陈述中发行人与会计师事务所行为属于广义的共同侵权行为。从信息披露运行机制来看,投资者损失的根源在于发行人、上市公司的虚假陈述,会计师事务所等审验机构的核验义务并非主要原因力,甚至仅仅是微乎其微的影响因素。[5] 司法实践中认定会计师事务所与发行人构成"共同侵权"的情形主要有三:第一,会计师事务所与发行人合谋作假,各侵权行为人就实施虚假陈述行为存在意思联络;第二,会计师事务所在履职过程中疏忽大意,未能发现发行人故意隐瞒的财务造假等信息披露违法事项,这是实践中最普遍的情形;第三,发行人及会计师事务所均有过失,致使发行人向证券市场传递了虚假信息。第一种情形是典型的共同故意侵权,自不待言。第二种和第三种情形下发行人与会计师事务所严格来说并无共同认识、共同行为,二者的行为基于客观上的相互联系造成了投资者的同一投资损失,属于客观关联的共同侵权行为。在实际情况中发行人心态为过失,但会计师事务所心态为故意或者过失的情形占比较少,因此本文对于证券虚假陈述中会计师事务所过失心态的讨论,限缩在发行人为故意、会计师事务所为过失的情形。那么一般而言,除情节较轻的轻微过失情形外,会计师事务所普通程度上违反法律规定的行业规范和勤勉尽责要求的行为应归类为一般过失行为。[6] 仅

〔5〕 参见陈洁:《证券虚假陈述中审验机构连带责任的厘清与修正》,载《中国法学》2021年第6期。

〔6〕 参见陈洁:《证券虚假陈述中审验机构连带责任的厘清与修正》,载《中国法学》2021年第6期。

在会计师事务所未满足注册会计师团体一般可以普遍遵守的规范标准与达到的业务水平、有造成较严重后果的可能性时,才应当认定会计师事务所的主观心理状态为重大过失。此外,对于轻微过失,侵权法律规范一般采取不惩罚的立场,在充满交易风险的证券市场中更不应苛责行为主体有如此高的注意义务。因此,对于会计师事务所执业过错的解释,应当认为除了故意和重大过失,还包括一般过失,但不应该包括可谴责性较低的轻微过失。

(三)过错认定的形式标准:审计程序正当性

对于会计师事务所承担的过错推定责任而言,虚假陈述造成投资者损害仅为必要条件,还需受损失投资者证明会计师事务所存在出具的财务报告在内容上与实际情况不符这一基础条件,在满足这一条件的情况下推定会计师事务所存有过错,会计师事务所需要举证证明自己没有过错才可以免于承担责任。对于出具不实财务报告是否存在过错的判断标准,长期以来会计界和法律界未达成一致。会计界认为对于财务报告的真实性主要从程序正当的角度出发,只要会计师遵循了正当的审计程序,严格按照审计准则出具财务报告,即使财务报告与实际情况出现偏差也不能否认财务报告的真实性。[7] 法律界则关注财务报告的真实性、准确性和完整性,对于审计准则是否可以作为判断过错的法定标准,学界存在肯定说和否定说。肯定说认为审计准则由财政部发布,具有部门规章的效力,而且《注册会计师法》第 35 条也明确了审计准则的法律地位。[8] 否定说认为审计准则仅为自律规范,对第三人约束力缺乏法律上的正当性。[9] 支持否定说的学者亦指出美国判例法中认为美国注册会计师协会的会计行为规则 GAAP 与 GAAS 不能必然作为会计师不承担责任的事由。[10] 以往司法实践中对此问题也没有达成一致处理意见,以“五洋债案”为例,大信会计师事务所抗辩理由之一就是“大信会计师事务所按照《中国注册会计师审计准则》

---

〔7〕 参见刘燕:《验资报告的“虚假”与“真实”:法律界与会计界的对立——兼评最高人民法院法函[1996]56 号》,载《法学研究》1998 年第 4 期。

〔8〕《注册会计师法》第 35 条规定:中国注册会计师协会依法拟订注册会计师执业准则、规则,报国务院财政部门批准后施行。参见颜延:《从注册会计师的注意义务看独立审计准则的法律地位》,载《会计研究》2003 年第 6 期。

〔9〕 参见刘正峰:《独立审计准则的法律地位研究》,载《中国法学》2002 年第 4 期。

〔10〕 GAAP(Generally Accepted Accounting Principles)指一般公认会计原则,GAAS(Generally Accepted Auditing Standards)指一般公认审计准则,二者都是美国会计行业的通用规范。

的要求对发行人年度财务报表执行审计工作”,但最终一、二审法院未采纳该理由,最终判决大信会计师事务所就五洋公司全部赔偿责任承担连带责任。[11]

会计师事务所等证券服务机构作为“看门人”保障证券市场的信息安全,对其适用过错推定责任和连带责任有助于加强对投资者的保护、督促会计师事务所落实监督责任以及减少注册会计师在出具审计报告过程中徇私舞弊空间。但超过会计师事务所专业履职能力和经济承担能力的民事赔偿责任也会打击会计师事务所的执业积极性,影响证券服务业的健康良性发展。部分法院在审理证券虚假陈述案件时,以传统的法学审判思维,仅以结果为导向用传统侵权法思路推导审计报告是否具有“真实性”,进而判定会计师事务所的过错。此种标准忽视了会计学科本身的特性,对注册会计师给予了错误的注意义务标准。会计学作为独立的社会科学学科,有自身的一系列基本前提,其学科逻辑体系出发点就是从大量假设开始,实践中需要专业人员结合自身判断。这种不同的出发点决定了会计学与法学思维的不同,于是造成了对于“真实性”标准的不同。[12] 审计准则最初作为约束会计师的行业规范,能够保证遵循其程序出具的审计报告符合会计上的“真实”。此种“真实”正能说明注册会计师在执业过程中尽到了应有的职业关注,因而不具有主观方面的瑕疵。

《虚假陈述规定》第18条明确了相关规范性文件和行业规范的地位,要求人民法院在认定证券服务机构的过错时,结合其核查、验证工作底稿等相关证据,按照法律、行政法规、监管部门制定的规章和规范性文件,参考行业执业规范规定的工作范围和程序要求等内容,这首次在法律文件的层面上承认了审计准则等行业规范的法律效力。审计准则从本质上看是行业协会所制定的一套自律性规则,其主要内容是对会计师执业中所需要遵循的专业技术标准作出规定。[13] 对于审计准则为代表的行业规范地位的肯定即认可了注册会计师等专业团体的权威性,在一定程度上承认了行业规范对于行业外第三人的约束效力,使独立审计准则获得了法定抗辩事由的地位。基于我国审计准则由《注册会计师法》确定的独特地位,其一经财政部发布即作为行政规章,已经上升为国

---

[11] 参见杭州市中级人民法院(2020)浙01民初1691号民事判决书。

[12] 参见颜延:《从注册会计师的注意义务看独立审计准则的法律地位》,载《会计研究》2003年第6期。

[13] 参见彭真明:《论会计师事务所不实财务报告的民事责任——兼评上海大智慧公司与曹某荣等证券虚假陈述责任纠纷案》,载《法学评论》2020年第1期。

家意志，不仅约束会计师团体，对证券市场的参与者也有普遍的约束力。[14] 因此法官在以注意义务标准认定会计师事务所的过错时，应当首先以审计准则等行业规范为准，如果会计师事务所工作程序上符合相关规定，如无其他相反证据证明其具有过错，则应当认定会计师事务所不具有过错。

（四）过错认定的实质标准：必要的职业谨慎

传统侵权法产生于有形地侵害他人人身、财产权益，因此制度理论预设的前提和逻辑构建多为简单的物理性行为。证券法产生于资本市场中，参与主体多、易受各种信息影响、充满各种风险因素，在侵权行为判断时要充分考虑证券发行与交易的特殊性，不能简单凭传统侵权法的思路来理解。传统理论中认为普通人的注意义务标准是指在正常情况下只用轻微的注意即可预见的情形。[15] 这种标准通常被认为是一种客观标准，规定了一个社会上的普通人的存在。但为证券的发行、上市或其他证券交易活动出具审计报告、法律意见书、资产评估报告等文件的会计师事务所、律师事务所、资信评级机构等专业机构承担着核验证券信息，确保其委托人信息披露真实准确完整之重任，担任着资本市场"看门人"的角色。[16] 对于会计师事务所而言，《虚假陈述规定》第13条第2项"行为人严重违反注意义务"的表述应当解释为本专业团体内一般水平的谨慎性。如何理解会计师事务所这种注意义务与谨慎性，可以结合《虚假陈述规定》第19条的会计师事务所过错排除事由确定。此前，最高人民法院在《关于审理涉及会计师事务所在审计业务活动中民事侵权赔偿案件的若干规定》（以下简称《审计侵权规定》）首次使用了"职业谨慎"一词。《虚假陈述规定》第19条吸收了《审计侵权规定》第7条前3项的免责抗辩事由，第1、2项两次使用"保持必要的职业谨慎"的表述，第3项"警告"和"审慎审计意见"可以视为"保持必要的职业谨慎"的具体表现形式，第4项作为兜底条款，是否定会计师事务所过错的兜底条款。作为"列举＋兜底"的立法技术，其中3项列举均不同程度地使用了以"职业谨慎"为核心的表述，应当对《虚假陈述规定》第19条的4项作出同一语义的解释，即对于认定会计师事务所没有过错，"保持必要的职业谨慎"可以作为一个实质性的判断标准。比较法上也有将职业谨慎作为会计师事务所

---

〔14〕 参见颜延：《从注册会计师的注意义务看独立审计准则的法律地位》，载《会计研究》2003年第6期。

〔15〕 参见杨立新：《侵权法论》，人民法院出版社2011年版，第207页。

〔16〕 参见陈洁：《证券虚假陈述中审验机构连带责任的厘清与修正》，载《中国法学》2021年第6期。

过错的判断标准的判例,如美国第七巡回法院就曾指出:"符合 GAAS 并不能自动隔绝责任,还应当看这一专家行为是否构成合理的谨慎。"〔17〕

《虚假陈述规定》此次的立法技术类似于美国证券法,对于谨慎性的解释,可以参照美国证券法的规定。在美国证券法中,投资者提起证券虚假陈述诉讼的实体法依据通常为1933年《证券法》第11条、1934年《证券交易法》第10(b)条以及依据1934年《证券交易法》第10(b)条制定的规则10b-5。1933年《证券法》第11(b)条则是该条设置的抗辩事由,该条区分了不同主体对于不同内容的勤勉尽责标准:"(1)非专业人士对于非专业意见部分,需要承担较高的勤勉尽责标准或注意义务,即需要通过展开'合理调查',获取适当理由相信并且确实相信相关陈述真实;(2)非专业人士对于由专业人士出具的专业意见部分或引用的官方文件,需要承担的勤勉尽责标准或注意义务相对稍低,其无需进行合理调查,仅需证明没有合理理由相信并且确实不相信相关陈述虚假或存在遗漏;(3)专业人士仅需对自身出具的专业部分负责,需证明经过合理调查,有适当理由相信并且确信相关陈述真实。"由此可见,美国证券法中区分专业人士与非专业人士,相对应产生专家陈述和非专家陈述,对于不同主体规定了两种不同的注意义务标准,被称为"积极行动"和"消极信赖"。会计师事务所作为专业人士自身,美国1933年《证券法》对其注意义务要求为"经合理调查、有适当理由相信且确实相信陈述为真"。基于此种积极行动与消极信赖的要求,美国判例法上发展出勤勉责任的"滑动责任"框架。〔18〕 在Bar Chris案中,法院认为,合理调查意味着"主动检索和查问"(searching inquiry),而不能仅依赖发行人的声明,具体而言要求会计师采取规范流程、始终以职业谨慎核证数据,在可疑事实出现时采取恰当手段积极求证,直到内心确信或者作出准确披露。〔19〕 Leasco案延续并发展了Bar Chris案的裁判思路,认为"合理调查"原则需要考虑中介机构对发行人的信息可及性,应根据他们有限的访问权限(limited access)来衡量调查责任。〔20〕

《审计侵权规定》采取的立法技术是抽象概括"注册会计师在审计过程中未保持必要的职业谨慎",并列举注册会计师存有过错的具体情形。《虚假陈述规

---

〔17〕 彭真明:《注册会计师不实财务报告民事责任研究》,华中师范大学出版社2010年版,第127页。

〔18〕 "滑动责任"框架(sliding scale of liability),是美国判例法上关于"勤勉尽责"义务的判定原则,规定了不同主体不同轻重的责任。

〔19〕 See Escott v. Bar Chris Const. Corp. ,283 F. Supp. 643(1968).

〔20〕 See Feit v. Leasco Data Processing Equipment Corp. ,332 F. Supp. 544 (1971).

定》中使用“职业谨慎”的条文亦采用了类似的立法技术，如“按照执业准则、规则确定的工作程序和核查手段并保持必要的职业谨慎”，即具体列举和抽象兜底结合。因此，“职业谨慎”具有抽象性的含义，其与注意义务均是要求职业团体在专业服务中尽到应有的水平，两者具有接近的含义。此外，在先前的《中国注册会计师鉴证业务基本准则》中“职业怀疑态度”独立成节，要求注册会计师以职业怀疑态度计划和执行鉴证业务，对于职业怀疑态度文件中解释为注册会计师以质疑的思维方式评价所获取证据的有效性，并对相互矛盾的证据，以及引起对文件记录或责任方提供的信息的可靠性产生怀疑的证据保持警觉。《中国注册会计师审计准则第 1101 号——注册会计师的总体目标和审计工作的基本要求》（已失效）第 22 条亦要求注册会计师在整个审计过程中运用职业判断和保持职业怀疑。鉴证业务在证券发行中即为会计师事务所出具书面审计报告，因为该文件约束的仅为注册会计师在鉴证业务中的行为，所以“职业怀疑态度”本质上就是职业谨慎。结合法条的立法技术以及对注册会计师注意义务的解释，职业谨慎是指以相同职业人员在处理同等事务时能够保持的职业判断下，经合理的分析与调查，有充足的理由排除合理怀疑、确信陈述为真。

（五）过错责任的边界：工作范围和专业领域

《虚假陈述规定》第 18 条第 2 款第一句规定证券服务机构的责任限于其工作范围和专业领域，随后第二句对于证券服务机构依赖其他机构专业意见作出虚假陈述的，单独规定了更低的注意义务标准。结合本节规定可以作出体系解释，此处的工作范围和专业领域应当解释为证券服务机构在自身业务领域内、主要工作由自身完成的事项。该款实际上创设了一个专家责任与非专家责任二分的注意义务构造，对于自身工作范围和专业领域内的事项，适用前述分析的注意义务与职业谨慎标准，对于依靠其他专业机构基础工作或者专业意见而进行的工作，适用相对较低的注意义务标准。本款的问题主要涉及专家身份之识别以及专家责任与非专家责任注意义务之二分。

1. 会计师事务所专家身份之识别

专家，英文为 expert，德文为 Experte、Spezialist，日文为专门家，基本含义是具有特殊知识或技能的人。[21] 对于专家，英国著名过失法专家鲍威尔和杰克逊的合著《专业过失》（*Professional Negligence*）中列举了专家的四个特征：第一，工作性质具有高度的专门性（skilled and specialized），其中心不是体力工作而是精神的、判断的工作（mental rather than manual）；第二，重视高度的职业道德和

---

〔21〕 参见屈芥民：《专家民事责任论》，湖南人民出版社 1998 年版，第 3 页。

与顾客的信赖关系;第三,大多要求一定的资格,并由专家集团维持一定的业务水平;第四,具有较高的社会地位。[22] 学界对专家责任含义已基本达成共识,仅表述有细微不同,笔者较为认同专家责任(professional liability)指提供专门技能或知识服务的人员因其过错瑕疵给付而致人损害所应当承担的损害赔偿责任。[23] 专家在提供专业服务时参与到两种法律关系中,一种是专家与委托人之间的委托合同关系,另外一种是专家对第三人的责任。专家对第三人责任难以适用传统侵权制度来调整,专家责任正是在这种背景下产生的。注册会计师群体正是在证券市场中依靠其财会的专业能力,以审计证据为基础,依照审计程序出具审计报告,供被审计公司管理者及其投资者使用,发挥着基于其信誉的担保性作用。在注册会计师因过错出具虚假财务文件时,所承担的责任即是专家责任。

2. 专家责任与非专家责任注意义务之二分

相关主体在过错推定原则下承担连带责任的制度目标在于便利有投资损失的投资者得到便利的救济,但如果各个证券服务机构、保荐承销商等主体之间责任范围不明确,则会模糊其之间的责任边界,导致上述主体所承担的连带责任界限的不明晰与责任的混合,最终使连带责任偏离最初的政策目标。《虚假陈述规定》第18条明确了证券服务机构依赖保荐机构或者其他证券服务机构的基础工作或者专业意见而出具陈述,仅应达到"排除职业怀疑并合理信赖"的注意义务标准,低于证券服务机构对于自身出具专业意见时作为专家身份的注意义务标准,此种注意义务标准是一种一般注意义务标准。但也应注意,一般注意义务的适用前提是证券服务机构"审慎核查和必要的调查、复核",避免证券服务机构将一般注意义务流于表面的形式审查义务。[24]

这种专家责任与非专家责任注意义务的二分法对应了"特殊注意义务"和"一般注意义务",这种分类的理论基础在于,证券服务机构具备获取与验证发行人内部信息的客观能力,这种能力与证券服务机构的专业性和在证券发行中的具体职责密切相关。[25] 对于注册会计师而言表现得更加明显,因为在证券发

---

〔22〕 See Jackson & Powell, *Professional Negligence*, p. 1.

〔23〕 参见仲伟珩:《专家对第三人责任制度研究——一种基于民法体系化的制度设计与解释》,法律出版社2017年版,第9页。

〔24〕 参见陈洁:《虚假陈述民事赔偿制度的新发展理念及其规范实现》,载《法律适用》2022年第3期。

〔25〕 参见周淳:《证券发行虚假陈述:中介机构过错责任认定与反思》,载《证券市场导报》2021年第7期。

行文件中财务报告文件起核心作用,财务文件正是投资者作出投资决策的重要参考依据。该二分法有助于实现不同工作性质下证券服务机构责任的差异化认定,但仍有许多问题亟待解决,如证券服务机构对其他机构在哪些事项上是需要复核的、如何划定非专业领域的范围以及在一般注意义务情况下的归责原则又是如何,是后续司法实践中应当明确的问题。

三、会计师事务所基于过错的差异化法律适用

(一)不同过错下会计师事务所侵权行为类型化区分

1. 会计师事务所基于故意而为的侵权

会计师事务所基于故意而为的证券虚假陈述中,委托人主观心态亦为故意,包括《民法典》第 1168 条和第 1169 条规定的共同实施的共同侵权和帮助、教唆型共同侵权。

(1)会计师事务所与委托人共同实施的共同侵权

共同实施的共同侵权行为,是指数人共同不法侵害他人权益造成损害的行为。对于"共同实施"的理解,通说与司法实践认为"共同实施"包括三层含义:共同故意、共同过失、故意行为与过失行为相结合。[26] 证券虚假陈述中会计师事务所心态仅能为共同故意,在实践中具体表现为会计师事务所与委托人通谋故意出具虚假的审计报告、协助委托人发布不实信息,或者在应当按照审计准则要求主动指出财务问题时而未按要求指出。

(2)会计师事务所与委托人之间存在教唆、帮助行为的共同侵权

鉴于委托人在证券信息披露中占主要影响地位,在现实中难以存在委托人帮助会计师事务所而为共同侵权行为,但对于教唆而言,双方都可能成为教唆的主体。教唆是通过语言诱导、刺激、说服等方式引起他人从事侵权行为的意图,对于教唆而言,应当由行为人以积极作为的形式作出。而对于帮助行为,也能以消极不作为方式进行。在证券市场中教唆具体表现为,委托人要求会计师事务所为其出具虚假审计报告、虚假验证信息等,或者会计师事务所指导、说服委托人实施虚假陈述;帮助表现为会计师事务所协助委托人进行虚假陈述、为其提供虚假材料,或者会计师事务所明知委托人提供的信息有重大虚假陈述而

---

〔26〕 参见中国审判理论研究会民事审判理论专业委员会编著:《民法典侵权责任编条文理解与司法适用》,法律出版社 2020 年版,第 17 页。

不指出。此外,有学者认为帮助的心理状态不仅为故意,还包括重大过失。[27]此处重大过失是指会计师事务所严重违反执业准则和勤勉尽责的注意义务,但应理解为其主观上没有帮助的意图。帮助行为应当作为一种主客观相统一的行为,仅在客观上起帮助效果,不应当认为是帮助行为。更进一步讲,会计师事务所具有一般过失的情况下,亦在客观上起到了帮助委托人虚假陈述的作用。故教唆、帮助行为的心理态度应仅限于故意。

2. 会计师事务所基于过失而为的侵权

委托人进行虚假陈述、会计师事务所基于过失未能予以纠正而出具审计报告的情形,属于客观关联共同侵权行为。对于主观关联的共同侵权行为,有《民法典》侵权责任编的连带责任规范规制,《证券法》第85条、第163条的立法目的正是调整会计师事务所等主体在过失心理状态下的连带责任承担问题,此种责任正是一种专家责任。基于前述分析,经修正的会计师事务所过失的心理状态包括重大过失与一般过失,在仅具有轻微过失时不构成侵权行为,因而不归属于侵权行为的任一类型。

(1)会计师事务所基于重大过失而为的侵权

会计师事务所注意义务标准是本职业团体在专业服务中尽到应有的水平,如果未达到在本行业团体内的一般注册会计师即可达到的注意,未按照相关行业规范、未尽到较低标准的勤勉尽责义务,即应当认定为重大过失。与一般过失不同,重大过失具体表现为会计师事务所严重疏忽、未按照审计准则规定程序执业或者运营管理环节出现严重问题等。专家具有特殊的注意义务标准,按照合理信赖原则,社会一般人对专业人士有合理的信赖,即期待其像专业人士一样行为,如果其在专业活动中未能履行必要的专业职责,就造成了对社会公众信赖的破坏(德国学者称为"承担过失")。[28]因此,严重违反注意义务同样会造成信息披露的偏差、投资者信赖的损失,与故意时的后果基本一致,即重大过失是性质等同于故意的心理状态,应当与故意承担同一标准的责任。重大过失区别于一般过失的另一方面表现为,在重大过失的情况下会计师事务所往往造成了更严重的损害后果,对于最终投资者的投资损失而言具有更强的原因力。

---

〔27〕 参见陈洁:《证券虚假陈述中审验机构连带责任的厘清与修正》,载《中国法学》2021年第6期。

〔28〕 参见欧洲侵权法小组编著:《欧洲侵权法原则:文本与评注》,于敏、谢鸿飞译,法律出版社2009年版,第120页。

(2)会计师事务所基于一般过失而为的侵权

在信息披露过程中,委托人与会计师事务所未基于共同过错或共同行为安排各自独立地作出虚假陈述,会计师事务所违反了同等水平注册会计师能够尽到的注意义务,如未能根据审计准则要求保持合理怀疑态度指出委托人财务状况存在的问题,此种情况下会计师事务所主观状态属于一般过失,可谴责性低于故意和重大过失。在委托人与会计师事务所客观关联共同侵权行为中,委托人的虚假陈述往往足以导致全部损害的发生,但会计师事务所贡献的原因力通常不足以造成全部损害的发生。在证券信息披露机制中,委托人要对最终虚假陈述的损害承担100%的责任,而会计师事务所在证券发行中实际上提供了声誉附加的作用,审计报告对投资者的作用是独立地"叠加"于委托人的披露文件,不存在共同过失理论中的"结合点",构成了委托人承担全部责任、会计师事务所承担部分责任的框架。[29]《民法典》第1171条规定了"分别实施充足原因的连带责任",第1172条规定了"分别实施非充足原因的按份责任"。对于明显为非充足原因的会计师事务所而言不适用第1171条的规定。此种情形并非典型意义的"分别实施非充足原因的行为",但此时共同过错和可能因果关系这两个可正当化连带责任的基础都不存在,法律效果可以表现为按份责任。[30] 但《证券法》以及《虚假陈述规定》均采取了连带责任的唯一责任方式,若严格理解实证法而适用连带责任,则难以实现"责任与过错程度相结合"。从法理上解释,可以认为在此种客观关联共同侵权行为发生时会计师事务所可以对部分损失承担连带责任,以实现风险与收益的平衡。

(二)过错认定的逻辑顺序展开

对于会计师事务所的过错认定,以确认虚假陈述的"重大性"、投资者的投资损失实际存在以及投资损失与发行人的虚假陈述存在因果关系为前提,若虚假陈述未满足《虚假陈述规定》的"重大性"标准、投资者并无实际投资损失,或者虚假陈述与损失之间不符合《证券法》中的"交易因果关系"与"损失因果关系",则尚未到达认定会计师事务所等证券服务机构过错的程度。会计师事务所处于故意的心理状态时,区别于过失,具有主观上的共同故意或共同认识,因此,在过错认定中应首先确定会计师事务所是否具有故意状态。如果有证据证明会计师事务所对于发行人"明知"或者"应知"自身行为会导致作出虚假的证

〔29〕 参见缪因知:《证券虚假陈述赔偿中审计人责任构成要件与责任限缩》,载《财经法学》2021年第2期。

〔30〕 参见叶金强:《解释论视野下的共同侵权》,载《交大法学》2014年第1期。

明文件,则可以直接证明其具有故意,而不必考虑过错认定的形式标准与实质标准。

对于排除了故意后过失心态的认定,法院应着重审查会计师事务所执业时是否遵循了审计准则的规定、是否依照注册会计师团体行业自律规范行事。如果提供的证据经法院审查,可以证明会计师事务所在执业中严格按照审计准则规定的程序、方法,出具审计报告具有符合会计上的真实性,即应初步认定会计师事务所不存在过失。或者会计师事务所未能完全按照审计准则规定执业,相应地初步认定会计师事务所存在过失。最后应着重审查会计师事务所是否尽到必要的职业谨慎,法院应当结合全案情况,全面分析会计师事务所在执业过程中是否尽到合理的职业谨慎、保持必要的执业怀疑,判断其是否满足实质性标准。审计准则像法律条文一样,有其固有的局限性,不能完全预设所有可能发生的情况,当会计师事务所审计程序具有正当性但严重缺乏必要职业谨慎时,应当认定会计师事务所具有过错;当会计师事务所未完全遵循审计准则,但实质上满足了职业谨慎要求时,亦可以认定会计师事务所不具有过错。但应当指出的是,审计准则被《虚假陈述规定》确认为形式化的判断标准,具有较高的法律地位和较低的判断成本的情况下,应当限制实质标准的适用,仅当有充分且适当的证据证明符合或不符合实质标准时,才能推翻形式标准的结论。对于重大过失与一般过失的区分,应当在认定会计师事务所具有过失的情况下,参考同类证券发行案例中会计师事务所一般水平,如果会计师事务所发生的错误是大部分会计师事务所都不会发生的,则应当认定为重大过失,如果会计师事务所发生的错误对于部分会计师事务所而言容易发生,也即在本行业内属于非意外现象,则应当认定为一般过失。

(三)不同过错类型对民事责任类型的影响

会计师事务所基于故意而为侵权行为时,依照民法一般理论,应当与发行人承担连带赔偿责任。重大过失具有与故意相同的主观可谴责性与客观上对投资者判断的干扰性,因此应当与故意的心理状态同罚,会计师事务所亦与发行人承担完全连带赔偿责任。《虚假陈述规定》继承2003年《虚假陈述规定》,没有突破《证券法》对证券服务机构仅规定了连带责任的承担方式的立场,依据特别法优于一般法的规定,无法适用《民法典》侵权责任编关于按份责任的规定。会计师事务所仅具有一般过失时,由于其主观上不具有等同于共同故意和共同行为安排的心理状态,客观上会计师事务所虚假审计报告不是引起投资者损失的主要因素,因此不应当与故意时同罚,但《证券法》与《虚假陈述规定》均没有规定按份责任,此时将会计师事务所责任承担方式解释为部分承担连带责任，是一个平衡责任与过错、降低会计师事务所执业风险、保障会计师事务所积极性但同时也能起到监督作用的安排。近年来司法实践也逐步探索部分承担连带责任的法律适用，如“中安科案”“雅博科技案”中会计师事务所在发行人15%和30%的赔偿责任范围内承担连带责任，不失为平衡各方利益的处理方式。[31]

四、结　　语

过错认定在证券虚假陈述案件归责中具有重要地位，《虚假陈述规定》明确了过错认定的基本规则，明确了规章和规范性文件、行业执业规范的法律地位，并且明确了会计师事务所的职业谨慎性标准，可谓二十年磨一剑。但《虚假陈述规定》对会计师事务所的过错认定仍不够精准，将会计师事务所的过错解释为故意、重大过失和一般过失，在故意和重大过失时承担连带责任，在一般过失时部分承担连带责任，有助于平衡不同情况下会计师事务所的责任大小、限定投资者保护力度加强背景下会计师事务所的风险责任范围。《虚假陈述规定》仍有较大的完善空间，例如会计师事务所的工作范围和专业领域如何准确界定、会计师事务所不同心理状态区分的界限如何、不同过错下各种主体应当如何承担责任等，需要理论与实践深入研究。

责任编辑：黄竞

---

〔31〕 参见上海市高级人民法院(2020)沪民终666号民事判决书，江苏省高级人民法院(2021)苏民终563号民事判决书。

域外经验

海洋科学研究中无人设备的法律规制问题*

张明宇**

摘要:

无人设备在海洋科学研究中的重要性日渐凸显,但无论是《联合国海洋法公约》还是相关国际组织制定的指南草案,对海洋科学研究中无人设备的法律规制均有欠完善。分析海洋科学研究中无人设备的法律规制问题,既需要探讨无人设备的法律地位、管辖权归属,也应关注部署和使用无人设备时涉及的科研项目申报、主权豁免等具体问题。鉴于国际社会目前就用于海洋科学研究的无人设备的法律规制缺乏共识,建议我国积极倡导相关国际规则的制定,并通过完善国内涉海法律规范形成示范效应。

关键词:

无人设备;海洋科学研究;《联合国海洋法公约》;法律规制

引　言

海洋对于人类生存和发展具有重要意义。建设海洋强国战略是中国海洋事业发展的重要目标,习近平总书记在论述建设海洋强国的具体路径时强调,“要发展海洋科学技术,着力推动海洋科技向创新引领型转变”[1]。对海洋科学知识的掌握是人类社会开发和利用海洋的基础,随着科学技术的不断进步,海洋科学已成为重要的综合性学科,其范围和内容正不断扩大,科学研究中所

---

* 本文系南方海洋科学与工程广东省实验室(珠海)科研项目“无人船舶和海洋无人设备相关法律问题研究”(项目批准号:SML-2020SP005)的阶段性研究成果。

** 作者张明宇,中山大学法学院硕士研究生、南方海洋科学与工程广东省实验室(珠海)研究团队成员。

〔1〕 邓志慧、钟焯:《世界海洋日,感受习近平建设海洋强国的“蓝色信念”》,载人民网,http://politics.people.com.cn/n1/2020/0607/c1001-31738010.html。

使用的技术手段和装备也日趋先进:近年来取得长足发展的无人设备正不断拓展在海洋科学研究中的使用场景,并展现出在复杂海洋环境下高效率开展科学研究的独特优势。[2]

无人设备在海洋科学研究领域的应用方兴未艾的同时,国际海洋法对此的关注却是匮乏的:国际社会缺乏对无人设备法律地位的共识,以《联合国海洋法公约》(下文简称《海洋法公约》)为代表的海洋科学研究制度对无人设备的法律规制较为笼统,无法适应无人设备日新月异的发展。与此同时,海洋科学研究涉及沿海国的海洋权益,无人设备若由于部署和使用不规范,或能量耗尽等而在他国管辖海域被打捞,容易引发争议事态。国际法学界对海洋无人设备的讨论现多集中于军事领域。作为无人设备重要的民用场景,海洋科学研究语境下无人设备所涉及的法律问题,以及可能的法律规制路径同样值得学界关注。

一、海洋科学研究中使用无人设备的现状

目前船舶与海洋工程学界对无人船(Unmanned Ship)以外的海洋无人装备已形成了海洋无人系统(Unmanned Marine System)、海洋无人航行器(Unmanned Marine Vehicle)等名称:前者侧重强调所有在海洋使用的装备构成的多栖"集群",甚至包括海上无人机集群;[3]后者则主要指水面和水下的无人航行器。[4]而在海洋科学研究中使用的无人设备可大致分为三类:[5]不具备航行动力、随

[2] 参见闵强利:《水下滑翔器关键技术及军事前景浅析》,载《水雷战与舰船防护》2013年第2期。

[3] 无人系统集群大致可以分为无人机集群、水面无人艇集群和无人水下机器人集群。参见谢伟、陶浩等:《海上无人系统集群发展现状及关键技术研究进展》,载《中国舰船研究》2021年第1期。无人机作为在水面上工作的海洋无人系统,其活动的介质是空气,相关法律关系难以通过涉海法律规范进行调整,因此本文将不讨论其法律规制问题。

[4] See Robert Veal et al., *The Legal Status and Operation of Unmanned Maritime Vehicles*, Ocean Development and International Law 50, 2019, p. 24.

[5] 学界将具有动力且可以自主航行的无人设备根据所处介质的不同,分为水面无人航行器和水下无人航行器。参见张书凝:《海上无人系统法律地位的认定》,载《上海法学研究》2021年第6卷。同时在海洋科学研究领域,浮体是应用极为广泛,并且成为唯一有国际组织制定"软法"规范其使用的无人设备。See Katharina Bork et al., *The Legal Regulation of Floats and Gliders—In Quest of a New Regime?*, Ocean Development and International Law 39, 2008, p. 299.

洋流漂动的浮体,以水面滑翔器和无人艇为代表的水面无人航行器,以及在水下进行活动的无人潜航器。

浮体(float)。政府间海洋学委员会(Intergovernmental Oceanographic Commission,IOC)[6]将浮体定义为"用于收集海洋学数据的自主化仪器,可下降到程序设置的深度并间歇性上升到海面,通过卫星技术确定其在海面上的位置,并将收集到的海洋学数据传输到数据处理中心"[7]。浮体可在水面漂动构成浮标(buoy),亦可潜入水下成为潜标(subsurface buoy),但目前浮体的设计已兼具漂浮水面或潜入水下的功能。浮体相较其他的海洋无人设备,最大的特征是不具备自主实现水平移动的动力,仅能够随着洋流漂动。"Argo 全球海洋观测网"是最为著名的使用浮体进行海洋科学研究的项目,该项目通过布放的数千个浮标收集海水的温度和盐度等数据。[8]

水面无人航行器(Unmanned Surface Vehicle)。水面无人航行器是没有搭载人员的、在水面上凭借自身动力装置运行和移动的海洋无人设备,[9]其在气象水文调查、水质生态监测、海洋声学观测、卫星遥感验证等领域存在广泛的应用场景。滑翔器(glider)和水面无人艇(Unmanned Surface Vessel)是具有代表性的用于海洋科学研究的水面无人航行器。滑翔器在外观上突出体现为具有良好的流体动力外形,且有机翼搭载在两侧。[10] 水面无人艇则是无人操作的水面舰艇,因体积过小而无法被归为船舶的范围,其具有体积小、速度快、机动灵活的特点,并搭载了障碍检测和跟踪模块,是自主化程度较高的海洋无人设备。[11]

无人潜航器(Unmanned Underwater Vehicle)。无人潜航器是通过预编程或

---

[6] IOC 是联合国教科文组织下属的,旨在促进海洋科学研究国际合作的国际组织。

[7] Intergovernmental Oceanographic Commission Advisory Body of Experts on the Law of the Sea (IOC/ABE-LOS), *Reports of Meetings of Experts and Equivalent Bodies 7th Session*, IOC/ABE-LOS - VII/3, 2007, p. 5.

[8] See Argo, *Technological Innovations*, https://argo.ucsd.edu/how-do-floats-work/technological-innovations/, September 29, 2022.

[9] See Ru-jian Yan et al., *Development and Missions of Unmanned Surface Vehicle*, Journal of Marine Science and Application 9, 2010, p. 451.

[10] 参见孙秀军、桑宏强等:《"黑珍珠"波浪滑翔器研发综述》,载《海洋科学》2020 年第 12 期。

[11] 参见胡辛明、张鑫等:《无人水面艇仿真系统设计与实现》,载《上海大学学报(自然科学版)》2017 年第 1 期。

实时自适应任务控制,具有自主操控能力的潜水器。[12] 无人潜航器在水下勘探侦查、水下作业,以及海底地理信息采集等方面具有独特的优势,如我国马里亚纳海沟深渊科学考察中,“海斗一号”全海深自主遥控潜水器在国际上首次实现了对挑战者深渊西部凹陷区的大范围全覆盖声学巡航探测。[13]

随着海洋无人设备的智能化程度不断提高,有学者将无人设备按照智能程度分为四类:具有自主规划、自主航行、自主环境感知能力的全自主型;由预先内置的程序进行控制、按照内置程序航行并执行任务的程控型;非自主航行的通过岸上人员进行远程操控的岸基遥控型;从工作母船释放的,通过工作母船上的人员进行操控的船基遥控型。[14] 也有学者根据无人设备是否需要操纵员遥控或监控,将无人设备分为遥控式、半自主式和全自主式。[15] 对于无人设备自动程度的区分,将直接影响其在海洋科学研究中部署和使用时的法律地位。

二、海洋科学研究中无人设备现有的国际法规制及其困境

《海洋法公约》建立了海洋各方面的活动框架,其中的第十三部分是国际海洋法对海洋科学研究最为系统全面的规定。[16] 除此之外,IOC等国际组织发布的实践指南草案也就海洋科学研究中无人设备的使用提供了参考。然而上述规定或指南并未解决无人设备的法律地位这一核心问题,甚至尚未统一文本中对无人设备的称呼;同时国际法对海洋科学研究中无人设备的法律规制仍止步于20世纪便广泛投入使用的浮体,诸多智能化程度较高的无人航行器面临法

---

〔12〕 See US Department of the Navy, *The Navy Unmanned Undersea Vehicle (UUV) Master Plan*, 2004, p. 4.

〔13〕 参见刘勇:《我“海斗一号”开启全海深无人潜水器万米科考应用新征程》,载光明网,https://share.gmw.cn/news/2021-10/11/content_35221032.htm。

〔14〕 参见刘丹:《无人潜航器的国际法规制——法律地位、现实挑战与我国的应对》,载《中国海洋大学学报(社会科学版)》2021年第3期。

〔15〕 See Michael N. Schmitt, David S. Goddard, *International Law and the Military Use of Unmanned Maritime Systems*, International Review of the Red Cross 98, 2016, p. 584. 对海洋无人设备智能程度的划分同时适用于水面无人航行器和水下无人潜航器。

〔16〕 1958年《大陆架公约》首次明文规定了海洋科学研究制度。而在《海洋法公约》生效之后国际社会并未就海洋科学研究通过国际条约,因此本部分将探讨《海洋法公约》海洋科学研究制度对无人设备的规制。参见邵津:《新的海洋科学研究国际法制度——导论、一般原则、领海、公海》,载《中外法学》1994年第5期。

律适用的空白。

（一）无人设备的法律地位不明确

纵观国际社会现已生效的公约，《海洋法公约》并未给出“船舶”的定义。而根据《国际防止船舶造成污染公约》（International Convention for the Prevention of Pollution from Ships，MARPOL），以及《国际海上避碰规则》（International Regulations for Preventing Collisions at Sea，COLREGS）等国际公约从不同角度概括的船舶应具备的特点，海洋无人设备在规模和总吨要求、由船员操控、装载货物等方面均不符合船舶的定义。[17] 例如在可航行方面，浮体不具有可供其航行的动力系统；滑翔器由于采用浮力驱动的方式，在较大风浪的情况下会出现随波漂流的情况。[18] 因此，“国际法若是以处理一个97，000吨的航空母舰的方式来处理一个25磅的无人潜航器，这显然不妥”[19]。考虑到用于海洋科学研究的无人设备相对较小的体积，[20]其不具有船舶的法律地位。同时海洋无人设备若构成船舶属具，相关的权利义务随之转移至母船。《中华人民共和国海商法》第3条第2款在规定船舶属具是船舶的一部分的基础上，并没有给出属具的法律定义。[21] 船舶属具形态各异、难以具体列举，但判断某物是否构成船舶属具，关键看该物是否为船舶航行、运营或者作业所必不可少的必需品。[22] 针对前文列举的智能程度不同的海洋无人设备，只有船基遥控型海洋无人设备方

---

〔17〕《国际防止船舶造成污染公约》第1条第4款规定：“‘船舶’系指在海洋环境中运行的任何类型的船舶，包括水翼船、气垫船、潜水船、浮动船艇和固定的或浮动的工作平台。”《国际海上避碰规则》第3条规定：“‘船舶’一词，指用作或者能够用作水上运输工具的各类水上船筏，包括非排水船舶和水上飞机。”同时，对于船舶概念的定义往往服务于国际公约所规制事项的需要。

〔18〕参见常虹、薛桂芳等：《欧洲水下滑翔机发展应用现状及其法律规制——对中国借鉴意义之思考》，载《中国海商法研究》2012年第1期。

〔19〕王淑敏、唐晓聪：《无人潜航器的国际法法律地位研究——“中美无人潜航器事件”引发的思考》，载《时代法学》2017年第4期。

〔20〕海洋科学研究中最为广泛使用的浮标甚至体积更小，长约1.3米，直径约为20厘米。See Argo Program Office, *Frequently Asked Questions*, https://argo.ucsd.edu/faq/#look, September 17, 2022.

〔21〕《中华人民共和国海商法》第3条规定：“本法所称船舶，是指海船和其他海上移动式装置，但是用于军事的、政府公务的船舶和20总吨以下的小型船艇除外。前款所称船舶，包括船舶属具。”

〔22〕参见宋淑华、赵劲松：《无人潜航器的法律地位》，载《南海学刊》2017年第3期。

可构成船舶属具。海洋无人设备被投放后若能独立航行或漂动,则与船舶当下正在开展的科学研究作业无关。因此受体积和吨位的限制,除需用电缆连接母船进行遥控的航行器属于船舶属具,无人设备难以被归为船舶。

对于不通过船基操控的绝大多数海洋无人设备,其法律地位仍未得到确定。"船只"与"装备"在《海洋法公约》第十三部分中并列出现[23]似乎说明海洋科学研究中的无人设备具有独立的法律地位;但《海洋法公约》第259条"法律地位"仅规定海洋无人设备"不构成岛屿",反映了各国就海洋无人设备法律地位问题实则存在巨大分歧,无法达成共识。实际上,暂缓确定法律地位亦是国际社会面对无人设备规制难题时的现实举措。法律的稳定性意味着法律规则往往滞后于社会实践的发展,更何况海洋无人设备仍处于飞速发展的阶段。目前国内已出现具备垂直起降与悬停、水平飞行、水下滑翔等多种功能于一体的海洋无人航行器,[24]多栖运行的无人设备更为其法律地位的确定带来挑战。

(二)适用《联合国海洋法公约》规制无人设备的困境

《海洋法公约》在第十三部分第四节就"海洋环境中科学研究设施或装备"作出了规定。但是《海洋法公约》未给出设施(installation)或装备(equipment)的具体定义;同样《海洋法公约》也未就平台(platform)、人工岛(artificial island)、设备(device)、结构(structure)等概念进行界定。有学者指出,《海洋法公约》在相关概念使用上的不协调源于缔约谈判的复杂性,事实上设施或装备均可指代非船舶的物体;[25]具体而言,设施多为不可移动的大型海上结构或平台,而装备指体积较小的、可以移动或漂动的其他类型海洋设备。[26]有鉴于此,本文所探讨的以浮体、水上无人航行器和水下无人潜航器为代表的海洋无人设

---

[23] 例如,《海洋法公约》第248条b项规定:"使用的方法和工具,包括船只的船名、吨位、类型和级别,以及科学装备的说明。"

[24] 参见《既上天又入海!海空两栖的无人航行器"哪吒"在沪成功研制》,载新华网,http://www.xinhuanet.com/2021-04/09/c_1127313071.htm。

[25] See Alexander Proelss et al., *United Nations Convention on the Law of the Sea: A Commentary*, Munich, Nomos Publishing House, 2017, p. 1734.

[26] 实际上纵观《海洋法公约》该节的谈判文本,各国提交的草案中出现了"固定或漂浮的设施""设备""移动设施"等诸多表述,无需过度关注相关词语的含义。See Myron Nordquist et al., *United Nations Convention on the Law of the Sea 1982: A Commentary*, Volume IV, Leiden, Virginia University Press, 2011, p. 615.

备应属于“装备”,其在本节所对应的权利义务应与设施存在不同。

该节第258条强调海洋科学研究中无人设备的法律规制应遵循“分区路径”(zonal approach)[27]:“在海洋环境的任何区域内部署和使用任何种类的科学研究设施或装备,应遵守本公约为在任何这种区域内进行海洋科学研究所规定的同样条件。”该条规定可被视为准用性规范,[28]旨在强调部署和使用海洋无人设备应同样适用《海洋法公约》第十三部分针对在不同的海域或海底开展科学研究的相关规定。尽管有学者指出《海洋法公约》的海洋科学研究制度的规制对象主要为研究船,[29]相关条文直接适用于无人设备存在规则衔接的难题。该节的第260条暗示了设施与装备的区别:在前者的周围可以设立安全地带保障过往船舶的航行安全,而后者由于具有较小的体积无需设立安全地带。[30] 由此可见,庞大到足以对航行构成实际威胁的固定物应被视为设施;而如果对无人航行器或潜航器等装备设立类似的安全地带,则会限制该海域的航行权利与装备的使用。[31] 但同时设施与装备大小界限的确定,以及用于科学研究的海上移动平台的出现都使得上述法律概念的界限日益模糊。

该节的第261和第262条则对无人设施和装备的安全使用进行了规定。第261条要求无人装备的部署和使用“不应对已确定的国际航路构成障碍”。有学者指出所谓“国际航路”有赖国际海事组织(International Maritime Organization, IMO)确定。[32] 第262条则规定设施或装备应“具有表明其登记的国家或所属的国际组织的识别标志”以及“国际上议定的适当警告信号”。上述规定旨在当

---

〔27〕《海洋法公约》将海洋和海底划分为九种区域。区域路径即通过适用《海洋法公约》中为不同区域制定的法律规范,解决相应的海洋问题。See Yoshifumi Tanaka, *Zonal and Integrated Management Approaches to Ocean Governance: Reflections on a Dual Approach in International Law of the Sea*, International Journal of Marine and Coastal Law 19, 2004, p. 484.

〔28〕准用性规范,指规定行为规则的某一部分须参照其他法律规范才能实施的法律规范。这种所要参照的法律规范是业已明文规定的确定性规范。

〔29〕参见常虹、薛桂芳等:《欧洲水下滑翔机发展应用现状及其法律规制——对中国借鉴意义之思考》,载《中国海商法研究》2012年第1期。

〔30〕《海洋法公约》第260条规定:“在科学研究设施的周围可按照本公约有关规定设立不超过五百公尺的合理宽度的安全地带。所有国家应确保其本国船只尊重这些安全地带。”

〔31〕See Alexander Proelss et al., *United Nations Convention on the Law of the Sea: A Commentary*, Munich, Nomos Publishing House, 2017, p. 1742.

〔32〕See Alexander Proelss et al., *United Nations Convention on the Law of the Sea: A Commentary*, Munich, Nomos Publishing House, 2017, p. 1745.

海洋无人设备发生碰撞事故或造成海洋环境污染时确定责任归属,并参考了适用于船舶的登记制度和保障航行安全的措施。但在IMO并未就无人航行器和无人潜航器等的标记进行规定的情况下,无人设备的登记应如何具体实施成为现实的难题。

综上所述,《海洋法公约》第十三部分第四节规定的海洋环境中的科学研究设施或装备不具有岛屿的法律地位,且其部署和适用应顾及航行安全,属于国际社会就该问题达成的"公约数"。与此同时,该节在海洋无人设备的概念内涵、法律地位,以及管辖权的归属等关键问题上语焉不详,相关规则的制定也主要参照对船舶的法律规制。况且于1982年制定的《海洋法公约》在数十年后的今天,是否能够适应海洋科学设备日新月异的发展,正受到国际法学界的质疑。

(三)国际组织相关指南难以适应用于海洋科研无人设备的快速发展

IOC下属的海洋法专家咨询机构(Advisory Body of Experts on the Law of the Sea,ABE-LOS)曾就由IOC主导和协调的Argo项目中所使用的浮标发布实践指南草案(Draft Practical Guidelines)。尽管ABE-LOS专家会议报告承认,该实践指南草案虽然不具有法律效力,同时不会改变《海洋法公约》下沿海国与研究国的权利和义务,[33]但是实践指南草案仍被视作规制Argo浮标使用的重要参考。IOC的中国代表评价ABE-LOS的工作为在Argo项目开展过程中可能出现的法律问题"提供了有效的解决方案",[34]亦有学者认为其成为Argo浮标"软法"层面的法律规制。[35] 实践指南草案规定,IOC应记录海洋科学研究船只的行驶路线、随行人员,以及布放Argo浮标海域的具体坐标等信息。成员国必须通过适当渠道"提前通知"在公海布放的、任何可能进入其他成员国专属经济区的Argo浮标。IOC执行秘书处在收到书面声明后,会立即通知其他成员国。同时研究国应通过合适的数据交换系统提供Argo浮标一手取得的,以

---

〔33〕 See IOC/ABE-LOS, *Reports of Meetings of Experts and Equivalent Bodies 7th Session*, IOC/ABE-LOS – VII/3, 2007, p. 5.

〔34〕 See IOC/ABE-LOS, *Analysis of the Questionnaire on the IOC Advisory Body of Experts on Law of the Sea*, IOC/ABE-LOS, IOC/INF – 1293, 2011, p. 14.

〔35〕 See Aurora Mateos, Montserrat Gorina-Ysern, *Climate Change and Guidelines for Argo Profiling Float Deployment on the High Seas*, https://www.asil.org/insights/volume/14/issue/8/climate-change-and-guidelines-argo-profiling-float-deployment-high-seas, September 17, 2022.

及分析加工后得出的所有数据。[36]

由此可见,IOC 发布的实践指南草案与《海洋法公约》第十三部分专属经济区内和大陆架上的海洋科学研究法律制度保持一致。同时,《海洋法公约》第 247 条也赋予了国际组织进行或主持海洋科学研究计划时,无需额外再向沿海国申报项目的权利。然而,实践指南草案在遵循《海洋法公约》的基础上对相关规定加以程序方面的细化,并不能解决《海洋法公约》对海洋无人设备的规制有欠完善的问题。ABE-LOS 本身并非 IOC 的常设机构;其于 2001 年至 2009 年召开年度会议并发布相关文件之后便暂停运作。IOC 晚近关注的海洋法议题也主要聚焦于国家管辖范围以外海洋生物多样性(Biological Diversity of Areas Beyond National Jurisdiction,BBNJ)国际协定谈判、海洋技术的发展和转让,以及能力建设等方面。更重要的是,IOC 发布的实践指南草案仅专门针对 Argo 全球海洋观测网项目中的浮标。经过十余年的快速发展,以无人航行器为代表的海洋无人设备相较于 Argo 浮标不仅具有可供航行的动力,在智能化程度上同样实现了巨大突破,因而该实践指南草案的相关规定是否仍对规制海洋科学研究中的无人设备具有借鉴意义成为未知数。

三、规制海洋科学研究中无人设备的几个主要问题

诸多性能优越的海洋无人设备相继问世,超出了缔结《海洋法公约》时国际社会对海洋科学研究的理解与认识,现有国际法制度对其规制因而也显得力不从心。[37] 分析海洋科学研究中无人设备部署和使用面临的法律问题,既需要加强国际海洋法,尤其是《海洋法公约》相关制度的解释和适用,也需要参考海洋学界和国际社会开展和管理海洋科学研究的实践。

(一)无人设备出现在不同海域的管辖权问题

如前所述,根据《海洋法公约》第 258 条的规定,对于海洋无人设备的管辖权应该与对海洋科学研究项目的规定相符合。《海洋法公约》第十三部分就领海、公海,以及专属经济区和大陆架等不同区域开展的海洋科学研究分别作出

---

〔36〕 其具体规定细化了《海洋法公约》第十三部分的有关条文,并强调各国应利用 IOC 就 Argo 项目中出现的问题进行交流与沟通。See IOC, *Seventh Meeting of the Advisory Body of Experts on the Law of the Sea*, IOC/ABE-LOS VII/7, 2007, p. 4 – 8.

〔37〕 参见常虹、薛桂芳等:《欧洲水下滑翔机发展应用现状及其法律规制——对中国借鉴意义之思考》,载《中国海商法研究》2012 年第 1 期。

了规定。《海洋法公约》第 245 条“领海内的海洋科学研究”规定,沿海国领海内的海洋科学研究,应经沿海国明示同意并在沿海国规定的条件下方可进行。有学者认为,“明示同意”有意区别于《海洋法公约》规定的专属经济区内和大陆架上海洋科学研究的“默示同意”制度,彰显了沿海国对领海海洋科学研究进行管辖是源于领海主权的权利。[38] 至于在公海开展的海洋科学研究,《海洋法公约》第 87 条“公海自由”明文规定了在公海开展科学研究的自由,同时强调这些自由的行使应适当顾及其他国家行使公海自由的利益。

专属经济区内和大陆架上的海洋科学研究制度是《海洋法公约》第十三部分的核心。围绕研究方在沿海国专属经济区开展海洋科学研究的权利和义务,在第三次联合国海洋法会议上,各方进行了不断的斗争和妥协。[39] 最终《海洋法公约》就专属经济区内海洋科学研究的沿海国同意制度作出了规定,力求实现研究国和沿海国的利益平衡。《海洋法公约》在规定“专属经济区内进行海洋科学研究,应经沿海国同意”的同时,要求沿海国对研究方为和平目的,以及为了增进关于海洋环境的科学知识而开展的海洋科学研究给予同意;除非研究计划涉及与生物或非生物自然资源的勘探和开发有直接关系等四种情况,沿海国方可“斟酌决定”并有权拒不同意在专属经济区内进行的研究计划。[40]

然而,严格适用《海洋法公约》第十三部分关于无人设备的规定存在实践上的困难:浮标和滑翔器等不经人为操控的设备一旦投入使用便会脱离控制,无法预知其是否会随着洋流漂动至他国的领海或专属经济区,尤其是在设备电量耗尽,或发生搁浅、损坏等事故的情况下。在这些情况下,基于海洋不同区域划

---

〔38〕 See Myron Nordquist et al. , *United Nations Convention on the Law of the Sea* 1982: *A Commentary*, Volume IV, Leiden, Virginia University Press, 2011, p. 495.

〔39〕 参见贺赞:《论专属经济区海洋科学研究制度的新发展》,载《广州大学学报(社会科学版)》2014 年第 7 期。包括中国在内的广大发展中国家主张在专属经济区进行海洋科学研究需要得到沿海国的明确同意,这与主张专属经济区内,甚至领海内海洋科学研究自由的海洋强国形成了鲜明的对比。

〔40〕 《海洋法公约》第 246 条第 5 款规定:“但沿海国可斟酌决定,拒不同意另一国家或主管国际组织在该沿海国专属经济区内或大陆架上进行海洋科学研究计划,如果该计划:(a)与生物或非生物自然资源的勘探和开发有直接关系;(b)涉及大陆架的钻探、炸药的使用或将有害物质引入海洋环境;(c)涉及第六十和第八十条所指的人工岛屿、设施和结构的建造、操作或使用;(d)含有依据第二百四十八条提出的关于该计划的性质和目标的不正确情报,或如进行研究的国家或主管国际组织由于先前进行研究计划而对沿海国负有尚未履行的义务。”

分的“分区路径”并不奏效；科学家可能事先并不知道无人设备将抵达的海域，无法对其进行有效的操控和管理。分析 IOC 发布的指导性文件，可以得知 IOC 倾向于通过对海洋无人设备进行定位追踪，并要求登记国通知沿海国无人设备进入其管辖水域的方式，加强对海洋无人设备的监督与管理；但 IOC 文件并不具备法律效力，[41]各国尤其是海洋大国显然不愿被海洋无人设备严格的管辖制度束缚。现实中无人设备由于其体积较小，即使出现在沿海国海域也难以被发现，因而实际享有较大的航行和开展研究的自由。

（二）海洋无人设备的主权豁免与归还问题

《海洋法公约》未就海洋科学研究中使用和部署的无人设备是否享有国家主权豁免作出规定。换言之，当沿海国未批准相关的海洋科学研究计划，却在其管辖海域捕获到他国投放的无人设备时，现行国际法就该问题的规定付之阙如。

海洋无人设备不具有船舶的法律地位，自然不构成军舰或政府公务船舶；[42]即使少数构成船舶属具的船基遥控型无人设备，其母船往往属于科研机构所有，且母船开展的海洋科学研究工作同样难以认定为“政府公务”。然而当沿海国捕捞到他国投放的无人设备时，沿海国既无从知晓无人设备是电量耗尽漂流，还是未经许可闯入其管辖海域，亦不能分辨使用该设备的科学研究船只与航次。因此《海洋法公约》第 249 条中，沿海国要求“拆除设施或装备”并停止海洋科学研究项目的权利难以实现。[43] 海洋科学研究作为无人设备重要的民用场景，较军事使用具有较小的争议性和敏感度。海洋无人设备出现在他国海域并被打捞上岸后，现有国际实践本就倾向于直接归还相关设备；同时《海洋法公约》第 262 条关于无人设备上应标记注册国的规定，能够避免误解与争议事态的产生。总而言之，海洋科学研究中的无人设备不享有主权豁免的法律地位。但沿海国难以获得进入其管辖海域的海洋无人设备的具体情况，无法直接

---

〔41〕 IOC 发布的相关指引并不构成“具有法律约束力的文本”（legally binding text）。See IOC/ABE-LOS, *Reports of Meetings of Experts and Equivalent Bodies 7th Session*, IOC/ABE-LOS – VII/3, 2007, p. 3.

〔42〕 前文已分析海洋科学研究中使用的无人设备由于其体积难以构成船舶。参见刘丹：《无人潜航器的国际法规制——法律地位、现实挑战与我国的应对》，载《中国海洋大学学报（社会科学版）》2021 年第 3 期。

〔43〕 《海洋法公约》第 249 条第 1 款 g 项规定：“除非另有协议，研究完成后立即拆除科学研究设施或装备。”

判断部署和使用相关设备的行为是否违反《海洋法公约》第十三部分的规定,因而大多数情况下只能归还无人设备。

(三)科学研究项目的申报与审批问题

《海洋法公约》对申请开展海洋科学研究提交的研究计划以及沿海国同意申请的条件作出了详尽规定。具体而言,关于研究计划的申报与审批,《海洋法公约》第248条和第252条规定,各国和各主管国际组织应在研究开始日期至少6个月前,向沿海国详细提供在其专属经济区内的研究计划,其中申请书的内容包括"装备的部署或拆除的预定日期"[44];若研究方在递交申请6个月后未收到沿海国的答复,则视为沿海国"默示同意"研究计划的开展。关于研究计划进行过程中研究方与沿海国的权利和义务,沿海国有权对开展中的研究计划进行监督检查,发现研究方违反《海洋法公约》或未按照研究计划开展活动的行为,可随时要求暂停或停止科研活动。考虑到研究航次中可能携带不同种类的海洋无人设备开展作业,且以浮标为代表的设备在电量耗尽后难以回收,《海洋法公约》对于研究项目申报和审批条件的规定理论上妨碍了无人设备的使用。

实践中沿海国拒绝研究项目的原因多为涉及争议海域,或未保障沿海国随船参与海洋科学研究的权利;[45]审批流程方面,部分国家科学研究项目的评估和同意审批过程缓慢,甚至在外国研究船出发前数天拒绝同意项目开展。[46] 原因在于,《海洋法公约》第241条虽然规定不承认海洋科学研究活动为任何权利主张的法律根据,但是同意海洋科学研究计划或委派科学家参与项目仍是沿海国行使管辖权的体现。随着海洋无人设备在科学研究中发挥日渐重要的作用,沿海国可能在研究项目申请和审批阶段通过严格控制无人设备的部署和使用,彰显其对海洋科学研究的管辖权。

---

[44] 《海洋法公约》第248条第1款d项规定:"研究船最初到达和最后离开的预定日期,或装备的部署和拆除的预定日期,视情况而定。"

[45] 参见高婧如:《南海海洋科研区域性合作的现实困境、制度缺陷及机制构建》,载《海南大学学报(人文社会科学版)》2017年第2期。

[46] See Factsasia, *FNI, UP MSI, MERF and US Embassy Manila Convened a Webinar on Improving Filipino MSR Framework*, https://www.factsasia.org/blog/fni-up-msi-merf-and-us-embassy-manila-convened-a-webinar-on-improving-filipino-msr-framework, September 30, 2022.

四、未来规制海洋科研无人设备的建议

世界各国不仅在海洋无人设备领域的科技竞赛中展开角逐,更频繁针对海洋科学研究与海洋无人设备的法律规制发声,试图取得相关领域国际规则制定的话语权。我国已逐渐在海洋科学研究领域成为"并跑者",[47]海洋无人设备研发同样势头强劲,但是暂未对海洋科学研究中无人设备的部署和使用作出规定。有鉴于此,我国有必要在积极推进海洋科学研究领域的国际合作的基础上,结合海洋无人设备的发展情况适时制定和修改涉海法律。同时中国正从国际法律规则的学习者、遵循者转变为提供者,[48]我国可考虑积极倡导通过善意解释《海洋法公约》完善国际海洋法对海洋科学研究中无人设备的法律规制,并参与相关国际规则的制定,阐明相关议题的中国立场。

(一)适用国内法规制海洋科研中的无人设备

滑翔器、无人潜航器等无人设备作为新兴事物,对其成功的法律规制所产生的示范效应会推动国家实践的形成,甚至影响国际规则的制定。我国现行涉海法律体系均未对海洋无人设备作出规定,制定海洋无人设备相关的法律规范迫在眉睫。建议我国参考无人机管理中按照重量分类管理的思路,[49]针对不同种类和大小的海洋无人设备的登记、航行安全以及法律责任等进行规制。

同时,我国于1996年颁布的《中华人民共和国涉外海洋科学研究管理规定》(以下简称《管理规定》)是我国加入《海洋法公约》后依照《海洋法公约》精神制定的涉海行政法规,至今仍是管理外方在我国管辖海域内开展的海洋科学研究活动的法律依据。随着我国海洋科学研究"走出去"步伐的加快,外交部于2019年制定了《关于对赴外国管辖海域开展科学研究进一步加强管理的通知》(以下简称《加强管理通知》)。《管理规定》和《加强管理通知》仅简略提及在我国海域开展的海洋科学研究中使用"设施"受到我国管辖,且我国科研部门、单位、企业、组织和个人赴外开展研究项目前,应提交包含"科学装备的说明"在内

---

〔47〕 参见刘成:《我国海洋科研成为"并跑者"》,载中国经济网,http://www.ce.cn/xwzx/gnsz/gdxw/201704/24/t20170424_22247620.shtml。

〔48〕 参见金永明:《现代海洋法体系与中国的实践》,载《国际法研究》2018年第6期。

〔49〕 参见国务院、中央军委空中交通管制委员办公室起草,工业和信息化部装备工业司于2018年1月26日发布并公开征求意见的《无人驾驶航空器飞行管理暂行条例(征求意见稿)》。

的申请材料供外交部审核。其立法背景是实践中诸多来自我国科研院校的海洋科考团队,重复向沿海国申请在其管辖海域开展海洋科学研究,容易引起沿海国的警惕。海洋科学研究中所使用的无人设备正受到国际舆论的关注:相关科学研究设备尽管不属于军事设施,但可能会被别有用心地渲染为军事威胁,有损我国以及我国海洋科研单位的形象。建议我国外交部门与海事部门将海洋无人设备的部署和使用纳入海洋科学研究法律规范,强化对海洋无人设备的管理:例如要求外方在我国海域科考前申报所使用无人设备的类型和数量、加强无人设备上载明登记国信息的监督检查。

(二)通过条约解释并在未来开展国际立法规制海洋无人设备

海洋科学研究中无人设备的部署和使用对现有国际海洋法带来的诸多挑战,有待国际社会通过完善相关规则作出回应。面对该问题在国际法层面的法律规制,目前存在诸多可行的选项:是加强对《海洋法公约》的解释和适用,如有可能在《海洋法公约》框架下达成新协定;还是另行缔结新的国际公约加以专门规定;抑或通过IMO和政府间海洋学委员会等国际组织发布相关指南,将其作为实践的重要参考进而形成国际软法。

遗憾的是,现如今各国均缺乏改革海洋科学研究制度的意愿。《海洋法公约》生效已接近40年,而国际社会并未就海洋科学研究或海洋无人设备制定新的公约或协定。以发展中国家为主的沿海国或许希望扩大海洋科学研究的管辖权,但是海洋大国可能主张海洋无人设备等新技术并不属于《海洋法公约》的规制范围。[50] 有学者指出,与其等待习惯国际法的形成来规制海上无人系统,对现有国际条约的解释以及适用才是更便捷、更有效以及更重要的解决路径。[51] 尽管《海洋法公约》中的相关规定存在不能适应海洋科学技术发展的问题,但继续适用《海洋法公约》,并通过明确"装备"等用语的具体含义解释规范海洋无人设备的条文,仍是各国目前解决该问题的现实选择。

除严格适用《海洋法公约》之外,国际社会采取积极姿态推动海洋科学研究中无人设备的国际立法也成为解决无人设备规制问题的有效路径。可供借鉴的是,以BBNJ协定为代表的国际立法,尝试在《海洋法公约》框架内解决全球

---

〔50〕 See Huang Yao, Yang Wenlan, *The Legal Framework of Marine Scientific Research under UNCLOS*, in Zou Keyuan, Anastasia Telesetsky eds., *New Marine Technologies and the Law of the Sea*, Leiden, Brill Nijhoff, 2021, p. 22.

〔51〕 参见张书凝:《海上无人系统法律地位的认定》,载《上海法学研究》集刊2021年第6卷。

海洋治理的挑战。然而令人失望的是,通过该路径进行国际立法,需要联合国的组织与大力推动,[52]海洋科学研究中无人设备议题显然尚未引起同等程度的关注。实际上,联合国教科文组织和政府间海事协商组织(Intergovernmental Maritime Consultative Organization,IMCO)于 1972 年便已经组织各国达成《海洋数据收集系统公约》草案,并在 1993 年形成第二版草案,但由于各国就海洋数据收集系统的管辖权和侵权责任等关键问题无法达成共识,[53]加之就海洋科学研究中设施和装备的使用作出规定的《海洋法公约》于 1994 年生效,相关草案便被束之高阁。对其所代表的另行通过国际公约规制海洋科学研究中无人设备的路径,不仅国际社会兴趣寥寥,且容易加剧目前国际海洋法碎片化(fragmentation)的局面。[54]

尽管如此,在国际社会缺乏缔结相关国际条约意愿的情况下,通过 IOC 等国际组织制定规则指引仍然是规制海洋科学研究中无人设备使用的可行路径,并发挥国际软法在促进各国"求同存异"展开合作、推动议题取得实质进展的作用。鉴于海洋无人设备仍在快速发展,活跃于海洋科学研究最前线的 IOC 拥有制定相关国际规则的天然优势。法律固然往往落后于科学技术的发展,但从长远来看,制定海洋科学研究中无人设备的法律规范是势在必行的,且极有可能以 IOC 等国际组织出台规则指引等软法的形式推动。我国海洋法学界应加强与海洋科学界的交流合作,共同在海洋科学研究与海洋无人设备领域的国际立法以及技术标准制定过程中发出中国声音。[55]

结　　语

以《海洋法公约》为代表的海洋科学研究法律制度未规定无人设备的法律地

---

〔52〕 参见姜秀敏、陈坚:《BBNJ 协定谈判的焦点与中国的路径选择》,载《中国海洋大学学报(社会科学版)》2021 年第 3 期。

〔53〕 See Alexander Proelss et al., *United Nations Convention on the Law of the Sea: A Commentary*, Munich, Nomos Publishing House, 2017, p. 1732.

〔54〕 碎片化对国际法体系的冲击主要体现在一些所谓分支或部门法律规定间的不协调和冲突。参见莫世健:《国际法碎片化和国际法体系的效力》,载《法学评论》2015 年第 4 期。

〔55〕 海洋科学与国际海洋法在外大陆架划界等诸多领域产生联动。See Kamrul Hossain, *Russia's Proposed Extended Continental Shelf in the Arctic Ocean: Science Setting the Stage for Law*, https://www.asil.org/insights/volume/25/issue/8, September 17, 2022.

位。由于海洋无人设备体积小,且相较船舶具有较低的可操控性,其游弋于不同海域时的管辖权归属、被打捞后是否应归还研究国,以及申报海洋科学研究项目时是否应说明无人设备的部署和使用情况等问题,均有可能在研究国与沿海国间引发争议事态。在充分考察海洋无人设备技术特征与应用实践的基础上,国际社会就上述难点问题制定专门适用于海洋无人设备的法律规范是必要的。

鉴于国家实践在国际习惯法的形成中扮演重要角色,我国应针对相关问题制定和修改涉海法律,尽早为海洋无人设备的广泛使用做好准备,从而在国际海洋法领域贡献中国智慧。与此同时,海洋无人设备涉及专业的海洋科学知识。我国若希望取得相关国际规则制定的话语权,既需要国际法学界积极跟进海洋无人设备法律规制的最新进展,也需要海洋科学工作者扎实推进无人设备的研发、开展海洋科学研究的国际合作,以及参与国际技术标准的制定。在国际社会未就海洋无人设备的法律规制达成共识,且各国缺乏缔结相关国际条约意愿的背景下,善意地适用和解释《海洋法公约》不失为务实的选择。待海洋无人设备发展成熟时,国际社会可考虑通过IOC等涉海国际组织制定类似实践指南的国际软法,或在涉海国际公约中增添相关规定,以完善海洋科学研究中无人设备的法律规制。

责任编辑:陈虹霏

民商事诉讼中诉前强制调解机制研究:以欧洲为视角*

Cornelis Hendrik (Remco) Van Rhee 著** 钟陈杨 尤文杰 译***

译者推荐语:

在西方各国普遍出现"民事司法危机"的背景下,诉前强制调解机制因其有效拓宽纠纷解决路径和减轻法院案件负担而成为各国学者研究的重点。随着我国改革开放的不断深化,市场经济的发展同样也使得我国法院系统面临民商事案件剧增的巨大挑战,如何通过妥善安排诉前强制调解机制来缓解法院压力也已成为当下我国学界需要深刻思考的重要命题。在欧洲,民商事诉讼中的诉前强制调解机制已在多个国家的立法中得到确立,借鉴域外相关法制经验理应能为我国现阶段的理论和实践研究提供一些有益的参考。

---

* 本文原载于《东欧接近正义》(*Access to Justice in Eastern Europe*),原刊载信息为:C. H. Van Rhee, *Mandatory Mediation before Litigation in Civil and Commercial Matters: A European Perspective*, Access to Justice in Eastern Europe 4, 2021, p. 7 – 24. DOI: https://doi.org/10.33327/AJEE – 18 – 4.4 – a000082.

** 作者 Cornelis Hendrik (Remco) Van Rhee,荷兰马斯特里赫特大学法学院教授,主要从事欧洲法律史和比较民事诉讼法学研究。本文的写作基于作者为"Pravo-Justice"研究项目(该项目的开展地点为乌克兰基辅并由 Dovydas Vitkauskas 和 Oksana Tsymbrivska 主管)所撰写的有关调解制度的比较研究报告。报告中有关乌克兰的部分由 Luiza Romanadze 和 Svetlana Sergeyeva 撰写。作者在此向 John Sorabji 和 Wendy Kennett(英格兰和威尔士)、Elisabetta Silvestri(意大利)、Michael Stürner(德国)、Ulrike Frauenberger-Pfeiler(奥地利)、Blas Piñar Guzmán(西班牙)、Camilla Bernt 和 Magne Strandberg(挪威)以及 Rob Jagtenberg 和 Annie de Roo(荷兰)所提供的信息表示感谢。作者还在此声明其虽参与了"Pravo-Justice"研究项目,但本文所有观点均为其独立得出。作者对本文的全部内容负责。

*** 译者钟陈杨,中山大学法学院 2020 级硕士研究生,现为汕头市澄海区司法局人民参与和促进法治股一级科员;尤文杰,中山大学法学院 2020 级硕士研究生,现为中山大学司法体制改革研究中心研究人员。译者在此向作者的授权表示感谢。

本文作者系荷兰马斯特里赫特大学法学院教授,作为世界比较民事诉讼法学研究领域的著名学者,其被欧盟项目"Pravo-Justice"聘请为专家成员,负责评估分析《乌克兰新民商事诉讼法典》的实施情况以助力乌克兰的民商事诉讼法改革,而本文的写作正是基于在该项目的实施过程中所撰写的调解制度比较研究报告。本文先分别就英格兰和威尔士、意大利、德国、奥地利、法国、西班牙、挪威、荷兰等的相关立法和司法情况进行分析,并在此基础上针对民商事诉讼中的诉前强制调解机制提出了一些深刻的见解。

本文以助力立法改革为目的,从比较研究的视角出发,全景式地展现了欧洲主要法域现有的诉前强制调解机制,对于我国相关研究具有重要的参考价值。

摘要:

在欧洲,任何法院都不会强迫当事人通过调解或其他形式的非诉讼纠纷解决程序来处理民商事上的争议。根据《欧洲人权公约》第 6 条所规定的公民能够诉诸司法救济的基本权利,和解双方必须是完全自愿的。然而,欧洲的法院仍有权要求潜在的争议方在进入诉讼程序前就尝试化解纠纷,如要求争议方进行调解,特别是在时间极其有限的情况下。在欧洲的部分法域,法院会强制要求争议方进行诉前调解或者其他形式的 ADR。本文的研究对象即欧洲部分法域现有的诉前强制调解机制。

关键词:

调解;强制调解;非诉讼纠纷解决程序;民事诉讼

一、引　　言

在欧洲,任何法院都不会强迫当事人通过调解或其他形式的非诉讼纠纷解决程序(Alternative Dispute Resolution, ADR)* 来处理民商事上的争议。根据《欧洲人权公约》第 6 条所规定的公民能够诉诸司法救济的基本权利,和解双方必须是完全自愿的。然而,欧洲的法院仍有权要求潜在的争议方在进入诉讼程序前就尝试化解纠纷,如要求争议方进行调解,特别是在时间极其有限的情况下。在欧洲的部分法域,法院会强制要求争议方进行诉前调解或者其他形式的 ADR。本文的研究对象即欧洲部分法域现有的诉前强制调解机制。

---

* ADR 指使用诉讼以外的方法来解决纠纷,如仲裁、调解、调停、模拟法庭、专家裁定等。这种程序通常所花时间短、效率高,费用相对较少,并且可以扩大司法或者法律适用的途径,保证社会公众接近正义(access to justice)的权利。——译者注

在诉前和诉中,争议方都可以尝试进行调解,大多数欧洲法域的法院在进入诉讼程序之后都会延长庭审程序,以便当事人尝试适用其他 ADR,如调解。这是上述法院的法定权力,并且符合法院促进争议解决的职责。[1] 具言之,法院这一职责源于中世纪欧洲的法庭程序,是我们共同的欧洲法律遗产之一。

由于在诉前适用调解或其他 ADR 具有节省诉讼成本和减轻法院负担等显著优势,因而往往成为当事人和法院的首选。另外,相对于适用对抗式的诉讼程序以解决争议,适用诉前调解等方式能够最大程度地维护争议方的关系,从而使其不至于关系破裂,增加和平解决争议的机会。

虽然欧洲多国目前都提倡适用调解等 ADR 在诉前解决争议,但鉴于争议方对 ADR 的优势与实用性缺乏了解,ADR 的推广适用尚面临一定阻力。在这些欧洲国家,当事人通常会联系律师并根据他们的建议提起诉讼,这导致 ADR 从一开始就被排除适用,进而严重影响了 ADR 社会效益的充分发挥。基于上述原因,许多欧洲国家都尝试采取各种措施来增进当事人对 ADR 的认识,并鼓励当事人去探究调解制度的可行性。在其中个别法域,在案件被移交给法院之前,争议双方必须先行调解。然而,这些存在强制调解机制的法域在具体适用上并不相同,如在英格兰和威尔士,强制调解仅适用于家庭纠纷或邻里纠纷等特定类型,因此可以适用调解的案件类型就相对较少。而在其他一些法域,如意大利,强制调解机制被普遍用于解决法院案件量过多的问题,因此在这些国家中可适用调解的案件类型通常相对较多。

下文的第一节将集中讨论英格兰和威尔士目前在强制调解领域所作出的尝试,并介绍调解信息和评估会议制度(Mediation Information and Assessment Meetings,以下简称调解评估会议)的作用和法律框架(legal framework),继而探讨一些欧盟成员国如意大利、德国、奥地利、法国、西班牙、挪威和荷兰等的类似制度设计。

二、英格兰和威尔士

英格兰和威尔士规定,在没有例外情形发生的前提下,一旦涉及确定子女归属和财产分割这类夫妻分居后可能产生的家事纠纷(family matter)时,必须召开调解评估会议。虽然此时调解评估会议具有强制性,但是根据《诉前行为

---

[1] See, e. g., Rule 10 of the ELI/UNIDROIT Model European Rules of Civil Procedure (2020).

指导》(Practice Direction on Pre-action Conduct,即规范当事人诉前行为的指示)[2]的规定,潜在的原告有权通知潜在的被告其倾向于选择哪一种 ADR,然后被告应说明是否愿意接受原告的提议。在有其他合适方案的前提下,如果被告不同意原告的提议,被告应作出解释并建议适用另一种 ADR。

《诉前行为指导》中关于这部分的内容如下:

> 8. 诉讼应当作为最后手段。根据诉前协议或本指导的规定,当事人应考量能否在不启动诉讼程序的情况下通过谈判或其他 ADR 来解决争议。

若当事人向法院提起诉讼,但无法证明自己履行了尝试通过 ADR 解决争议的诉前义务,法院可能会予以处罚,可能的处罚方式包括:要求过错方承担对方的诉讼费用。

《诉前行为指导》中关于这部分的内容如下:

> 11. 一旦进入诉讼程序,当事人应提供证据证明已尝试通过 ADR 解决争议。一方当事人如未回应对方提出的 ADR 邀约或拒绝参与 ADR 程序,则会被法院认为存在过错,并要承担额外的诉讼费用。

当事人的律师有义务告知客户存在 ADR(包括调解)这种争议解决程序,并且需要通过发放"方向调查问卷"(Directions Questionnaire,该问卷主要用于调查当事人对于适用速裁程序和多元化争议解决程序的意向)以确保客户知情,该问卷旨在将案件进行程序分流。根据这份问卷的内容,律师应确保已经向客户告知"尝试调解的必要性"、"除了诉讼外其他可能的选项"以及"不采取调解可能面临的相关处罚费用"。[3] 方向调查问卷(如调查当事人是否同意适

---

[2] This "Practice Direction on Pre-action Conduct" can be found at < https://www.justice.gov.uk/courts/procedure-rules/civil/rules/pd_pre-action_conduct > accessed 30 August 2021.

[3] The "Directions Questionnaire (Fast Track and Multi-Track)" can be found at <https://assets.publishing.service.gov.uk/government/uploads/system/uploads/attachment_data/file/953456/n181-eng.pdf> accessed 30 August 2021.

用小额诉讼程序的问卷)也会明确说明适用调解或 ADR 的优势。[4]

接下来本文将重点讨论调解评估会议。如前所述,在英格兰和威尔士,若一方当事人意图在分居后将涉及子女和财产的案件向法院提起诉讼,则法院必须召开调解评估会议。一般情况下,该会议要求双方共同参与。但是,由于感情上的纠葛,这类案件的当事人往往倾向于避免与配偶出席同一场合,因此在会议的特定阶段,调解员会与当事人进行单独沟通,以减少当事人的不适并确认是否存在伤害或虐待的情形。[5]

调解评估会议对于解决家事纠纷而言有其必要性,因为解决家事纠纷虽然涉及法律问题,但其核心是维护当事人之间的关系。

不以诉讼解决纠纷的可行性可通过召开调解评估会议来探讨。只有当一名合格的调解员在场时方能召开调解评估会议。另外,在调解评估会议上,调解仅作为供当事人选择的 ADR 程序之一,调解员会告知当事人其他 ADR 程序并对比各种程序的优劣,会议会在高度保密的状态下进行。[6] 在调解评估会议中,只有经过家事调解委员会(Family Mediation Council)认证的调解员才能提供调解服务,[7]争议双方可以通过互联网联系具有上述资质的调解员。[8]

调解会议可以在线上或线下举行。线下举行调解评估会议的地点不限,可以在调解员的办公室或其他地点召开,但是当事人和调解员应当就调解地点达成一致。[9]

在案件被提交至家事法院(Family Court)进行审理前,必须经过调解程序,除非存在以下几种例外情形:

- 存在家庭暴力;

---

[4] The "Directions Questionnaire (Small Claims Track)" can be found at <https://assets.publishing.service.gov.uk/government/uploads/system/uploads/attachment_data/file/954476/n180-eng.pdf> accessed 30 August 2021.

[5] See the website of "Resolution" (a community of family justice professionals who work with families and individuals to resolve issues in a constructive way) at <https://resolution.org.uk/looking-forhelp/splitting-up/your-process-options-for-divorce-and-dissolution/mediation-information-andassessment-meetings-miams/> accessed 30 August 2021.

[6] See the website of "Resolution" (n 9).

[7] The website of the Family Mediation Council can be found at <https://www.familymediationcouncil.org.uk/> accessed 30 August 2021.

[8] See https://resolution.org.uk/ind-a-law-professional/ accessed 30 August 2021.

[9] See the website of "Resolution" (n 9).

• 涉及儿童保护问题;

• 案件具有紧迫性;

• 当事人过去四个月内曾经参与过 ADR 程序;

• 存在欺诈和隐瞒的情形(隐瞒是指未披露对所涉争议具有决定性影响的文件);

• 当事人虽然已联系了在其居住地十五英里范围内的三位调解员(如果该范围内调解员少于三位,则应联系全部调解员),但上述调解员在十五个工作日内均无法提供服务。[10]

家事调解委员会应提供有关调解评估会议的信息,并且在当事人由于不可归责于自己的事由而难以参加会议时,家事调解委员会也会提供一定的信息咨询服务。

在调解评估会议中,调解员将履行以下义务:

• 告知当事人存在调解和其他 ADR 程序;

• 评估调解程序是否适合解决当事人之间的争议;

• 考虑对儿童造成伤害和引发家庭暴力的风险;

• 告知分居这一行为可能导致的法律后果。[11]

在调解评估会议之后,双方如果选择调解,则应当预约第一次调解会议;如果双方不想继续调解,则由调解员填写法院出具的相关表格,该表格用于证明当事人双方已经切实考虑过适用调解的可能性。在当事人后续选择向法院提起诉讼时必须提供该表格。[12]

获得法律援助(Legal Aid)的当事人可以免费参加调解评估会议,并由调解员负责告知该项规定。未获得法律援助的一方当事人则必须支付调解员所确定的调解费用。目前参加调解评估会议的费用为 120 英镑[每人约为 5000 乌克兰格里夫纳(Ukrainian Grivna)]。[13]

---

〔10〕 See for a list of exemptions the website of "Mediate UK" at < https://www.mediateuk.co.uk/15-exemptions-to-attending-a-miam/ > accessed 31 August 2021.

〔11〕 See the website of "Resolution" (n 9).

〔12〕 The form can be found at < https://assets.publishing.service.gov.uk/government/uploads/system/uploads/attachment_data/file/688194/fm1-eng.pdf > accessed 30 August 2021.

〔13〕 See for the costs of mediation < https://www.familymediationcouncil.org.uk/family-mediation/cost/ > accessed 30 August 2021.

调解评估会议本应受到潜在诉讼当事人的广泛推崇,但实际上并非如此,即使调解评估会议本身就具有一定的强制性。

据统计,十对夫妇里就有六对没有履行调解评估会议的参会义务而直接诉诸法院。自调解评估会议制度确立以来,进行过该会议的家事案件数量减少了60%,原因之一是英格兰和威尔士已经废除了家事方面的法律援助[这是由于《法律援助、判刑和惩罚罪犯法》(the Legal Aid, Sentencing and Punishing of Offenders Act)的颁布,该法简称为2012 LASPO]。[14]

英格兰和威尔士的摩尔(Moore)和布鲁克斯(Brooks)针对现状,提出了以下改进建议:[15]

- 在家庭纠纷初期,一旦当事人考虑进行调解,就应当有权通过诉诸法律援助以获取法律咨询和律师代理服务。然而目前,除非存在家庭暴力的情形,否则当事人在这一阶段无法获得法律援助,因而当事人也缺乏了解调解评估会议的渠道。这一阶段参与调解评估会议也是合理的,因为在后续的调解会议中,当事人还能够获得经济补偿(financial aid)。
- 律师有义务告知客户调解评估会议的存在,且不能鼓励客户规避调解程序。然而,律师出于自身经济利益的考量倾向于鼓励客户适用诉讼程序。除此之外,由于家事律师较少接触ADR,因此往往不了解ADR的优势,有的律师甚至认为适用调解程序主要是为了拖延时间,不可能成功解决纠纷。
- 摩尔和布鲁克斯还指出,调解评估会议的名称不够响亮,该名称所传递的内涵只指明了调解程序,并未包含其他种类的ADR程序。因此,应当为调解评估会议选择一个更合适的名称。
- 调解评估会议的豁免事由(exemptions)过于宽泛,双方当事人或者双方律师一旦尝试谈判就可以申请豁免参与调解评估会议。这一点需要修正。
- 法院无须对当事人申请豁免的事由进行审查。事实上,法院在实践中也不会对此进行审查。解决该问题的一个方案可以是取消所有豁免事由,除非该争议的解决十分急迫。

---

〔14〕 A Moore, S Brookes, "MIAMs: A Worthy Idea, Failing in Delivery" (Family Law Week, 31 October 2017) < https://www.familylawweek.co.uk/site.aspx? i = ed182325 > accessed 30 August 2021.

〔15〕 A Moore, S Brookes, "MIAMs: A Worthy Idea, Failing in Delivery" (Family Law Week, 31 October 2017) < https://www.familylawweek.co.uk/site.aspx? i = ed182325 > accessed 30 August 2021.

• 应当鼓励争议双方共同参与调解评估会议:在双方均参与调解评估会议时,由调解评估会议转为正式调解程序的比例从73%提升至93%。

• 应当确保当事人能够找到合适的调解员:当事人无法及时找到合适的调解员是其申请取消调解评估会议的重要原因之一。

• 应当促进调解员和当事人之间的沟通:可以通过线上举行调解评估会议来加强两者的联络。调解员还应尽量选择交通便利的地点会见当事人,例如在律师事务所会见。

• 法院允许在诉讼程序的任一阶段提出庭外和解(out of court dispute resolution),这导致当事人倾向于选择跳过调解评估会议,直接推进诉讼程序。因此,法院应当在特定情形下中止诉讼程序以促使当事人适用ADR。

• 法官应当更严格地审查当事人的豁免事由。若豁免事由无效,则应当将庭审推迟至召开调解评估会议之后。

• 调解员应当在法院大楼内举行调解评估会议。

三、意　大　利

2012年,意大利宪法法院(the Italian Constitutional Court)裁定2010年第28号法令中有关强制调解的内容无效。宪法法院认为政府对于强制调解的规定实际上已经超出了《欧洲调解指导法》(European Mediation Directive)以及意大利2009年第69号法律的范畴,上述法律允许政府就民商事调解颁布政令。[16]

然而,在2013年,强制调解机制基于第69号法令《快速振兴经济法》(Urgent Dispositions to Relaunch the Economy)得以再次引入,该法令的内容之后被2013年第98号法律吸收。[17] 根据该法令的名称即可推知,强制调解机制被再次引入旨在缓解意大利法院的办案压力,从而拉动经济的发展。在意大利,诉诸司法向来并非易事。

在意大利,强制调解应由司法部认证的ADR机构进行,并且当事人应当在

---

〔16〕 E Silvestri, R Jagtenberg, "Tweeluik-Diptych: Juggling a Red Hot Potato: Italy, the EU, and Mandatory Mediation", *Nederlands-Vlaams Tijdschrift voor Mediation en Conlictmanagement* 17 (1), 2013, p. 33.

〔17〕 E Silvestri, "Too Much of a Good hing: Alternative Dispute Resolution in Italy", *Nederlands-Vlaams Tijdschrift voor Mediation en Conlictmanagement* 21 (4), 2017, p. 77 – 90.

律师的协助下参与调解。律师有义务以书面形式告知客户有关强制调解的事宜以及参与调解所能享受的税收减免,否则律师代理权(the power of attorney)将归于无效。[18]

强制调解会议必须在提出调解申请后的30日内举行。在此期间,调解员、当事人及其律师必须慎重考虑调解的可行性。[19]

如果当事人决定不继续调解,他们可以提起诉讼。在这种情况下,除了前期费用(目前为40欧元附带增值税,即约1350乌克兰格里夫纳附带增值税)外,当事人无需再向调解员支付其他费用。[20]

如果当事人双方继续适用调解程序,则可以直接在预调解会议(the initial exploratory mediation session)或在后续程序中进行调解,这两种调解路径并不相同:

如果当事人双方在调解中达成和解,调解员将签署一份记录和解结果的文件,该文件须由三方签名,即当事人、律师和调解员。该文件一经签署即可执行。

如果未达成和解,调解员将就如何解决争议提出没有法律约束力的建议,当事人可以自由选择接受或拒绝。一旦当事人选择拒绝,调解即宣告失败,当事人可随即提起诉讼程序。但是,如果法院作出的判决与调解员的建议一致,则可能影响诉讼费用的分担。如果胜诉方曾经拒绝过调解员的建议,不同于一般情况,法院将判决由胜诉方承担败诉方的诉讼费用和其他费用。而且,即使调解员的建议和法院的判决并非完全一致,法院也可能作出这

〔18〕 See Art. 4(3) of Legislative Decree No. 28 of 2010 in the text presently in force, after the amendments of 2013. See also Art. 27(3) of the Code of Conduct for Italian Lawyers.

〔19〕 See Art. 8(1) of Legislative Decree No. 28 of 2010. See also L d'Urso, "Italy's 'Required Initial MediationSession': Bridging the Gap between Mandatory and Voluntary Mediation" (2018) 36 (4) Alternativesto the High Cost of Litigation. the Newsletter of the International Institute for Conflict Prevention & Resolution 49, 57 – 58, < https://www.adrcenterfordevelopment.com/wp-content/uploads/2020/04/Italys-Required-Initial-Mediation-Session-by-Leonardo-DUrso – 5. pdf > accessed 31 August 2021.

〔20〕 F Maiorana, "Mediation in Italy: How does it Differ?" < https://www.londonschoolofmediation.com/story/2019/02/06/mediation-in-italy-how-does-it-differ –/107/ > accessed 31 August 2021.

种决定。[21]

意大利提倡调解主要是为了解决民事法庭负担过重的问题,同时,调解也有利于当事人尽可能自由地处理有关其权利义务的民事纠纷。但是,对于目前列入强制调解会议试点清单(the current list of cases subject to mandatory exploratory mediation)的案件种类而言,其划分标准主要是基于政治博弈和政客游说的结果。律师群体会通过各种方式对议员施加压力(部分议员本身就是律师)以调整试点案件类型的范围,如由车辆或船舶造成损害的民事侵权类案件就被移除出清单,相反,医疗事故所造成的民事侵权案件范围却扩大到包括所有类型的卫生保健事故。意大利强制调解试点清单包含以下几种案件类型:[22]

- 房东和租客纠纷;
- 公寓共有权纠纷(condominium);
- 土地的共同所有权(joint ownership)纠纷;
- 物权(财产)纠纷;
- 共有人财产分割纠纷;
- 财产继承纠纷;
- 家庭财产协议纠纷;
- 贷款纠纷;
- 租赁纠纷;
- 因医疗和卫生保健引起的损害纠纷;
- 通过印刷媒体或其他传播方式进行诽谤所引起的侵权纠纷;
- 保险纠纷;
- 银行合同纠纷;
- 金融合同纠纷;
- 邻里纠纷;
- 信托和房地产纠纷;
- 家族企业纠纷。

自2020年以来,如果债务违约方能够证明其行为符合因预防和控制新冠

---

〔21〕 A Bruni, "Mediation in Italy", Lexology, 9 September 2019 <https://www.lexology.com/library/detail.aspx?g=d0faf894-e442-46f9-9fee-db1f78ddd4a> accessed 31 August 2021.

〔22〕 See Art. 5(1-bis) of Legislative Decree No. 28 of 2010.

病毒感染所颁布的有关健康和安全的法律法规，则有关合同纠纷不能诉诸法院，除非双方此前已经尝试通过庭外调解解决争议。[23]

如果案件在当事人未参与强制调解机制的情况下提交给法院，法官将中止案件审理，并命令申请人尝试进行调解。如果当事人不遵守该命令，将产生与跳过调解直接提起诉讼相同的后果（见下文）。[24]

调解员和当事人双方须共同签署记录当事人一方或双方是否参与强制调解的文件，并在预调解会议上予以出示并提供给当事人的律师。如果当事人双方均未参与强制调解，则该文件并不会被提交至预调解会议，因而不会留下当事人曾参与过强制调解机制的相关证明。[25]

当事人一方如无正当理由缺席强制调解，将在诉讼中处于不利地位。根据相关立法，在诉讼程序中，缺席方仍应支付其本应参与的调解程序所产生的相关费用。[26]

在意大利，可以进行民商事调解的案件类型有所增加，主要由于律师在一定程度上接受了调解机制，并基于他们的利益在议会进行了游说（如上所述）。

意大利司法部会定期发布有关民商事调解的统计数据。2020 年的数据[27]显示：共有 28.7% 的调解案件成功达成和解。在双方参加预调解会议后同意继续进行调解的案件中，共有 46.7% 的案件达成和解。然而，调解成功率随案件类型的不同而有所差异。在当事人同意继续调解的情况下，不同案件类型的调解成功率如下：

- 保险纠纷：67%；
- 物权类（财产）纠纷：58%；
- 家庭协议纠纷：57%；
- 租赁纠纷：49%；

---

〔23〕 E Silvestri, "Covid – 19 and Civil Justice: News from the Italian Front" in B Krans, A Nylund (eds.), *Civil Courts Coping with Covid* – 19 (Eleven International Publishing 2021), p. 103 – 11.

〔24〕 See Art. 5(1 – bis) of Legislative Decree No. 28 of 2010.

〔25〕 See Art. 11(4) of Legislative Decree No. 28 of 2010.

〔26〕 See Art. 8(4 – bis) of Legislative Decree No. 28 of 2010.

〔27〕 Available at < https://webstat. giustizia. it/Analisi% 20e% 20ricerche/Civil% 20mediation% 20in% 20 Italy% 20 – % 20Year% 202020% 20 (ENG). pdf > accessed 31 August 2021.

- 财产分割纠纷:45%;
- 公寓共有权纠纷:37%;
- 金融合同纠纷:27%;
- 银行合同纠纷:20%。

调解成功平均所需时间为 175 天。

四、德 国

《德国民事诉讼法典》中的介绍性法案(Gesetz betrefend die Einführung der Zivilprozessordnung,又名 EGZPO)第 15a 条规定联邦州(Länder)有权开展诉前 ADR(preliminary ADR)的试点,其中包括调解制度。[28] 个别联邦州有权通过立法实施诉前强制 ADR 计划(个别州已经实施了这类计划),即要求当事人在提起诉讼前必须参与 ADR 程序。另外,各个联邦州有权决定其如何具体开展诉前强制 ADR 计划。通过这种方式,不同的 ADR 也能在实践中得到检验。

《德国民事诉讼法典》第 15a 条规定以下案件类型可适用于诉前 ADR 的试点:小额索赔案件,即标的额达到 750 欧元(约 25,000 乌克兰格里夫纳)的纠纷、邻里纠纷、未借助媒体进行的诽谤以及《一般平等待遇法》(General Equal Treatment Act)所规定的纠纷。[29]

基于上述立法,德国各州已经启动了诉前强制 ADR 的试点推广,尤其是在小额诉讼中。开始试点的州包括巴伐利亚州、勃兰登堡州、黑森州、萨尔州、石

〔28〕 § 15a(1) EGZPO: Durch Landesgesetz kann bestimmt werden, dass die Erhebung der Klage erst zulässig ist, nachdem von einer durch die Landesjustizverwaltung eingerichteten oder anerkannten Gütestelle versucht worden ist, die Streitigkeit einvernehmlich beizulegen (...).

〔29〕 § 15a(1) EGZPO: (...) vermögensrechtlichen Streitigkeiten vor dem Amtsgericht über Ansprüche, deren Gegenstand an Geld oder Geldeswert die Summe von 750 Euro nicht übersteigt, (...) Streitigkeiten über Ansprüche aus dem Nachbarrecht nach den § § 910, 911, 923 des Bürgerlichen Gesetzbuchs und nach § 906 des Bürgerlichen Gesetzbuchs sowie nach den landesgesetzlichen Vorschriten im Sinne des Artikels 124 des Einführungsgesetzes zum Bürgerlichen Gesetzbuche, sofern es sich nicht um Einwirkungen von einem gewerblichen Betrieb handelt, (...) Streitigkeiten über Ansprüche wegen Verletzung der persönlichen Ehre, die nicht in Presse oder Rundfunk begangen worden sind, (...) Streitigkeiten über Ansprüche nach Abschnitt 3 des Allgemeinen Gleichbehandlungsgesetzes.

勒苏益格 – 荷尔斯泰因州、北莱茵 – 威斯特法伦州、下萨克森州、萨克森 – 安哈尔特州和巴登 – 符腾堡州。但是,德国引入诉前强制 ADR 的尝试遭到了强烈的反对,许多人都尝试规避强制调解的程序,因而大多数的试点都没有成功,相关的立法也被修改或撤销。[30]

除此之外,要对德国诉前强制 ADR 试点情况的相关数据进行统计也并不可行。[31]

五、奥 地 利

在 2004 年,奥地利首次在特定邻里纠纷的处理中强制当事人尝试庭外和解,并将其作为提起诉讼时所必须的前置程序。根据奥地利法律,如果相邻方不动产上的树木和其他植物影响了另一方的采光和通风,则另一方可获得强制性的赔偿。但是,在当事人一方向法庭提起诉讼之前,相邻方必须先尝试以下任一解决途径:(1)将该纠纷提交至经官方认可的和解中心;(2)由法院确认和解协议(a praetoric settlement agreement),即通过司法确认的方式进行和解;(3)在对方同意的情况下就纠纷进行调解。未尝试以上解决途径的案件将在提起诉讼时被驳回。如果当事人同意调解,调解必须由经过注册的调解员进行。在和解尝试未果三个月后,当事人可以向法院提出索赔。[32] 原告须在其索赔声明(statement of claim confirmation)中附上调解委员会、法院或调解员对和解无法达成的确认书。尤其值得关注的是,根据奥地利最高法院的判例法,即使被告在诉讼前并未意识到原告已经做出过和解尝试,只要原告能够证明其曾试图达成和解协议,并且在三个月内均无法达成,即可提

〔30〕 See,e. g. ,Landtag von Baden-Württemberg,Gesetz zur Auhebung des Schlichtungsgesetzes < https:// www. landtag-bw. de/files/live/sites/LTBW/files/dokumente/WP15/Drucksachen/3000/15_3024_D. pdf > accessed 1 September 2021.

〔31〕 Such information is,for example,not included in Statistisches Bundesamt: Rechtsplege Zivilgerichte (Fachserie 10 Reihe 2. 1).

〔32〕 M Roth,D Gherdane,"Mediation in Austria: he European Pioneer in Mediation Law and Practice", in KJ Hopt, F Stefek, *Mediation: Principles and Regulation in Comparative Perspective* (*OUP* 2012),p. 293.

起诉讼。[33]

在奥地利,初步强制调解(initial mandatory mediation)还在涉及解雇学徒的案件中发挥作用。奥地利从2008年开始适用有关解雇学徒的新规则。具言之,如果雇主因《奥地利职业培训法》(Berufsausbildungsgesetz 或 BAG)规定以外的原因而解雇学徒,在学徒不明确拒绝的前提下,雇主必须进行初步调解。[34]上述新规则旨在平衡雇主解雇学徒的权利和学徒获得继续培训的权利之间的冲突。[35] 只有在学徒以书面形式拒绝参与调解且在14日内并未撤销该意思表示的情形下,雇主才能跳过强制调解程序。另外,雇主必须根据《奥地利民事案件调解法》(Zivilrechts-Mediations-Gesetz)第8条的规定选择一名调解员,如果学徒也同意该人选,则调解员的身份自此生效,否则雇主必须推荐另外两名调解员。另外,根据《奥地利职业培训法》第15a(6)条的规定,当雇主愿意延续学徒关系或学徒自愿放弃学徒身份时,调解即可终止。此外,只有调解员才能决定终止调解程序。

在奥地利,强制调解还适用于有关儿童监护权和探视权的案件,根据《奥地利非诉程序法》(Ausserstreitgesetz)第107(3)条的规定,法院必须采取必要措施在最大程度上维护儿童的利益。根据《奥地利非诉程序法》第107(3)(2)条的规定,上述措施包括初步讨论能否就该案件适用调解(又称调解信息会议mediation information session)或适用其他ADR程序,如果管辖法院认为召开调解信息会议能使儿童利益最大化,则可下令召开此类会议。但是,参与调解信息会议并不意味着当事人有参与后续调解程序的义务。召开调解信息会议期间,诉讼程序可暂时中止,且不限制中止时间。[36] 有关调解的书面记录必须提交给法院,该记录须证明参会人员均已知晓调解为解决争议的替代方式之一。当事人如未出席调解,则会受到相应制裁。

在奥地利,根据《奥地利残疾人就业法》(Austrian Federal Employment of People with Disabilities Act)和《奥地利残疾人平等机会法》(Federal Equal

---

〔33〕 Ris-Justiz RS0122901; OGH 24.02.2015, 10 Ob 58/14y; OGH 11.12.2007, 4 Ob 196/07y.

〔34〕 § 15a BAG.

〔35〕 M Roth, D Gherdane (n 35) 295.

〔36〕 § 107 (4) AusStrG.

Opportunities for Disabled Persons Act)[37]所提起的有关歧视的特定索赔也必须在向法院提出诉求之前进行庭外和解的尝试(out-of-court settlement attempt),如参与调解。通常只有在三个月内双方仍未达成和解的情况下才能提起诉讼,且原告在提起诉讼时应向法院提交经调解员确认过的双方无法达成和解协议的证明。

除上述情形外,奥地利没有规定其他必须强制进行调解或 ADR 程序的案件类型。

由奥地利的司法实践可知,强制调解适用频率有限,当事人倾向于选择解决争议的其他替代方法。有关奥地利的司法实践情况,目前缺乏可供参考的相关数据。

六、法　　国

在法国,2016 年 11 月 18 日颁布的《21 世纪司法现代化法》(the Law on the Modernization of Justice for the Twenty First Century)引入了有关强制调解和其他 ADR 的试点。[38]《法国民事诉讼法》第 750 - 1 条规定,在启动小额索赔(small claims,即标的额在 5000 欧元或约 170,000 乌克兰格里夫纳以下的诉讼)或邻里纠纷索赔的诉讼程序之前,当事人有义务尝试通过调解或其他 ADR 解决纠纷。

必须进行强制性 ADR 的原告需要采取以下两个步骤:

第一步:当事人必须选择适用特定类型的 ADR 作为向法院提起诉讼的前置程序,否则案件将在提起诉讼时被驳回。[39]《法国民事诉讼法》第 750 - 1 条

---

[37] See § 10 Bundes-Behindertengleichstellungs-Gesetz (BGStG) and § 7k Bundes-BehinderteneinstellungsGesetz (BEinstG).

[38] Available at < https://www. legifrance. gouv. fr/loda/id/JORFTEXT000033418805/ > accessed 5 September 2021.

[39] Art. 750 - 1: A peine d'irrecevabilité que le juge peut prononcer d'office, la demande en justice doit être précédée, au choix des parties, d'une tentative de conciliation menée par un conciliateur de justice, d'une tentative de médiation ou d'une tentative de procédure participative, lorsqu'elle tend au paiement d'une somme n'excédant pas 5000 euros ou lorsqu'elle est relative à l'une des actions mentionnées aux articles R. 211 - 3 - 4 et R. 211 - 3 - 8 du code de l'organisation judiciaire...

并不适用于以下情况:

• 如有一方当事人正在申请法院对之前的协议作出确认;

• 如原告对强制进行 ADR 的裁定提出异议;

• 如当事人有不尝试 ADR 的正当理由:当事人处于紧急情况,或存在急需作出裁判而无法尝试 ADR 的情况,或存在合理时间内无法找到司法调解员(judicial conciliators)的情况;

• 如法官或行政机关在适用特定法律法规时应当依职权先行调解。[40]

第二步:在起草起诉状时,原告必须提供有关其进行强制庭外和解尝试(attempted mandatory out-of-court settlement)的必要信息。如果原告没有提供,那么起诉状就不具有法律效力。[41] 然而,如果原告只是在进行过和解尝试的情况下未予提及,那么起诉状可以被补正(amend)。鉴于未曾尝试强制性 ADR 所造成的法律后果,此类尝试应当留存相关记录。

目前尚不清楚相关统计数据。

七、西　班　牙

在西班牙,根据第2008/52/EC号指令(该指令规定了民商事调解的特定内容),针对民商事调解的第5/2012号法律于2012年7月6日出台。然而,这项立法和随后的第980/2013号皇家法令(Royal Decree)并未在西班牙引入强制调解机制,然而也有例外:自2020年11月以来,加泰罗尼亚有以下三种纠纷需要强制调解(所以该项规定并不适用于西班牙全境):

• 双方先前明确同意提交调解的纠纷;

---

〔40〕 Art. 750 – 1: . . . Les parties sont dispensées de l'obligation mentionnée au premier alinéa dans les cas suivants: 1° Si l'une des parties au moins sollicite l'homologation d'un accord; 2° Lorsque l'exerice d'une recours préalable est imposé auprès de l'auteur de la décision; 3° Sil'absence de recours à l'un des modes de résolution amiable mentionnés au premier alinéa est justifiée par un motif légitime tenant soit à l'urgence manifeste soit aux circonstances de l'espèce rendant impossible une telle tentative ou nécessitant qu'une décision soit rendue non contradictoirement soit à l'indisponibilité de conciliateurs de justice entraînant l'organisation de la première réunion de conciliation dans un délai manifestement excessif au regard de la nature et des enjeux du litige; 4° Si le juge ou l'autorité administrative doit, en application d'une disposition particulière, procéder à une tentative préalable de conciliation.

〔41〕 Art. 54 of the French Code of Civil Procedure.

• 与未成年人或残疾人监护相关的纠纷;

• 与(其他)家庭问题相关且法官命令双方尝试调解的纠纷。[42]

此外,该法允许法官在所有民商事案件中鼓励双方当事人在有利于纠纷解决的情况下尝试调解,法官可以此为由暂停审理特定案件。[43] 因此,有一些法官认为这种鼓励不仅是一种邀请(invitation),而且是一种(强制性的)命令,因而当事人有义务参与尝试调解。然而,持这一立场的司法机构在西班牙只是少数。西班牙的民事法官一般不在家事案件外尝试调解。[44]

一些特别程序会要求使用不同于调解的特定 ADR,以便法院有效启动对应的司法行为。

西班牙曾多次尝试在国家层面引入强制调解机制。2019 年的一次尝试以失败告终,另一次始于 2020 年的尝试目前仍在进行。

2019 年的立法项目本来预设对家庭、继承、业务过失、侵权、施工缺陷、股东纠纷、邻里纠纷、商业合作协议(供应、分销、特许经营、代理)以及一些租赁纠纷等案件类型规定先行强制调解机制。此外,标的额在 2000 欧元以下的自然人之间的索赔,以及因侵犯某些人格权益(如荣誉权和隐私权)而提出的索赔,也必须适用强制调解。然而,2019 年的立法项目最终被终止。

正在进行的 2020 年立法项目旨在引入"适当的争议解决方式"(adequate means of controversy resolution,MASC 则是其西班牙语的首字母缩写)这一概念,这被认为是超越"传统"ADR 概念的一大进步。该项目于 2020 年 6 月由西

---

〔42〕 J Izaguirre Fernández,"Hoy entra en vigor en Cataluña la Ley 9/2020,de 31 de julio: nuevas obligaciones en materia de familia y mediación"(Economist & Jurist,4 November 2020) <https://www. economistjurist. es/noticias-juridicas/hoy-entra-en-vigor-en-cataluna-la-ley – 9 – 2020 – de – 31 – de-julionuevas-obligaciones-en-materia-de-familia-y-mediacion/> accessed 4 September 2021.

〔43〕 S Durán Alonso," Mediación intrajudicial o por derivación judicial. Novedades introducidas por el Anteproyecto de Ley de Medidas de Efficiencia Procesal"(Diario La Ley,12 July 2021)_ <https://diariolaley. laleynext. es/dll/2021/07/26/mediacion-intrajudicial-o-por-derivacion-judicial-novedades-introducidaspor-el-anteproyecto-de-ley-de-medidas-de-eiciencia-procesal> accessed 4 September 2021.

〔44〕 G Murciano Álvarez,"Una de cal y otra de arena: lo que dicen los Jueces sobre la obligatoriedad de la sesión informativa de mediación"(blog Sepín,25 April 2018) <https://blog. sepin. es/2018/04/ obligatoriedad-sesion-informativa-mediacion/> accessed 4 September 2021.

班牙国家司法部公布,其第一稿已于 2020 年 12 月出版。经过公开征求意见,该国司法部目前正在起草第二稿。该项目旨在明确规定 ADR 的强制适用,即各方当事人如欲有效提起民商事索赔就必须从列表中选择适用一种 ADR。该项目的主要问题之一是缺乏关于 ADR 分类的规则。上述 ADR 包括调解(mediation)、和解(conciliation)、直接谈判(direct negotiation)、早期中立评估(early neutral negotiation)、专家裁定(expert determination)或和解要约(offers of settlement)。当事人在争议发生之前或之后选择调解时,必须已经进行过至少一次调解会议(mediation session)。[45]

该项目规定当事人必须提交已经适用过 ADR 的书面证明(documentary evidence),并且区分了两种不同的情况:

• 如果该种 ADR 有第三方("中立方")的介入,该中立方应当出具证明。

• 如果选择适用的 ADR 不涉及任何"中立方",那么书面证明包括以下几种:(1)任何由当事人签署并且能够证明其身份、日期和争议事项的证明文件;(2)任何能够证明收件人已经收到适用 ADR 的请求,并注明了适用日期和内容的证明文件。

在 2020 年立法项目的背景下提出的补充规则包括:

• 如果收件人没有回复或第一次会议没有举行,则该 ADR 请求将中止整个 ADR 程序的时效计算,或者只中止计算一个月。

• 如果 ADR 未能成功解决争议,则当事人应当在三个月内向法院提起后续诉讼。

• 在当事人提起后续诉讼的情况下,法官应当通过考察当事人尝试适用 ADR 时的态度来决定诉讼费用。

• 强制适用 ADR 的要求存在三种例外情况:(1)为保护基本权利而提起的民事诉讼;(2)为保护未成年人而采取的措施;(3)为精神疾病患者进行强制医疗而提供的司法授权。

目前尚不清楚相关统计数据。

---

[45] B Piñar Guzmán, "Medios adecuados de solución de controversias (MASC)" (Almacén de Derecho, 29 December 2020) <https://almacendederecho.org/medios-adecuados-de-solucion-de-controversiasmasc> accessed 4 September 2021.

八、挪　　威

在挪威,大多数涉及货币或经济利益的纠纷必须先提交给调解委员会(Conciliation Board)解决,并将此作为在一审法院提起诉讼的前置程序。调解委员会可以采用不同的争议解决方式,通常是调解或谈判,但也可以在具体案件中出具正式的裁断(verdicts)。双方当事人自行决定是否继续进行 ADR,具体适用规则见《挪威争议法》(Norwegian Dispute Act,即挪威民事诉讼法)第 6 - 2条。[46]

此外,先行强制调解是处理夫妻分居类家事案件的一大特点,此类案件主要涉及的是在夫妻分居且其子女未满十六周岁的情况下所引发的监护权和探视权问题。有关家事案件调解程序的法律包括《挪威婚姻法》(Ekteskapsloven)和《挪威儿童法》(Barnelova)。调解的目的是就监护、居住和探望等事项达成书面协议,同时父母还应当被告知该协议在财产方面的后果。[47] 这类调解通常是由所谓的家事咨询机构(Familievernkontorene)或经官方认证的调解员进行。进行尝试调解时,至少需要一小时的强制调解时间,* 但如果调解有可能成功,则会再增加三小时。调解员甚至可以决定再额外增加三小时,这意味着总共有七小时的时间可以用于调解。然而,应当注意的是,调解证明是在第一个小时结束后就出具给父母的。该证明的有效期为六个月,参与调解的父母可凭该证明提起诉讼,申请分居,并且领取作为单亲家长的福利。[48] 调解证明的六个月有效期期满后,如果父母希望提起诉讼以解决进一步的冲突,他们必须再次进行强制调解。

在挪威,当事人似乎常常无法达成和解。大多数父母都会决定在强制调解的第一个小时后就终止调解。

挪威目前正在计划进行几项法律改革。2019 年,一个专家委员会(Expert Committee)发表意见,认为应当修改《挪威儿童法》第 54 条。[49] 该委员会建议

---

〔46〕 Available in English at <https://lovdata.no/dokument/NLE/lov/2005 - 06 - 17 - 90> accessed 8 September 2021.

〔47〕 Children Act, Section 52.

* 2007 年,强制调解的最低小时数从三小时减少到一小时。——译者注

〔48〕 See Children Act, Sections 51 and 54.

〔49〕 NOU 2019: 20 endringer i de obligatoriske elementene av meklingsordningen.

对于意在向法庭提起诉讼的父母进行六小时的强制性调解,除非这种调解被认为并不适用于具体案件。之后的一个委员会支持了这一改革建议。[50] 此外,有两个专家委员会建议将目前一小时的强制调解修改为一小时的“强制性家长谈话”(Mandatory Parent’s Conversation)。[51]

挪威的情况与其他北欧国家不同。虽然丹麦也有强制性审前咨询或调解制度(System of Mandatory Pre-trial Counselling or Mediation),但这与挪威的制度并不相同,而芬兰和瑞典只存在自愿调解制度。[52]

九、荷　兰

在荷兰,争议双方没有尝试调解的法定义务;法院也无权命令争议双方进行调解。这条规定对于所有案件类型都不存在例外情况。在2006年一项里程碑式的判决中,荷兰最高法院(the Netherlands Supreme Court)规定,调解本质上是一个协商的过程,需要所有相关争议方的事先和事中同意。[53]

然而,社会各界普遍意识到,在涉及未成年子女的高离婚率案件(high conflict divorce cases)中,法院应当鼓励父母尝试调解;一些地区正在进行试点,法院大楼内也设有现场调解设施(piket-mediation),但父母仍可以自由地拒绝法院的调解建议。[54]

此外,新冠疫情推动了避免企业破产的相关立法(Wet Homologatie

---

〔50〕 NOU 2020：14. Ny barnelov-til barnets beste, punkt 14. 6. 2.

〔51〕 NOU 2019：20 punkt 12. 9. 1 and NOU 2020：14 punkt 15. 3. 2. 1.

〔52〕 For a comprehensive overview of mediation in Norway, see A Nylund, “A Dispute Systems Design Perspective on Norwegian Child Custody Mediation”, in A Nylund et al (eds.), Nordic Mediation Research (Springer 2018) 9 – 26; C Bernt, “Mediation of Legal Disputes in Norway. Institutionalized, Pragmatic and Increasingly Popular”, in C Esplugues, L Marquis (eds), New Developments in Civil and Commercial Mediation (Ius Comparatum-Global Studies in Comparative Law 6, Springer 2015) 511 – 545. Much of the information in this chapter is based on these two publications.

〔53〕 HR 20 January 2006, LJN：AU3724.

〔54〕 E de Jong, D Brouwer, Rapport Landelijke Evaluatie Piketmediation (2018) <https://a-lab. vu. nl/nl/Images/ Rapport-Landelijke-evaluatie-piketmediation _ tcm205 – 903519. pdf > accessed 4 September 2021.

Onderhands Akkoord or WHOA)[55]，即在公司面临严重的资金流动问题时，允许其共同债权人(the joint creditors)通过加权多数(weighted majority)来决定重组公司以及偿还债务的计划。只要方案合理，法院可以批准此类计划，从而否决其他债权人的反对意见。严格意义来说，这不是调解，而是谈判，并且间接地涉及一些强制性的因素。

荷兰一家法院正在进行一项名为"父母计划"(ouderschapsplannen)的本地试点，其可能但不一定涉及调解制度。[56] 根据法律规定，有未成年子女的配偶如果寻求离婚，必须制订这样一份计划，在其中详细说明照看义务的分配、各项费用的分担、子女教育的选择等情况。儿童应当参与这一计划的制订，但自2009年相关立法出台以来，儿童的实际参与情况尚未得到检验。[57] 在本次试点中，法院要求处于离婚程序中的配偶准确解释子女是如何参与计划的制订。由于这只是一次试点，因此尚不清楚制裁措施的实施情况。

最近一项有关荷兰离婚调解制度的调研显示，在2018年和2019年，法院实质参与争议解决的离婚案件仅占同类案件的5%。另一个极端情形则是34%的配偶自己做出了安排[法院只是在离婚判决上加盖了橡皮图章(rubber-stamping)]。这两种极端情形的出现使得观察调解制度在这一领域的流行现象趣味横生。此外，有41%的离婚案件是由夫妻双方共同指定调解员，而在10%的离婚案件中，夫妻双方则得到其他专业人士的帮助(最为典型的是双方各自聘请律师的情形)。[58]

十、结　　论

• 强制调解要求尝试调解行为能够使相关案件的诉讼时效(the relevant

---

[55] Available at < https://zoek. oicielebekendmakingen. nl/stb – 2020 – 414. html > accessed 4 September 2021.

[56] Rechtbank Overijssel, zittingplaats Zwolle. See < www. rechtspraak. nl > "bruggesprek", accessed 6 September 2021.

[57] The relevant legislation is available at < https://wetten. overheid. nl/BWBR0024844/2009 – 03 – 01 > accessed 4 September 2021.

[58] S Hooijmans, J Fastenau, "Hoe zien scheidingen er vandaag de dag uit?" (Rapport Kantar Research, 7 August 2020) < https://www. verenigingfas. nl > accessed 6 September 2021.

presciptive period)中止计算。

• 强制性调解信息和评估会议制度(Mandatory Mediation Information and Assessment Meeting,MIAM)是英格兰和威尔士地区家事诉讼的一个特色。此类会议不存在于欧洲其他地方。然而,在欧洲其他地方可以见到的是先行强制调解机制(preliminary mandatory mediation attempts)。这些调解机制的目的与MIAM类似,即探究通过调解解决争议是否可行。

• 将某一案件提交给法院之前,当事人所面临的ADR程序选择并不仅限于调解。调解,对于大多数法域,使用"先行强制性ADR"(Preliminary Mandatory ADR)这一术语更为恰当。当事人通常可以选择适用何种类型的ADR。调解作为先行强制性ADR中的一种,仅仅是可能被适用的机制之一。

• 强制调解机制旨在强制当事人尝试通过调解来解决案件争议。根据《欧洲人权公约》第6条,国家可以规定当事人在向法院提起诉讼之前先进行强制调解,因为只要符合某些特定的时限要求,这种调解并不会妨碍当事人诉诸司法程序。此处的调解应与第6条所禁止的强制和解予以区分。

• 如果强制调解是法院采取行动的前置程序,则当事人需要提供参与过强制调解尝试的证据。此类证据可以通过互联网上的制式表格提供,如在英格兰和威尔士就存在这种做法,但有时也可以使用其他较不正式的方法来证明已经进行过调解。

• 当事人有义务在案情陈述中提及参与过先行强制调解,这可以证明当事人及其律师都已经认真考虑过是否提起诉讼这一选择。在可能的情况下,法院应当直接与当事人本人,而非只是与其律师沟通来解决案件的争议。法院不应采纳未提及先行强制调解的案情陈述。若先行强制调解未被提及,法院应当允许当事人更正其陈述。但如果未予提及的原因是没有进行过先行强制调解,法院应当将庭审推迟一定时间,以便进行强制调解。即使法院不遵循上述特定方式,也有各种因素推动法院采取相应行为。其中一种动力可能就是,如果调解成功,那么法院承担的案件量将会减少,如果调解不成功,那么提交至法院的案件与没有进行过先行强制调解的案件相比,其各项准备也会更为充分,因为各方都会将注意力集中在案件的争议焦点上(当然,调解是一个保密的过程,失败的调解并不会影响后续的诉讼过程)。

• 从学理上讲,当事人有权自由处分其权利和义务的各种民商事案件都可以适用强制调解。然而,在实践中,适用强制调解的案件类型则取决于立法机关希望通过引入该机制所要实现的目标。当引入强制调解机制是为了减少法院所承担的案件量时,可以适用该机制的案件类型就会有很多(如意大利)。当选择适用强制调解机制是由于该机制的固有特点,即解决非法律事务(non-legal matters)就如解决法律问题(legal issues)一样,那么能够适用该机制的案件类型通常就会很少,并且往往仅限于家事纠纷、邻里纠纷以及小额索赔纠纷等。

• 尽管调解是强制性的,争议方却往往并不清楚这一规定,这可能是因为他们缺乏相关的法律知识。应当在各方当事人处于纠纷初期时就提供法律援助(legal aid),让他们得以了解强制调解机制及其优势。然而,即使提供法律援助,律师们也可能不会让当事人充分了解该机制。为确保律师们能很好地告知其客户,似乎应该使律师能够从调解中获利。参与调解并具有从中提供服务而收取费用的机会可能有助于律师对调解抱有积极态度。例如在意大利,当法律规定调解必须在律师的协助下进行时,律师们对强制调解机制的态度就发生了巨大的转变。

• 调解应当通过合格且经过认证的调解员进行,以增加调解成功的机会(达成和解)。应当安排足够数量的认证调解员,并让他们常驻于法院大楼内,以便在当事人进行强制调解时直接提供服务。

• 对于当事人必须先行强制调解的特定案件类型,应当减少一些可以豁免强制调解的事由。在当事人或其律师声称存在豁免事由时,法院应当主动审查该事由是否存在。法院不应当协助诉讼当事人避免强制调解,因此法院应当理解调解制度的优点并掌握充分的调解知识。如果当事人在没有充分理由的情况下提出豁免,法院应当中止案件的审理,以便进行强制调解。

• 现代技术可以让调解变得更加方便,本文在此可以想到的就是通过 Skype 或是 Zoom 等软件进行调解。

• 不认真参与强制调解的当事人应当在后续的诉讼程序中受到制裁,比如命令其承担不利成本(adverse costs)。

责任编辑:陈虹霏

《中山大学青年法律评论》稿约

一、《中山大学青年法律评论》简介

《中山大学青年法律评论》是由中山大学法学院主办并由学生独立运作、由法律出版社公开发行的法学学术性出版物。本评论致力于为青年法学人搭建一个学术成果的交流平台,活跃学术氛围,开阔研究视野。

本评论征稿工作正在进行。

二、征稿对象及范围

1. 本评论面向国内外知名法学院校在校学生征稿,不接受其他人员投稿。

2. 来稿篇幅以 1 万~1.5 万字为宜,原则上不超过 2 万字。

3. 本评论尤其欢迎精细深入的制度分析和案例研究,也特别欢迎选题良好的翻译稿件以及有见解的法学经典著作书评,不接受无问题意识的空泛议论或简单介绍,也不接受无深度的表面化评论。

4. 若为翻译稿,请译者投稿时附上原文及作者授权证明。

5. 本评论欢迎专稿专投,反对一稿多发。

三、格 式 体 例

1. 来稿请在正文前加列“目次”、“摘要”和“关键词”,无需英文标题和英文摘要。“摘要”为稿件核心观点的凝练,字数不超过 300 字。关键词不超过 5 个。

2. 来稿须符合学术规范,注释体例参照《法学研究》。注释是否符合本评论体例不影响稿件评价,但注释是否符合学术规范将影响稿件采用。

四、评审规则

为公正选稿,本评论编委会实行匿名三审制。一审为学科编辑独立审稿;二审为责任编辑独立审稿及审稿委员会集体表决审稿相结合;三审为知名院校法学专家审稿,采末位淘汰制。本评论主编和执行主编仅负责编辑部事务性工作,原则上不参与审稿工作。

为加快稿件处理速度,本评论实行快速审稿和审稿意见及时反馈制度。自投稿起一个月内未获任何通知,请作者主动联系编辑部,以免遗漏或耽误稿件。

五、投稿方式

1. 本评论工作邮箱:sysuyouthlaw@ 163. com。来稿请勿发送包括主编在内的任何工作人员。

2. 投稿请以 Word 文档形式以附件发送。Word 文档标题只需填写论文题目,无需填写作者信息,Word 正文内亦无需包含任何作者个人信息,保证编辑匿名审稿。

3. 作者个人信息以及论文题目请在邮件正文中列明,建议投稿邮件标题格式为“投稿 + 作者姓名 + 论文题目”,方便编辑部准确回复邮件。

六、特别提醒

本评论不以任何形式向投稿者收取审稿费、版面费等费用,也从未授权任何机构或个人代理投稿事宜。所有投稿事宜仅在工作邮箱处理。未尽事宜,请直接与本评论编辑部工作邮箱联系。